報業先驅

陳藹廷及其《香港華字日報》

報業先驅

陳藹廷及其《香港華字日報》

潘傑 著

策劃編輯　梁偉基
責任編輯　張軒誦
書籍設計　吳冠曼　陳朗思
書籍排版　陳朗思

書　　名　報業先驅：陳藹廷及其《香港華字日報》
著　　者　潘傑
出　　版　三聯書店（香港）有限公司
　　　　　香港北角英皇道四九九號北角工業大廈二十樓
香港發行　香港聯合書刊物流有限公司
　　　　　香港新界荃灣德士古道二二〇至二四八號十六樓
印　　刷　美雅印刷製本有限公司
　　　　　香港九龍觀塘榮業街六號四樓A室
版　　次　二〇二四年六月香港第一版第一次印刷
規　　格　十六開（168 × 230 mm）二九六面
國際書號　ISBN 978-962-04-5462-2

自序

香港史學者施其樂牧師指出，19 世紀的香港出現了一群精通中英雙語、熟悉東西方文化的年輕華人，他們在晚清中國的特殊環境下，對香港社會、海外華人及中國社會作出重要貢獻。本書的主角陳言（藹廷）便是其中的表表者，施其樂形容他為卓越的華人精英。陳言就讀於聖保羅書院，畢業後任職香港政府巡理府翻譯及書吏，後獲邀為西報主筆，清末思想家王韜稱讚他：「精於西國之語言文字，西人延為西文日報主筆，西學之長，近時允推巨擘。」陳言在中文報業、中國外交及實業管理上皆有所成。1872 年，他創辦《香港華字日報》，扭轉報業由外國人操控的局面，推動中文報業邁向一個由華人自主的新時代。1879 年，他獲清政府委為古巴領事，後晉升總領事，曾協助數以萬計被販賣到古巴的華工改變命運。1891 年，陳言返回中國內地投身實業發展，歷任船務、礦業、鐵路及國際貿易談判等重要管理職務，在推進中國工業化和維護國家利權上建樹良多。本書內容取材自筆者的香港大學博士論文〈陳言的生平與事業研究〉，惟篇幅所限，茲以其新聞事業為論述主線，但為讓讀者更好理解陳言生平，最後一節簡介他在外交和實業上的事功。

人生的任何成就，那怕是如何的微不足道，皆需要很多人的支持。本書的得以出版，全賴以下師長摯友的幫助，在此謹致最崇高的敬意及感謝。

許振興博士及楊永安博士：得蒙推薦入讀博士課程。

論文指導老師楊文信博士和梁紹傑博士：楊博士由我申請入學伊始便給予最大的支持，助我解決不少學習上的困難，展現出誨人不倦的教學風範。梁博士曾任我碩士及博士論文的指導教授，不嫌我毫無學術根基，以無比耐心開導愚頑，引領我在學術路上砥礪前行，師恩深重。

陳天浩博士、陳永明博士、劉潤和博士、冼玉儀博士、小友劉必昊：為論文寫作提供寶貴的研究經驗、視野及材料。

冼玉儀博士、梁紹傑博士及舅父陳定旋先生：為本書撰寫書序。冼博士是研究香港歷史的權威，著作等身，亦是最早系統研究陳言新聞事業的學者，她在缺乏電子資源的環境下，仍發掘出許多材料，為後學提供重要線索。陳先生是我學習中文的啟蒙者，所謂「外甥多似舅」，他的序文對我更具有特別意義。

最後，必須感謝內子對我的愛護和照顧，並以此小書獻給我天上的父母。

潘傑

2024 年

序一

潘傑博士的新書《報業先驅：陳藹廷及其〈香港華字日報〉》給我帶來喜悅和期望。

陳言（藹廷）是久別的老朋友，這次重逢，心情又興奮又溫馨。四十年前，我很偶然地發現了陳言和《中外新聞七日報》，當時激奮無比的心情，被潘博士大作的出版再次喚起了，彷如昨天。

那天，我正在港大圖書館翻看舊西報《德臣日報》（*China Mail*）。港大圖書館所藏的 *China Mail*，差不多全部已製成了微型 microfilm，要參考該報紙，都只得看 microfilm。不過，正巧我急於參考的是 1871-1872 年的期號，而這兩年的期號，恰恰沒有製成 microfilm，要看這兩年的期號，就只得看原件。我很感謝港大圖書館竟然拿原件出來給我看。

原件的報紙是釘成很厚的書冊，挺笨重的。我帶着滿懷感激，一邊小心翼翼逐頁逐頁地翻，戰戰兢兢的，生怕脆脆的紙張會像餅乾一樣在手裏碎裂，一邊注意每一頁文字的內容，擔心有什麼重要的資料走了眼。正當我看得入神之際，突然，頁上呈現了中文字來，而且差不多一整頁都是中文字！這是完全意想不到的，究竟是什麼回事？呆了。

原來是《中外新聞七日報》第一期。

《中外新聞七日報》是什麼？我不知道。在我讀過的許多過關於中國新聞報業的寫作裏，都從沒人提過。這實在是太驚人的發現了，有點像發現新大陸。後來我花了一段時間研究這份報紙，分析了部分內容，發表了兩篇文章，嘗試把它的歷史意義寫出來。

過程中，我對《中外新聞七日報》編輯陳言產生了很大的興趣。有關他的資料很少，我張羅了一番，才簡單地描述了他的生平。後來為了寫王韜在香港的生活，又再把陳言找出來，稍為加深了我對陳言的認識和了解。不過自己總是忙着這忙着那的，沒時間更深入研究陳言或是《中外新聞七日報》和《華字日報》，以及他辦報後的事蹟。

高興看到潘博士的新書，不光是因為他做了陳言的研究，更是因為欣賞他研究的方法和觀點。

研究中國新聞史的學者很多，其中包括非常權威的學者，他們的論述多年來「壟斷」了學壇，有些謬誤總是推不破、說不清的。喜見近年有新的歷史資料出來了，包括了舊報紙的原本，這些新的資訊，讓學者可以重新檢視中國新聞史的發展。潘博士根據新發現的《中外新聞七日報》和《華字日報》的文本，作出細緻、深入、全方位的分析，有根有據地證實了這兩份報紙的緣起、經營的情況、文字內容和編輯風格等等，是突破。

利用 *China Mail* 的文本作為研究資料是潘博士強項之一。香港的中文報紙跟西報的關係，密不可分，無論是財政、內容、人事等方面都有着千絲萬縷的關係。這是顯而易見的，然而，我總是奇怪為什麼沒有人針對性地利用英文報紙作文本來研究中文報紙的發展。潘博士這樣做是給以後的學者指出一個重要的新方向。此外，潘博士以倫敦傳道會的歷史檔案文獻做根據，發掘出香港中文報紙在技術和財政方面發展的來龍去脈，陳言經營報紙的手法和手段也可見一斑。這些歷史事實都無法單從報紙的文本看出來的。檔案文獻告訴我們，辦報畢竟也是一盤生意。

潘博士梳理錯綜複雜的資料，解決了一些長期以來的迷思。譬如他清楚地分辨出在《華字日報》刊出的《普法戰紀》和日後王韜所撰同書名的《普法戰紀》其實是兩回事，又提出了陳王二人之間微妙的關係，都是用了仔細精準的考證功夫。他比較兩人不同的編輯風格，很有見地。在我看來，陳王兩人的背景和性格很不同。王韜是文人，自視風流，生活放任不羈，議論很多，有精闢的，也有風花雪月的，主觀而浪漫，文章滿是文采卻不一定準確。香港是英國殖民統治下的商埠，「讀書人」少之又少，王韜雖然只是秀才，已經備受商人社會的追捧，尤其是他從英國回來後，搖身一變成為學貫中西的大學者，被稱為 “Dr Wong”，更頓然身價百倍；後來，又有了錢徵的吹噓，無怪愈來愈飄飄然了。

陳言是老實人，雖然我沒有看到太多關於他私人生活的資訊，但感覺他是個守規矩的老實人，做事謹慎、穩重，對新聞的報導和評論多比較中性和客觀。他不是考科舉出身的讀書人，而是現代的知識分子。他和王韜之間終於發生衝突也不出奇。

陳言辦報是挺重要的貢獻，只有寥寥可數的學者提到他這方面的影響，已夠可惜了，更可惜的是他離開《華字日報》後的事蹟，差不多完全被人忽略。他成為中國第一代的外交官，不辭勞苦地出任華人過着黑奴一樣淒涼生活的古巴當地領事，披荊斬棘，為受苦受難的同胞服務，政績可歌可泣，是中國外交史和華僑史很關鍵的一環。他回國後，管理在盛宣懷領導下的各種實業工作，為中國晚清的現代化運動服務。潘博士記錄陳言的一生，填補了中國報業史、外交史、移民史、實業史上很多空白，更還給陳言應得的歷史地位。

我熱愛香港史，總是覺得香港歷史有很多領域和課題，等着大家開發。我也常常發白日夢，希望有人編輯一套傳記叢書，先收集 19 世紀人物的故事，如陳言、唐景星、唐廷植、何崑山、伍廷方、張宗良、譚乾初、王寵惠等。即使他們不在香港出生，他們都是從小在香港受教育，而日後，離開香港，各自闖出一番大事業來，在歷史舞台上扮演了重要的角色。

他們都在香港度過青春發育期，應會受到周圍事物深深的影響，包括學校、教會、政治法律體制、社會運作、商業活動、時人的言論、城市的聲和色，以及香港發行的報紙。19 世紀中後期的香港，位於中外之際，處於新舊之交，對這班正在發育中的年輕小伙子來說，會怎樣影響他們看世界？看中國？看「天下」？看營商？看國際關係？他們的眼光有多遠大？

或者因為王韜來香港時已經 34 歲，香港對他的影響跟以上幾位比較，難免差別很大。

如果真的出版這樣的一套傳記，可以叫《香港仔闖出世界》叢書吧。大可先收以上 19 世紀風雲人物的故事，然後還可以考慮加入 20 世紀的李小龍、王家衛等。這想法，本來只是我無聊時，「煲下無米粥」而已。見到潘博士這本有關陳言的書，想到這正是將「無米粥」變成「有米粥」的契機。潘博士有興趣為這一套書打頭炮就好了！所以，他這本書的出現除了給我帶來喜悅，還帶來期望。

我還有另一個期望：潘博士在博士論文中，對陳言做領事和管理內地各種實業的公職交代得很詳盡，是寶貴的紀錄。可惜目前的書只集中論敘陳言的辦報活動，他下半生的事情只是略過。我期望潘博士會寫下集，把陳言後半生非常有意義的事蹟同樣公諸於世。

此為序。

冼玉儀

於香港大學

序二

潘傑博士準備將他在香港大學中文學院進修博士學位的論文出版，請我撰序。論書之前，先略述其人，我想這對讀者，還是有一點意義的。

當前香港社會崇尚功利，從事歷史研究，難免承受「有何作用」這類質疑的心理壓力。尤其在大學領薪受職，須配合角逐排名的大方向，應對各種評審機制，進行研究，往往要捨棄個人學術興趣和特長，唯評審指標是尚，緊貼風向，更要講求效率，容不下深耕細作。

潘傑博士由到香港大學中文學院中國歷史研究文科碩士課程進修，繼而攻讀博士，到現在將博士論文修訂出版，十年寒窗，沒有絲毫「為稻粱謀」的考慮。他最初到港大中文學院進修，是準備由從事多年的專業退休後，滿足自己對歷史探索的興趣及告慰先人。他的碩士、博士論文，都與香港中文報業有關。兩篇論文，同出於興趣，由看似周知熟悉的話題開始，繼而發現含糊、空白，然後通過發掘史料，探入探索，實事求是，循情酌理，以還原細節，剖白含糊。於是，一個香港報紙緊扣社會政治的典型個案，被透析明白；一位晚清時期由中國內地到英國殖民管治的香港接受教育，為香港社會和晚清外交、實業建樹良多的偉人事蹟，得以彰顯。前者為尊重潘博士個人考慮，不便表白，後者即本書的主角陳言。

陳言作為《香港華字日報》的創辦人，早已備受研究香港歷史和中國報業史的學者關注，可惜長久以來，由於文獻發掘不足，加上他主編的早期《華字日報》原件，過去一直以為已經散佚，致盛名之下，遺下不少含糊空白。經潘博士通過積年辛勤研究，一一釐清補闕。

潘博士在深入考索陳言的家庭背景，到香港就學，入職英國殖民政府及投身報業的基礎上，再通過當代中文報業史前輩卓南生提供的線索，對收藏於日本國立國會圖書館關西館的 1872 年 5 月至 1874 年 8 月間最早的一批《華字日報》，率先作全面細緻的研究。他憑藉堅實的文獻，進行縝密的考查和分析，終於對陳言辦報的始末及經營細節，作出迄今最完整及信實的論述。我深信往後有興趣了解香港中文報業肇創歷史的讀者，必定會以此書作津梁。

此外，必須要說的是，潘博士不僅細心考索陳言辦報始末，更對遺存的珍貴早期《華字日報》，一絲不苟地作全面解讀和分析，從而深切理解陳言對當時香港社會民生及晚清國情的關注，一一縷述，有條不紊，這也許可以補充一般香港史的概括論述，讓讀者對英國殖民管治下的早期香港社會問題，獲得較具體的認識。

潘博士治史，對「徵實」十分執着，碰上成說與他掌握的史料有出入，總會盡力查究，絕不委蛇因襲。正因為這樣，才注意到一些過去被忽略的細節或隱情，衝擊成說。清末名士王韜曾羈旅香港，因為他在清代學術思想史佔有一席，時譽甚隆，故其客居香港期間事蹟，亦備受關注，不乏論述。潘博士在書中以陳言和王韜的交往作線索，另闢蹊徑，通過從新聞報導的視角，對陳言主編的《華字日報》和王韜主編的《循環日報》作客觀比較，並剖析陳言與王韜撰寫《普法戰紀》的一段過去未曾表白、鮮為人知的隱情，對王韜客居香港時期，與在香港成長的文化精英的微妙互動，提供了一個值得深思的案例。

我在香港大學中文學院退休之前，有幸與潘博士在中國歷史研究碩士課程結緣，忝任論文指導，退休後又承潘博士的論文指導老師楊文信博士同意，參與輔導。在這段與志趣相投的楊博士和潘博士共同醉心享受探索歷史的漫長日子，雖難免偶遇艱辛，亦樂以忘憂。現在潘博士的研究成果獲香港三聯書店出版，讓曾經對香港社會、海外同胞和中國晚清政府實業發展作出重要貢獻的陳藹廷一生功業，得以彰顯，永作典範。我既樂觀其成，復蒙邀序首，與有榮焉。

梁紹傑

2024 年 1 月西班牙旅次

序二

人傑地靈，此話不假，讀完潘傑博士所寫有關陳言生平的論文，確實如此。陳言在香港受西式教育，但他秉承了中國讀書人的優良傳統，也有西方人的冒險精神。

潘博士的論文史材豐富，對陳言所做每件事都作足考證，他的誠實、耐心、執着是這篇論文成功的關鍵。撇開其中一些繁瑣文字外，這論文又可以當作探險小說閱讀 —— 陳言的探險不是為了獵奇，而是為了奉獻。第一次辭掉政府職位去辦報，他有感於輿論全由西方人操控，他要有華人的聲音，有趣的是，身為老闆，竟然為了日本侵佔台灣的報導，冒險親身去台灣探訪；第二次接任古巴領事職，稱讚他拯救萬民於水火也許誇大，但確實令許多賣豬仔到古巴的窮苦華人得到幫助；第三次辦外交，陳言本性老實，卻並不笨拙，對那些記者不懷好意的提問都能巧妙回答；第四次入招商局幫盛宣懷築鐵路、搞礦務，解決許多難題。

潘博士對陳言每一段轉業都詳細敘述，同時亦點出陳言卓越的見識，例如陳言說美國人對華人的批評存在雙重標準；洋務運動時，陳言曾寫下「要之，鐵路之築，百年後事在必行，第此時則猶未耳。況乎鐵路輪車於中國大為有益，他日中國不作，則近中國各地必有作之者，與其人為而為，何如今日自我而先為之乎？」力主興建鐵路，反覆強調興建鐵路對發展中國經濟的重要性。

陳言是人傑，是老實人；我外甥潘傑也是老實人，但不是人傑，是普通人，是努力工作，愛好讀書，耐心治史，不計得失的普通人。

陳定旋

目錄

導論　001

01 早年生活　009

家庭背景 /011　就讀聖保羅書院 /012　入職香港政府 /016

02 陳言與《華字日報》的開創　023

香港早期報業概況 /025　《華字日報》創辦經過 /034
《華字日報》草創時期的營運 /049
《華字日報》出版後的發展 /063　小結 /069

03 為香港華人發聲　077

香港治安問題 /079　司法問題 /086　為民生議題發聲 /092
小結 /103

04 陳言對中外時事的關注　109

自強運動 /111　明治維新 /124　苦力貿易 /131　小結 /143

05 陳言對日軍侵台的報導　151

《華字日報》的報導特色 /153
《華字日報》與《申報》對日軍侵台報導的比較 /164
陳言被通緝經過 /166　小結 /169

06 陳言與王韜的交往 175

二人合作關係的開始 /177
陳言對王韜撰寫《普法戰紀》的襄助 /180
《循環日報》的創辦 /188
《華字日報》與《循環日報》的報導權衡 /197　嫌隙漸生 /209
小結 /211

07 陳言報人以外的事業發展 219

晉身華人領袖 /221　在美國和古巴的外交工作 /226
投身中國實業管理 /232　小結 /238

08 總結 243

開華人辦報的先河 /245　對專業新聞的追求 /248
兩大報業先驅的相交 /250　陳言與中國近代化 /251

附錄一　陳言生平研究回顧　255

附錄二　陳言生平事蹟繫要年表　263

附錄三　陳言後人概況　273

文獻簡稱表

文獻資料及書籍	簡稱
上海圖書館盛宣懷檔案知識庫	上圖盛檔
香港中文大學盛宣懷檔案	中大盛檔
《盛宣懷檔案選編》	《盛檔選編》
《愚齋存稿》	《愚稿》
《盛宣懷檔案資料選輯之四 · 漢冶萍公司》	《盛檔 · 漢冶萍》
《盛宣懷檔案資料選輯之五 · 中國通商銀行》	《盛檔 · 通商銀行》
《盛宣懷檔案資料選輯之七 · 義和團運動》	《盛檔 · 義和團》
《盛宣懷檔案資料選輯之八 · 輪船招商局》	《盛檔 · 招商局》
《籌辦夷務始末 · 同治朝》	《籌辦夷務》
《辛丑和約訂立以後的商約談判》	《辛丑後商約談判》
《香港華字日報》	《華字日報》
《香港中外新報》	《中外新報》
《香港近事編錄》	《近事編錄》
Hong Kong Blue Book	*HKBB*
Hong Kong Government Gazette	*HKGG*

導論

香港一向以經濟發展聞名於世，但部分讀者未必知道，香港新聞事業發軔甚早，人才濟濟，一些早期的華籍報人更是成就非凡，他們在香港的獨特政治及商業環境下，創造出一個中文報業新時代，對中國報業發展影響深遠。資深新聞史研究者寧樹藩曾指出：「中國中文報紙的歷史實際上是鴉片戰爭後從香港起步的。香港這階段報史，是一部中國新聞史的重要源頭。」[1]香港的新聞事業實際由外國人引進，他們覷準香港開埠後經濟發展的契機，重金投資印刷設備，推出以船務和商業資訊作招徠的英文報紙，其中以 1845 年創刊的《德臣西報》（*The China Mail*）和 1857 年創刊的《孖剌日報》（*The Daily Press*）最具規模和地位。外國人同時主宰香港中文報紙的創建，例如《孖剌日報》於 1857 年開辦《香港船頭貨價紙》（即日後的《中外新報》）及羅郎也印字館（Noronhad & Sons）於 1864 年創設《近事編錄》等。這些中文報紙僱用華人為主筆，負責撰寫內容。當時一些具西方知識的華人如黃勝、伍光、張宗良及王韜等皆曾為外國報館效力。然而，這些中文報紙的言論立場、編輯方向乃至經營管理等全由外國報人主導。時人形容當時的情況：

> 何香港於唐字日報獨為缺如，豈乏勝流莫之首倡乎？然華人居港者，現已英俊鱗集，紀錄一事，固有筆挾風霜，詞成鏞鍔者，但無自設之新聞紙，則凡有要事關涉華人者，每欲傳達而究不克自專，此中關係實非淺鮮。[2]

文章點出，外國報人主辦的中文報紙，未能切合華人社會的需要，華人事務得不到適當的關注及傳達。事實上，早期華人社會亦未認識到現代報紙的性質及功能，認為它只是無足輕重的西方事物，以致中文報紙早期發展相對緩滯。

以上的情況自陳言（1846-1905）加入報界後開始發生改變。陳言字藹廷，後名善言，祖籍廣東新會潮連，1856 年隨家人逃難到香港，後入讀聖保羅書院接受西式教育，校內成績優異，中英語文能力俱佳，畢業後擔任港府巡理府翻譯及書吏等職。1871 年初，他辭任巡理府後加入《德臣西報》任職副主筆。報館隨即於 3 月 11 日推出《中外新聞七日報》，亦由陳言擔任主筆。《中外新聞七日報》一版印刷，逢星期六隨《德臣西報》附送，並不是獨立出版。在主編該報數月後，陳言宣佈即將出版一份由華人主持的中文報刊，聲稱該報的面世將成為香港報壇的重要創舉。1872 年 4 月 17 日，他籌備多時的《香港華字日報》（以下簡稱《華字日報》）終於創刊。該報在《德臣西報》刊登的出版預告強調，報紙完全由華人主導（to be conducted under native direction），其經營模式是一個前所未有的實驗（the first experiment of the sort ever made）。[3] 陳言自任《華字日報》的總編輯、出版人及經營者。該報的出現標誌香港報業的範式轉變（Paradigm Shift），華人奪回大眾傳播的話語權，同時能夠獲取現代報紙在促進商業、傳播知識、監察社會及政治的巨大益處，對香港以至內地的報業發展意義深遠。《華字日報》的成功創生，令華人對投資報業更有信心，具備完整印刷及出版功能的中華印務總局於 1873 年初應運而生，亦由陳言出任總司理，負責設立印刷廠房及協助王韜（1828-1897）籌備出版《循環日報》。香港中文報界在《華字日報》及《循環日報》的影響下，中文報紙的印派數量由陳言加入報界前的每周六份，增加至 1874 年的每周 21 份，流通更為廣泛，影響遠至內地及各大通商口岸。香港報業的新氣象，基本上由陳言主導或催生。

陳言為最早系統論述新聞思想的報人之一，他在《華字日報》多篇創刊告白中提到，該報的「譯撰遴選，命意詞旨，皆唐人為之主持，為之布置，而於西人無預也」，承諾報紙內容「上自國政，下迄民情，中權人事」，選取消息時堅持「務徵實事，弗尚虛辭」，力求為讀者提供「務期乎至新至真」的優質新聞。陳言特別重視報紙在傳播知識上的功能，表示對所有「逮乎國勢之盛衰，民心之向背，風會之轉移，習俗之變遷，與夫一切富強之術」的消息無不講求，讓中國士民有所借鑒。在支援商業客戶上，他會適時搜羅最新的船期及貨價等商業資訊，協助商人捕捉商機。陳言更認為報紙兼具「清議」及「閭閻公論」的功能，前者監察政府操作及施政成效，讓當權者「俾知其政治之得失，悉其民情之向背」；後者揭露社會問題及提出關注，發揮報紙「轉移風尚，鑒誡世人」的作用。陳言認為《華字日報》的服務對象是整個華人社會，並計劃在中國內地、亞洲和美國的主要通商口岸設立派發點。[4] 從陳言以上的聲明可見，他將現代報紙的強大功能與華人社會的福祉緊密連結，賦予中文報紙清晰的定位。

從依附於《德臣西報》的《中外新聞七日報》進化至獨立出版的《華字日報》，陳言的新聞理念得到更大的實踐機會，其對社會的影響亦逐漸浮現。在香港社會事務上，陳言積極為華人權益發聲，對治安、司法及民生政策等社會問題窮追不捨，發揮傳媒監察政府施政的作用。陳言對港府施策的言論中肯客觀，得到香港總督堅尼地（Arthur E. Kennedy, 1809-1883，1872-1877 在位）的公開稱讚，認為報紙意見有助他制定施政方針。陳言更心繫國家及民族的發展，他利用香港獨特的政治地位，不用顧慮清廷的言論控制，對內地政治及社會問題直言不諱。從《中外新聞七日報》開始，陳言便密切關注國家發展，他批評自強運動效果不彰，並提出多項軍事及經濟改革建議，例如呼籲清廷不應因短期財務問題而放棄自行生產武器的計劃，又提議政府應積極投資輪船、電報、礦務及火車等西方實業，藉以提振經濟及國力。陳言更經常報導日本明治維新的消息，揭示日本在改革後國力迅速提升的事實，讓清廷官員有所借鑒及警惕。當時澳門拐賣苦力出國之風猖獗，國人被運送至古巴及秘魯的種植園從事勞力工作，所受待遇極不人道。陳言在報上仗義執言，不斷揭發澳門豬仔頭的種種惡行，並促請清廷在外國設置領事，保護海外華民。《華字日報》和國內外傳媒對豬仔貿易的報導，形成強大輿論，令清廷不得不採取行動壓制豬仔貿易。1874 年發生日軍侵佔台灣事件，引發中外媒體廣泛報導。陳言在日軍發兵之先已在《華字日報》發出警示，展示出敏銳的新聞觸覺。到戰事爆發，他利用個人人脈取得一些美國領事館及清廷的機密公文，並將其抄錄報上，讓讀者知悉戰事最新發展。為求獲得實地戰事消息，陳言更遠赴台灣進行採訪，展現他對採訪新聞的拚搏精神。《華字日報》的戰事新聞，吸引其他報紙的注意，上海《申報》、《教會新報》及《匯報》等皆爭相轉錄，令《華字日報》蜚聲內地。

相對於其他報界前輩如黃勝、張宗良、王韜等，陳言在推動報業發展的表現更為突出。首先，他是第一位提倡華人自設報紙並成功付諸實踐的先行者。《華字日報》創刊後，他主持報紙的編輯和經營工作，成為當時唯一的華籍香港報刊登記人，堪與外國報人比肩。陳言立志為讀者提供新近及真確的新聞報導，在其不懈努力下，《華字日報》成為一份具公信力的報紙，影響遍及海內外華人社會。陳言同時是中華印務總局的首任總司理，協助華人全面掌握報紙的印刷技術。最後，他更是少數得到華商領袖及港府高層重視的新聞工作者，對提升報人的社會地位功不可沒。研究早期報業史的梁紹傑形容陳言為香港中文報業第一人，[5] 對其成就極口稱譽。

陳言的報業成就吸引不少學者的注意。戈公振（1890-1935）在其 1927 年出版的《中國報學史》已提到《華字日報》，說陳言於同治三四年間（1864-1865）創辦該報。陳言姪子陳止瀾（1874-1935）在 1934 年刊印的《華字日報七十一周年紀念刊》中亦有類似記載。問題是，《華字日報》1895 年以前的舊報不存，陳止瀾手上亦只得一份 1873 年 6 月 4 日出版的舊報，令戈、陳二人無法掌握事實基礎。惟戈公振的專書發表時間較早，廣受同業推崇；陳止瀾既是陳言姪子，又是《華字日報》經營者，旁人難以質疑其記述，他們的說法遂為日後報業史著者沿用，形成陳陳相因的問題。近年研究《華字日報》的風氣再現，卓南生考證《華字日報》的確實出版日期是在 1874 年，而非戈公振說的 1864-1865 年，他在日本國立國會圖書館更發現《華字日報》創刊後首兩年的原件，令研究工作再露曙光。可惜的是，卓君未有對該批原件內容作深入探討，未能讓學界進一步了解《華字日報》的具體情況。冼玉儀在《德臣西報》微縮膠卷中偶然發現《中外新聞七日報》舊報的存在，並對其內容及編寫風格作出深入分析，為中文報業史研究注入嶄新角度。此外，不少學者對陳言與王韜在報業上的合作關係產生興趣。冼玉儀曾在專文中提到陳言與王韜的友好關係。專門研究王韜報業歷史的蕭永宏，亦考證過二人互為對方報紙撰寫文章的事實。惟兩位學者的論述較為概括，未能闡明二人合作對香港早期報業的影響。再其次，香港史學者如施其樂、林友蘭、余錦興和劉智鵬等，對陳言的生平亦有概括的介紹，他們提到陳言除了是報業先驅外，更曾擔任中國駐古巴總領事及內地大型實業的總辦等職，對晚清自強運動有一定的影響（陳言生平研究回顧詳見附錄一）。

綜言之，學界對陳言的研究欠缺文獻基礎，對一些基本問題例如他如何創辦及經營《華字日報》、其所辦報紙的新聞和言論有何特色、如何反映陳言的新聞思想、與王韜及《循環日報》有何淵源、其生平事業對香港及香港以外有何影響等問題發掘不足，未能彰顯陳言的歷史角色。為填補相關的研究空白，本書的撰寫目的為：重構陳言在香港興辦報紙的經過，探討他在推動中文報業發展方面的角色和成就，讓讀者更好理解早期報業先驅的精神面貌。

為全面理解陳言的報業活動，筆者取得藏於日本國立國會圖書館的《華字日報》的舊報影印本。該批原件自卓南生發現至今，仍未有人作過全面及深入的研究，文獻意義重大。此外，本書雖以陳言的報業活動為討論主線，但為讓讀者對其生平有較全面的認識，最後一章會概述他報人以外的事業發展。具體研究問題如下：

一、陳言創辦及經營《華字日報》的經過

他創辦該報有怎樣的背景、動機和理念？怎樣確保報紙的編採獨立，不受外國報人干預？該報草創後的表現又能否達到陳言的預期？

二、《中外新聞七日報》及《華字日報》的內容特色

兩報的言論如何反映陳言強調報紙專為華人而設的辦報宗旨？他又怎樣實踐為讀者提供優質新聞的承諾？其言論對社會帶來什麼影響？

三、陳言與王韜在報業上的合作關係

二人如何支持對方的出版及翻譯工作？陳言與中華印務總局及《循環日報》有何淵源？《華字日報》與《循環日報》在編採上有何區別，怎樣體現陳言與王韜的新聞理念？

四、陳言報人以外的事業發展

他如何從報人晉身成香港華人領袖，後再轉職中國駐古巴領事

官及實業經理？他對晚清的外交及經濟改革有何貢獻？

本書的章節結構圍繞以上問題而設，第一章為導論，第二章介紹陳言家世、其在香港接受西方教育及在港府工作的經過，為往後的論述提供基礎。

第三章講述陳言創辦《香港華字日報》的背景和動機、其新聞思想、該報早期營運安排及繼後的發展情況等。本章同時澄清報業史論著的一些問題，包括陳言與《華字日報》及德臣報館的關係、華人在該報創辦過程中的角色，以及陳言購買中文字模的事實等。

第四至第六章集中專論《中外新聞七日報》及《華字日報》的新聞內容及特色。第四章聚焦兩份報紙對香港治安、司法及民生政策等問題的報導及評論，檢視陳言如何利用輿論監察港府施政，為華人社會爭取權益及關注。第五章觀察陳言對自強運動、日本維新改革和苦力貿易問題的言論，考察他如何向當權者提出勸諫，發揮報紙影響政治及社會的功能。相關分析同時有助於理解他對中西方政治、法律、經濟、外交、文化和教育的看法。第六章通過《華字日報》對日軍出兵台灣的報導，探討陳言的新聞觸覺，以及他對新聞質素的追求。文章同時比較《華字日報》及《申報》在處理該宗新聞上的表現，並交代陳言在戰事期間的遭遇，以及被清廷通緝的緣由。

第七章析論陳言與王韜在香港報業上的合作經過，發掘二人如何從惺惺相惜，到協助對方編寫報紙、合譯《普法戰紀》、成立中華印務總局及籌備《循環日報》的經過。其次比較他們在編輯新聞及評論時事上的異同，並且觀察二人的關係轉變。

第八章綜述陳言報人以外的事業發展。首先記述他如何從報人晉身至香港華人領袖的經過。其次講論他離開香港加入中國使領團，在古巴保護華民的事蹟。最後綜述陳言從古巴回到中國內地後，參與現代實業管理，同時協助盛宣懷處理中英商約談判的表現。

最後一章總結全書主要的研究發現。

註釋

1 寧樹藩：〈新加坡人對中國報業史研究的新突破〉，《聯合早報》，1993 年 3 月 7 日。

2 《中外新聞七日報》，1871 年 5 月 6 日。

3 《德臣西報》，1872 年 3 月 30 日，頁 3。

4 《中外新聞七日報》，1871 年 7 月 8 日，〈創設《香港華字日報》說略〉；《中外新聞七日報》，1872 年 3 月 30 日，〈本館告白〉。

5 梁紹傑：〈前言〉，載於楊文信等編著：《香江舊聞：十九世紀香港人的生活點滴》（香港：中華書局〔香港〕有限公司，2014），頁 vii。

01

早年生活

陳言出身自中國傳統家庭，1856 年從家鄉潮連移居至香港後入讀聖保羅書院，1863 年加入香港政府，工作至 1871 年離任。陳言的西方教育及在政府的工作訓練，令他成為中英雙語及跨文化精英，對日後事業發展影響深遠。

家庭背景

陳言，生於 1846 年，卒於 1905 年，[1] 字藹廷，[2] 現存文獻對其別字「藹」有寫作「靄」、「廷」有寫作「亭」或「庭」；[3] 後改名善言，[4] 或音訛作慎於；[5] 其姓名見於早期英文檔案及報刊，有 A Yin（或作 Ayin）、Chun A Yin（或作 Chun Ayin）、Chan Oi Ting、Chun Shen Yin（或作 Chan Shen Yin）等拼寫。[6] 其家族原居於廣東新會潮連巷頭村，今在江門市蓬江區東部。相傳陳言的先祖自南宋咸淳九年（1273）經由廣東南雄珠璣巷避亂南下，最後在潮連定居，開枝散葉。[7] 陳言父親陳洪茂，字喬林，家族一向經營典當生意，分店遍及廣州、梧州、潯州及柳州等地。咸豐（1831-1861，1850-1861 年在位）初年，陳洪茂感到清朝政治敗壞，憂慮社會將發生大亂，於是結束所有生意。未幾，廣東發生「洪兵起義」，[8] 陳氏家園先遭賊人焚掠，後再被清兵誣陷為逆黨，情況堪虞，幸得他的四子陳棟燦（別名敬亭）拯救，始逃離險境。陳洪茂生有十子七女，一家二十餘口為逃避清兵追捕，倉惶出走，後得友人幫助，尋獲失散家人，並將他們護送至香港團聚。[9]

1856 年，陳洪茂一家來到香港，[10] 從純樸鄉間小鎮，移居到英國殖民統治下的城市，生活面臨極大轉變。當時陳氏家業盡失，主要靠陳棟燦出外謀生，他受到一位西人賞識，聘請為公司經理，事業發展理想。陳言的六兄致祥，則在一位西人家裏當傭工，他很快便學懂英語。陳言排行第八，他和九弟陳猷（1849-1924）被家人送進聖保羅書院接受西式教育。

就讀聖保羅書院

聖保羅書院為聖公會牧師史丹頓（Vincent Stanton, 1817-1891）一手創辦。[11] 他於 1843 年到達香港後便開始籌建書院，得到港府批出中區鐵崗的地皮興建校舍。書院的建造工程進展緩慢，至 1849 年春，部分建築才逐漸落成。1850 年初，史丹頓離任，同年施美夫（George Smith, 1875-1871，亦有譯作史密夫、司蔑、宋美等）獲派到香港，出任香港聖公會首任會督及聖保羅書院校長，他籌得額外捐款，加快建造工程。書院的主要校舍於 1851 年落成，設有教室、食堂、教堂及圖書館等設置。當時書院提供寄宿教育，學生的住宿、飲食、衣履及書籍等費用，全部由校方負責。書院開館時有 33 名學生，大部分為華人。

1855 年，施美夫於《遐邇貫珍》刊登〈聖保羅書院招生徒告帖〉，從中可見書院的教學安排：

> 有唐人先生，教讀四書五經，有英國先生，兼及英文，而尤重者，在於天文、地理、算學，一一皆切要之務。其視俗學之無實誤人，孰得孰失，何去何從，必有能辨之者矣。況旦夕之間，談經講道，又有以啟善心、修善果，而種福田於無窮哉，向例來學者不須脩脯，並供飯食。[12]

告帖指書院聘有中國及外國教師，教授學生中英語文，對自然科學等實務知識尤其重視。書院同時強調德行訓練，希望培養學生良好品德。書院其實還設有神學論（Divinity）及聖經歷史（General Sacred History）等科目，[13] 告帖避而不談，可能顧慮到華人家長對聖經教育的戒心。[14] 事實上，當時教會學校並不受華人歡迎，富裕人家一般將子弟送到內地有名書塾學習。[15] 陳言在報上亦曾表示，只有「港中世家式微者」，才會將子弟送入教會學校讀書，[16] 他本

聖保羅書院

身就是這樣的例子。教會學校亦出了一些品行不端的學生，影響聲譽，益令華人家長不願送子弟入讀。[17] 由於收生及經費問題，不少教會學校陸續停辦，例如馬禮遜書院（Morrison School）及英華書院（The Anglo-Chinese College）分別於 1849 年及 1856 年底停辦，當時較具規模的教會學校只剩下聖保羅書院。[18]

香港教會學校除得不到華人支持外，同時受到政府官員的批評。港督寶靈（John Bowring, 1792-1872，1854-1859 在位）曾公開表示，聖保羅書院每年收受英國國會 250 英鎊的資助，承諾為港府每年提供六名公務員，但多年以來皆未能達成目標，書院連提供最基本資格的譯員亦辦不到。[19] 由此而知，當時香港中外人士對聖保羅書院的印象並不甚佳。

陳言和弟弟陳猷約於 1858 年間入讀聖保羅書院，[20] 他們天生聰穎，自幼由父兄教導誦讀經書，二人在書院的成績一枝獨秀。陳止瀾記述說：

> 靄庭與弟猷均聰明過人，父兄課之經書，未嘗就傅也，而過目輒成誦。才數年，已略得諸經綱要。既而香港新設英文書院，與弟猷同往新學，每考試，必迭為郊祁，第三人無從攙入也。公弟猷性近於商，故專商科，公則性好文，於西文之典奥，必探驪得珠而後釋然。積數年，學愈淹博，雖西方名宿，且自謂弗如。[21]

陳言對英文科目特別有興趣，他不滿足於課堂上教授的知識，喜愛尋根究柢，富有研究學問精神。他少年時經常在圖書館流連，博覽群書，養成良好的閱讀習慣。[22] 陳言在讀書期間受洗，當時任職書院主任的傅蘭雅（John Fryer, 1839-1928）形容他為虔誠的基督徒。[23]

踏入社會工作後，陳言逢周日都會到聖士提反堂參加崇拜，與堂主羅三元牧師相稔。[24] 陳言喜愛閱讀西方宗教書籍，對《聖經》、《可蘭經》及《古波斯經》皆有所涉獵，習得豐富的西方宗教知識。[25] 陳言的基督徒身份及西方宗教知識，令他與外國人交往時更容易融入他們的文化。

1867 年，聖保羅書院的主要捐助商寶順洋行（Dent & Co.）結業，書院被迫暫時停辦。[26] 施美夫牧師於 1871 年離世，陳言在《中外新聞七日報》發文紀念說：

> 嗚呼！君之於中土，教育如許英才，其循循善誘，亦由於修身立道，故得人之愛慕之，而願子弟敬之倣之。今君既作不諱於世矣，港中人有受誨成之惠者，聞此信咸為之感泣，其亦不忘於本。

陳言稱許施美夫克己復禮，盡心教導學生，扭轉部分華人對教會學校的偏見，以致富室名門亦願意讓子弟入讀。[27] 施美夫蓽路藍縷，為書院培育出一批中英文俱佳的學生，當中包括伍廷芳、伍光、陳言、張宗良、馮明珊等，大部分人畢業後在港府部門出任翻譯及書記等職，[28] 以事實反駁寶靈過往的批評。

陳言服膺施美夫的教育理念，感激他的無私奉獻，並以他為榜樣。1886 年，陳言出任古巴總領事官時，在當地設立古巴中西學堂，積極培育華人子弟。90 年代初，他更參與上海租界內華童公學（Chinese Public School，現稱上海市晉元高級中學）的籌建，並出任該校董事會委員。[29] 伍廷芳說，凡是促進教育與慈善的活動，陳言皆願意盡力支持，[30] 反映施美夫言行身教對他的影響。

陳言任古巴總領事官時，
攝於 1890 年。[31]

入職香港政府

陳言在聖保羅書院畢業後，1863 年 12 月受僱為香港政府船頭官署（Harbour Master）翻譯員（Interpreter），試用期一個月，聖保羅書院的華倫牧師（C.P. Warren）為他提供財務擔保。[32] 1864 年 1 月底陳言試用期滿後，獲上司批准調往巡理府（Police Magistrate）工作。[33]

巡理府為香港最早成立的法院，1841 年 3 月，香港總督義律（Charles Elliot, 1801-1875，1841 年 1-7 月在位）任命威廉・堅（William Caine, 1799-1871）為首任總裁判官（Chief Magistrate）。巡理府設立之初，原為審理香港華人的非嚴重罪行，它可根據英國或中國法律進行審訊，聆訊以簡易程序進行，不設陪審團。陳弘毅形容巡理府的功能說：「裁判法院存在的主要目的仍是高效率地、快速地 —— 有時甚至過於粗疏地 —— 處理輕微刑事案件和違規行為。」[34] 巡理府為香港殖民政府與一般市民接觸最頻繁的地方，從 1841-

1870 年的 30 年間，香港共有 175,000 人次被傳召上法庭，其中 97% 的案件皆在巡理府審理。以 1864-1870 年為例，巡理府每年平均審理 6,000 宗案件，即每天約 22 宗，可知其工作的繁瑣沉重。[35] 當時巡理府由兩位裁判官主理，下設四層級別的書吏及翻譯員。[36] 陳言 1864 年調遷巡理府後出任第四級見習翻譯員（4th Chinese Interpreter and Student），年薪 45 英鎊。[37]

1865 年 7 月，陳言獲得特別加薪，其外籍上司在〈付款授權書〉中提到，陳言在巡理府任職第四級翻譯員已有年半，表現稱職，得到直屬主管認同；更稱他擁有優秀的英文口語和寫作能力，並精於翻譯中文文書，能力遠高同儕，只有另一位翻譯 Mr. Aloy（中文名字不詳）的能力與他相若。陳言更經常獲派到最高法院擔任翻譯工作，頂替因事告假的譯員。為了挽留陳言，上司提議將他的月薪由每月 18 港元（3.75 英鎊）增加至 25 港元（5.2 英鎊）。[38]

1866 年 3 月，陳言接替剛辭職的巡理府第四級翻譯（4th Interpreter）Chun Achoy（中文名字不詳）的職位，工資增加至每月 28 港元（5.8 英鎊）。[39] 同年 7 月，陳言申請調往香港造幣廠工作，代替一名剛被辭退的僱員。[40] 陳言的調任原來出於輔政司（Colonial Secretary）孖沙（William T. Mercer, 1821-1879）的推薦。孖沙在 1866 年 9 月的〈付款授權書〉中向上司指出，陳言已接受其建議，在造幣廠獲得一份薪酬更優厚的工作。[41]

陳言在造幣廠工作數月後，又回到巡理府，[42] 接替第三級書吏柯士蒙（Mr. Osmund）的職位，工資增至每月 50 港元（10.4 英鎊）。巡理府上司在 12 月 14 日的〈付款授權書〉中表示，陳言的工作表現出色，對他的回歸感到高興。[43] 據《香港藍皮書》記載，到 1866 年，陳言的職銜為巡理府第三級書吏（3rd Clerk Police Magistrate），年薪 125 英鎊。[44] 陳言入職政府前後三年間，年薪已由45英鎊增加至125英鎊，反映他深受器重。1868年1月，時任署理輔政司史密斯（Cecil C. Smith, 1840-1916）再將他的工資提高到每月70港元（14.5英鎊），即年薪175英鎊。[45]

陳言雖然未接受過正式的法律訓練，但他在巡理府任職期間，曾參與數以千計案件的審理，處理過大量的法庭紀錄如檢控書、口供、報告及法官判詞等文件，從中獲得豐富的法律知識。王韜曾形容他說：「陳君之學，不名一家，弱冠即在英國衙署，律例尤所深知。」[46]當時華人懂得英語者已是稀少，其中能兼善律例者，更屈指可數。此外，從上引〈付款授權書〉的評語可見，陳言與英籍上司相處融洽，得到他們的信任及舉薦，可見他具有相當的辦事和交際能力。陳言的中英雙語能力、法律知識、溝通技巧及在政府的工作經驗，成為他日後事業發展的重要資產。

陳言自1868年獲得加薪後，職位及薪酬在往後的兩年維持不變。[47]在巡理府的職系中，陳言與時任首席翻譯員的伍廷芳收取同一薪酬，工資比他們高的皆為英籍官員，例如第二級書吏年薪300英鎊、第一級書吏400英鎊、首席裁判司800英鎊等。以華人公務員而言，陳言與伍廷芳已屬高薪之列。[47] 1870年，香港政府內部發生一宗華人公務員被不公平等對待事件，患上肺癆病的書吏向政府申請長假，卻遭到總督麥當奴（Richard G. MacDonnell, 1814-1881，1866-1872在任）的否決，他認為華人公務員無權享受此項福利，事件衝擊華人公務員的士氣，令到多名華人離任。[49]陳言亦受到事件影響，體會到華人員工無論英語說得多好、工作表現多佳，在殖民政府眼中仍然是非我族類。最後，他選擇另謀發展，並於1871年2月28日離任。[50]

註釋

1 《字林西報》，1905 年 8 月 7 日，頁 5；盧子駿編：《潮連鄉志》（香港：林瑞英印務局，1946），頁 150-151。

2 陳言本名別字的最明確記載見 1871 年 3 月 25 日《中外新聞七日報》的〈告白〉：「藹廷陳言先生，前在巡理府充當書吏之職，今本館延請司理繙譯事務並英文日報副主筆。」

3 見張蔭桓：《三洲日記》，頁 494；上圖盛檔，檔案號：SD010347-64，〈馬凱致陳善言〉，光緒二十八年七月十二日（1902 年 8 月 15 日）；陳蘭彬著，王杰、賓睦新編：《陳蘭彬集》（廣州：廣東人民出版社，2018），冊 1，〈奏為續調出使隨員摺〉，光緒三年七月六日（1877 年 8 月 14 日），頁 14。

4 目前最早出現陳善言名字的檔案見〈奏為續調出使隨員摺〉。

5 王韜於《普法戰紀．凡例》中說陳言字慎於，疑將陳言改名「善言」誤作別字，又音訛作「慎於」。見氏著：《普法戰紀》（同治十二年〔1873〕中華印務總局活字本），德國柏林國家圖書館藏，〈凡例〉，頁 3。

6 陳言姓名的英文拼寫散見 *HKBB*、*HKGG*、《德臣西報》及《孖剌日報》等文獻。"A Yin" 或 "Ayin" 是當時陳言名字「言」的粵語習稱「亞言」的拼音；"Oi Ting" 為陳言別字「藹廷」的英文拼寫；"Shen Yin" 為其改名「善言」後英文拼寫。

7 〈自序〉，載於《潮連鄉志》，頁 3；惠冬：〈珠璣巷考源〉，載於《史志學刊》，2016 年第 4 期（2016 年 8 月），頁 61-66。

8 參駱寶善：〈廣東洪兵起義略論〉，載於《嶺南文史》，1983 年第 1 期（1983 年 1 月），頁 82-89。

9 陳洪茂背景參《潮連鄉志》，頁 148。

10 《香港政府憲報》稱陳言 1856 年來到香港居住，見 *HKGG*, 17 November 1877, p. 505。

11 聖保羅書院創辦經過參 St. Paul's College, *St. Paul's College 120 Anniversary 1851-1971* (Hong Kong: St. Paul's College, 1971), pp. 17-18；St. Paul's College Alumni Association, *From Devotion to Plurality: A full history of St. Paul's College 1851-2001* (Hong Kong: St. Paul's College, 2001), pp. 29-33；聖保羅書院同學會：《中國．香港．聖保羅：165 年的人與時代》（香港：商務印書館〔香港〕有限公司，2016），頁 2-23。

12 松浦章、內田慶市、沈國威編著：《遐邇貫珍：附解題．索引》（上海：上海辭書出版社，2005），1855 年 5 月 1 日第 5 號，頁 528。告白發出日期是 1855 年 4 月 20 日。

13 書院的宗教課目見 *From Devotion to Plurality: A full history of St. Paul's College 1851-2001*, p. 31。

14 當時港府在香港多處設有義學，華人家長卻因為義學要求學生誦讀聖經而不願子弟入讀，《遐邇貫珍：附解題．索引》，1855 年 6 月 1 日第 6 號，頁 517。

15 Eitel, J. *Ernst, Europe in China, The History of Hong Kong from the beginning to the year 1882*

(London: Luzac & Company; Hong Kong: Kelly & Walsh Ltd., 1895), p. 282.

16 施美夫牧師於 1871 年底在英國逝世，陳言在 1872 年 2 月 17 日的《中外新聞七日報》刊文悼念，提到當時華人對教會學校的抗拒，只有貧窮家庭才會選擇教會學校。

17 *Europe in China, The History of Hong Kong from the Beginning to the Year 1882*, p. 281.

18 王齊樂：《香港中文教育發展史》（香港：香港波文書局，1983），頁 109。

19 *Europe in China, The History of Hong Kong from the Beginning to the Year 1882*, p. 347.

20 陳言於 1863 年 12 月底已開始在船頭官署任職，聖保羅書院課程為五年制，假設他 1863 年畢業後馬上工作，其入讀日期應為 1858 年。參香港歷史檔案館，檔案號：HKRS275-1-44 ，"Authorities for payment", 29 December 1863。

21 見《潮連鄉志》，頁 151。文中所謂「郊祁」，指宋郊（996-1066）和宋祁（998-1061）兩兄弟，二人學問深湛，同舉進士。陳止瀾用以比喻陳言及陳猷。

22 1878 年 4 月 8 日的《德臣西報》報導陳言離開香港的消息，作者稱讚陳言博學多才，認為他的知識得益自聖保羅書院自設的圖書館。《德臣西報》，1878 年 4 月 8 日，頁 3。

23 傅蘭雅於 1861-1863 年間任教於聖保羅書院，與陳言關係甚好。參戴吉爾（Ferdinand Dagenais）主編：《傅蘭雅檔案》（桂林：廣西師範大學出版社，2010），頁 306-307。

24 見余啟興：〈伍廷芳與香港之關係〉，載於壽羅香林教授論文集編輯委員會主編：《壽羅香林教授論文集》（香港：萬有圖書公司，1970），頁 264。

25 1879 年 2 月，陳言任駐美國公使館翻譯，與使館參贊陳嵩良到巴爾的摩市（Baltimore）參觀，市長安排二人在一處私人莊園住宿。莊園主人為他們舉辦晚宴，晚宴上一位女士詢問陳言有否讀過《聖經》，陳言反問女士指哪一部《聖經》，經過一輪傾談後，席上嘉賓發覺，原來陳言對《聖經》、《可蘭經》及《古波斯經》皆非常熟悉，他同時通曉古代及現代先知的訓誨。見 *New York Herald*, 16 February 1879, p. 7。

26 *Europe in China, The History of Hong Kong from the Beginning to the Year 1882*, pp. 466, 511.

27《中外新聞七日報》，1872 年 2 月 17 日。

28 當時聖保羅書院學生包括：Chun Ayin（陳言）、Ng Achoy（伍廷芳）、Ng Akwong（伍光，伍廷芳兄長）、Ng AFoo（中文名不詳）、Yip Ng Ow（中文名不詳）、Chung Oan（鍾安）、Ng Ahsun（中文名不詳）、John Cheung A Leung（張宗良）、Choo Ah Heen（中文名不詳）、Hu Tak（中文名不詳）及 Fung Ming Shan（馮明珊）。除馮明珊及 Hu Tak 外，其餘學生畢業後皆加入政府任職。見施其樂牧師藏品集，檔案號（次序據以上學生名字先後）：4975、35913、35671、35655、17587、11665、35689、7719、11031 、16495、12823。

29《北華捷報》，1904 年 3 月 31 日，頁 681。

30 見伍廷芳為陳言所撰悼念信，《華北捷報》，1905 年 8 月 25 日，頁 437。

31《中外新聞七日報》，1871 年 6 月 3 日。

32 香港歷史檔案館，檔案號：HKRS275-1-44，"Authorities for payment", 29 December 1863；施其樂牧師藏品集，檔案號：4009。

33 香港歷史檔案館，檔案號：HKRS275-1-45，"Authorities for payment", 28 January 1864；陳言的職銜及薪酬見 HKBB, 1864, pp. 96, 186。

34 陳弘毅、文基賢、吳海傑：〈殖民地時代香港的法制與司法〉，載於王賡武主編：《香港史新編（增訂版）》（香港：三聯書店〔香港〕有限公司，2016），頁 459-465。

35 巡理府早期事蹟參 Christopher Munn, *Anglo-China: Chinese People and British Rule in Hong Kong 1841-1880* (Hong Kong: Hong Kong University Press, 2009), pp. 109-118。

36 1864 年巡理府人事架構見 *HKBB*, 1864, pp. 184-188。

37 *HKBB*, 1864, pp. 96, 186.

38 香港歷史檔案館，檔案號：HKRS275-1-46 ，"Authorities for payment", 21 July 1865。當時 1 英鎊兌 4.8 元；*HKBB*, 1865, p.192。

39 見施其樂牧師藏品集，檔案號：4967。

40 香港歷史檔案館，檔案號：HKRS275-1-47 ，"Authorities for payment", 30 July 1866。

41 同上，"Authorities for payment", 28 September 1866。

42 香港造幣廠於 1866 年 5 月 7 日開始運作，其間出現嚴重虧蝕，被迫在 1868 年 4 月 25 日結束。參 P. Kevin MacKeown, "The Hong Kong Mint, 1864-1868: the history of an Early Engineering Experiment", *Journal of the Hong Kong Branch of the Royal Asiatic Society*, Vol.47 (January 2007), pp. 41-79。

43 施其樂牧師藏品集，檔案號：4967。

44 *HKBB*, 1866, p. 194. 當時文獻稱 "Clerk" 為書吏。

45 香港政府檔案處，檔案號：HKRS275-1-48，"Authorities for payment", 1 January 1868。陳言 1868 年的年薪見 *HKBB*, 1868, p. 196。

46 王韜：〈上豐順丁中丞〉，載於氏著，李天綱編校：《弢園文新編》（香港：三聯書店〔香港〕有限公司，1998），無日期，頁 284。

47 陳言自 1868 年獲得加薪後，在 1869 年及 1870 年的職位及薪酬皆無轉變，參 *HKBB*, 1868, p. 196; 1869, p. 208; 1870, p. 194。

48 據 1871 年的《香港藍皮書》，只有兩名華人公務員的年薪高於 175 英鎊，參 *HKBB*, 1871, pp. 88-89。

49 華人公務員辭職事見 Linda P. Zhang, *Wu Tingfang (1842-1922): Reform and Modernization in Modern Chinese history* (Hong Kong: Hong Kong University Press, 1992), pp. 30-31。

50 香港政府檔案處，檔案號：HKRS275-1-52，"Authorities for payment", 7 March 1871。

02

香港華字日報

并附船消息貨價行情

同治十一年歲次壬申三月二十九日

陳言與《華字日報》的開創

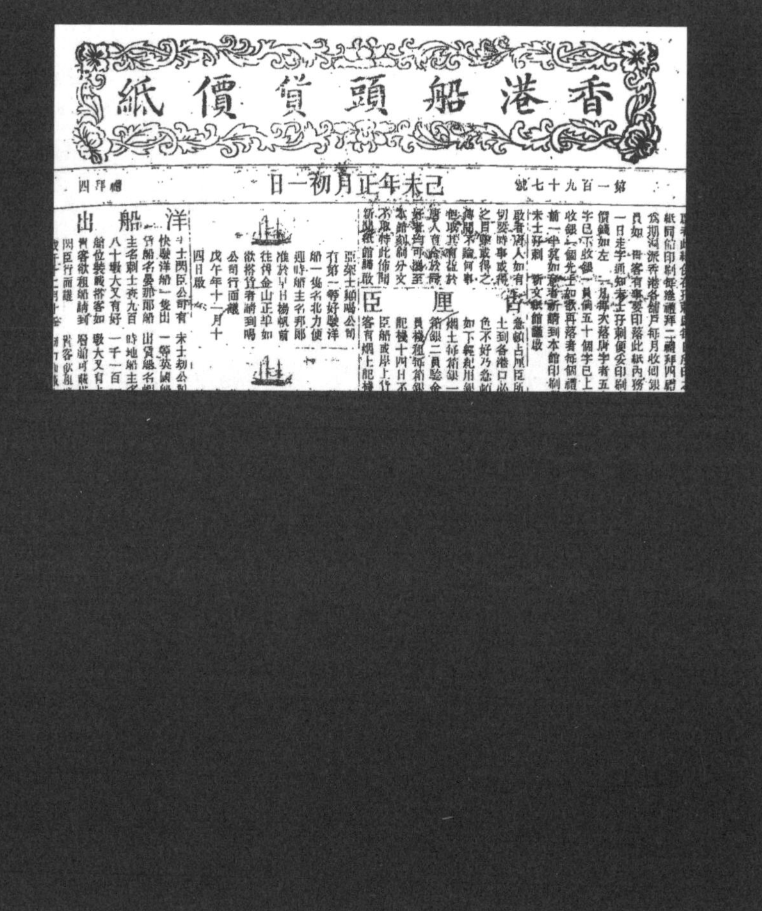

香港船頭貨價紙

第一百九十七號　己未年正月初一日　禮拜四

洋船出

西厘臣

陳言於 1871 年 2 月離開香港政府，先後參與三份中文報紙的籌辦及營運工作，其中最受人注目的是創辦《華字日報》，該報標榜由華人主持，不受西人干預及專為華人利益而設，開創華人當家作主的中文報業新時代。

香港早期報業概況

香港早期報業的創生由外國報人帶動，開埠 30 年間，英文報紙發展迅速，香港成為外國人辦報的重要基地。[1] 香港的中文報紙起步相對較慢，早期一直為外國報人經營，他們聘用華人為主筆，惟報紙言論、立場、編採方針等皆操縱在彼輩手上。

香港英文報業

香港報紙的出現，與香港政府對外發佈消息的需求有關。早期的英文報紙如 1841 年創刊的《香港公報》（*Hong Kong Gazette*）、翌年面世的《中國之友與香港公報》（*The Friend of China and Hong Kong Gazette*）、1844 年出版的《香港紀錄報》（*Hong Kong Register*）及 1845 年刊行的《德臣西報》（*The China Mail*）等，它們早期的業務皆涉及承印香港政府刊物。[2] 50 年代以後，香港轉口貿易增長迅速，[3] 推動報業發展，不少英文報刊皆以船務（Shipping）命名，例如 1855 年由德臣印字館出版的《香港航運錄》（*Hong Kong Shipping List*）、1857 年創刊的《孖剌日報》（*The Daily Press, Ships, Commerce and Colonies*）、1866 年出版的《香港信使與船務公報》（*Hong Kong Mercury and Shipping Gazette*）、1871 年面世的《香港廣告及船務報》（Daily Advertiser and Shipping Gazette）等。[4] 這些報紙主要提供船務、廣告以至百貨行情等商業訊息，新聞內容只佔版面的 20-30%。[5] 這種強調商業功能的報式設計，對香港報業影響深遠，中文報紙日後崛起，亦蕭規曹隨，[6] 成為香港早期中文報業的一大特色。

香港報業發展至 19 世紀 70 年代初期，《德臣西報》和《孖剌日報》成為持續出版時間最久的兩份日報。[7] 前者為蘇格蘭商人蕭德銳（Andrew Shortrede, ?-1858）於 1845 年 2 月 20 日創辦。蕭德銳去世後，報館由他的助手德臣（Andrew S. Dixson, ?-1873）接手經營，「德臣」一名亦源自他姓氏的中文譯音。1863 年，德臣因病返回英國，報館的業權先後由坎普（James Kemp, 1831-1865）、安德魯斯（Edward Andrews）和丹尼斯（Nicholas B. Dennys, 1839-1900）擁有。丹尼斯後來因無力償還貸款，報紙業權由聖地（Charles A. Saint）於 1867 年購入。《孖剌日報》由美國商人賴德（George M. Ryder）和英國商人孖剌（Yorick J. Murrow, 1817-1884）於 1857 年 10 月 1 日共同創辦，該報的中文名稱以孖剌的姓氏命名。孖剌於 1858 年起開始全資擁有該報，1865 年再將業權租賃給貝爾（William H. Bell）經營。[8]

香港中文報紙

香港的中文報業，亦孕育於英文報館。香港最早的中文報紙，是由《孖剌日報》印行的《香港船頭貨價紙》，1857 年 11 月 3 日創刊，報紙初期逢周二、四、六派發，訂閱費用每月一元，每期出紙一張，大小為 41 x 28 公分，兩面印刷，每一面分為四個直欄，全份八個直欄。新聞內容只佔約半個直欄，即版面約 6%，其餘皆為船務消息及商業廣告。《香港船頭貨價紙》的設計模仿早期的《孖剌日報》，以該報 1864 年 1 月 4 日一期為例，當日出紙三版，每版七個直欄，第二版的新聞內容只佔 1.5 個直欄，約 7%。[9] 從兩報稀少的新聞篇幅可見，其出版目的同樣是為商業客群服務。

《香港船頭貨價紙》大概在 60 年代初轉以《中外新報》的名義出版。[10] 就該報 1872 年 5 月 4 日唯一遺件所見，它逢周一、三、五出版行情紙，二、四、六印派新聞紙，大小為 51 x 35 公分，報紙分四版印刷，頭版是行情貨價，第二版全頁及第三版部分頁面刊載各類新聞，第四版提供商業廣告及船期資料。[11] 顧名思義，《中外新報》的定位已脫離了船頭貨價的原型，新聞內容佔版面約 28%，與《孖剌日報》的新聞比例接近。[12] 雖則如此，該報仍是非常重視商業訊息，例如頭版的行情貨價紙一周六刊，為商人提供最新近的訊息。相信這種版式一方面受到英文母報的影響，另方面亦為滿足市場需求。該報以華人為主筆，黃勝曾任首任編輯，[13] 伍廷芳兄長伍光於 1864-1867 年間任總經理，[14] 其後由張宗良接任。[15]

《近事編錄》由澳門土生葡人羅郎也（Delfino J. Noronha）開設的羅郎也印字館印行，1864 年創刊。該館同時承印不少香港政府的刊物，包括《香港政府轅門報》及《香港藍皮書》等。《近事編錄》每周三次派發，在香港連續出版 19 年，至 1883 年停刊，遺憾的是，該報歷年報紙完全失佚，無法得知其本來面貌。[16]《近事編錄》同樣聘用華人出任主筆，王韜移居香港不久便出任編輯。[17]

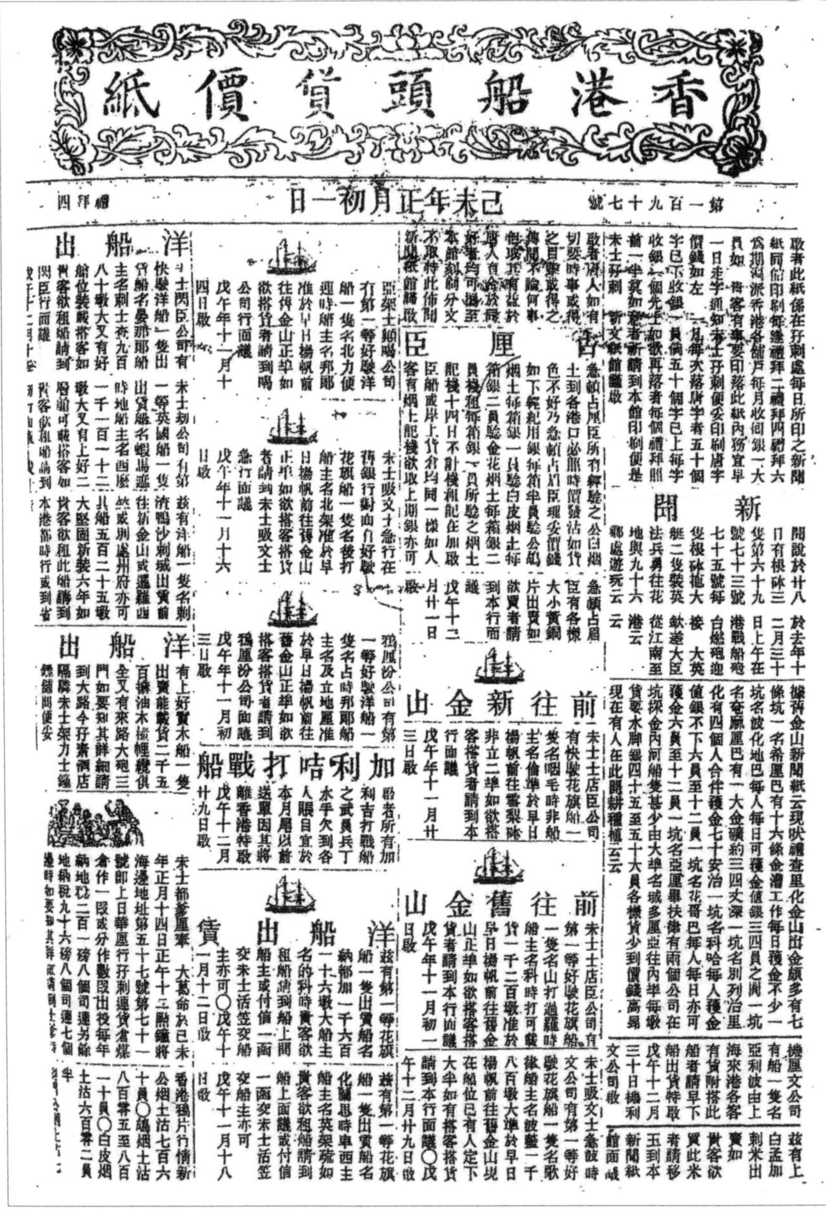

香港船頭貨價紙

第一百九十七號　己未年正月初一日　禮拜四

新聞

前往新金山

前往舊金山

加利咭打戰船

洋船出

《香港船頭貨價紙》1859 年 2 月 3 日第 197 號頁 1-2 [18]

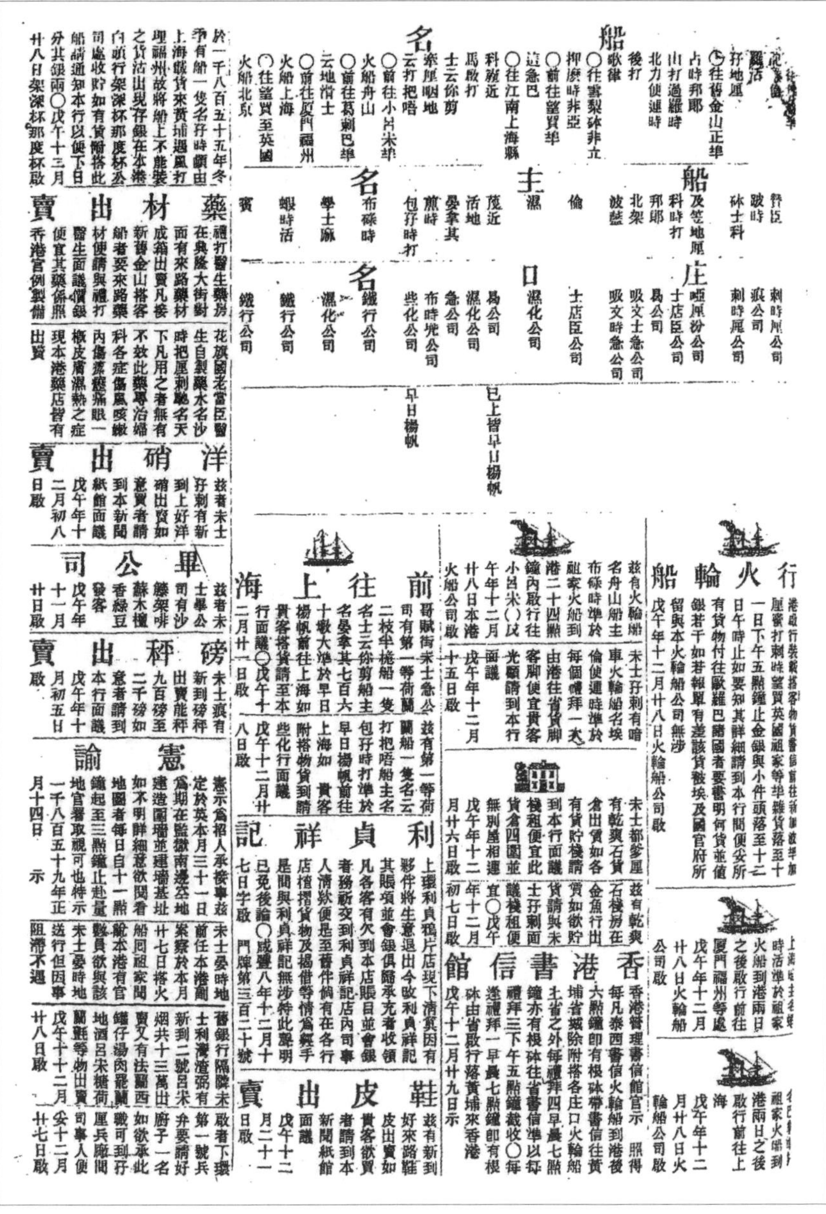

船名

麗活　孖地厘　⊙往舊金山正埠
占時邦耶
山打過羅時
北力便運時
後打
歌律　○往雪梨砵非立
抑廣時非亞　○前往望賈埠
這急巴　○往江南上海縣
科辦近
馬敝打
士云你剪
柰厘咽地
云打把唔　○前往小呂宋埠
火船舟山　○前往葛剌巴埠
云地附士　○前往厦門福州
火船上海　○往望買至英國
火船北京

船主名

替臣
跛時
砵士科
及笠地厘
科時打
邦耶
北架
波藍
倫
濕
茂近
活地
晏拿其
煎時
包孖時打
布篠時
學士厤
蝦時活
賓

庄口名

剌時厘公司
滾公司
剌時厘公司
喠厘扮公司
士店臣公司
曷公司
吸文士急公司
吸文時急公司
士店臣公司
濕化公司
曷公司
濕化公司
急公司
布時兇公司
些化公司
鐵行公司
濕化公司
鐵行公司
鐵行公司

巳上皆早日揚帆

早日揚帆

行火輪船

港啟行裝載搭客物貨書信前往新加坡埠加厘蜜打剌時望買英國祖家等埠雜貨落至十一日下午五點鐘止金銀與小件頭落至十二日午時止如要知其詳細請到本行問便妥所有貨物付往歐羅巴諸國者要書明何貨並值銀若干如若報單有差該貨殺埃及國官府所留與本火輪船公司無涉
戊午年十二月廿八日火輪船公司啟

上海[illegible]時活準於祖家火船到港兩日之後啟行前往厦門福州等處
戊午年十二月廿八日火輪船公司啟

[illegible]祖家火船到港兩日之後啟行前往上海
戊午年十二月廿八日火輪船公司啟

茲有火輪船名舟山船主布篠時準於祖家火船到港二十四點鐘內啟行往小呂宋○以午年十二月廿八日本港火船公司啟

未士孖剌有唕車火輪船名埃倫便運時準於每個禮拜一大由港往省貨腳客腳便宜貴客光顧請到本行面議
戊午年十二月十五日啟

未士都參厘有乾爽石貨倉出賃如各有貨貯棧請到本行面議棧租便宜此貨倉四圍並無別屋相連
戊午年十二月廿六日啟

茲有乾爽石棧房在金魚行出賃如欲貯貨請與未士孖剌面議棧租便宜○戊午年十二月初七日啟

香港書信館

香港督理書信館官示　照得每凡泰西書信火輪船到港後六點鐘即有棣砵帶書信往黃埔省城除附搭各庄口火輪船往省之外每禮拜四早晨七點鐘亦有棣砵往省書信準以每禮拜三下午五點鐘截收○每逢禮拜一早晨七點鐘即有棣砵由省啟行落黃埔來香港
戊午十二月廿九日示

前往上海

哥賦街未士急公司有第一等荷蘭二枝半桅船一隻名士云你剪船主名晏拿其七百六十墩大準於早日揚帆前往上海如貴客搭貨請至本行面議○戊午十二月廿一日啟

茲有第一等荷蘭船一隻名云打把唔船主名包孖時打準於早日揚帆前往上海如 貴客附搭物貨到請些化行面議
戊午十二月廿八日啟

利貞祥記

上環利貞鴉片店現下清貧因有夥伴將生意退出今改利貞祥記其賬項並會銀俱歸承充者收領凡各客有欠到本店賬目並會銀者務祈交到利貞祥記店內司事人清欵便是至舊伴倘有在各行店揭借貨物及揭借等情為經手是問與利貞祥記無涉特此聲明已免後論○咸豐八年十二月十七日字啟　門牌第三百二十號

鞋皮出賣

茲有新到好來路鞋皮出賣如貴客欲買者請到本新聞紙館面議
戊午十二月二十一日啟

於一千八百五十五年冬季有船一隻名孖時顛由上海載貨來黃埔遇風打壞福州故將船上不能裝之貨沽出現存銀在本港白頭行架深杯那庋杯公司處收貯如有貨附搭此船請通知本行以便下日分其銀兩○戊午十二月廿八日架深杯那庋杯啟

藥材出賣

禮打醫生藥房在興隆大街對面有來路藥材成箱出賣凡揍新舊金山搭客船者要來路藥材便請與禮打醫生面議價錢便宜其藥係照香港官例製備

花旗國老當臣醫生自製藥水名沙時把厘剌馳名天下凡用之者無有不效此藥專治婦科各症傷風咳嗽內傷濕瘡痛眼一概皮膚濕熱之症現本港藥店皆有出賣

洋硝出賣

茲者未士孖剌有新到上好洋硝出賣如意買者請到本新聞紙館面議
戊午年十二月初八日啟

畢公司

茲者未士畢公司有沙藤架啡蘇木檀香綠豆發客
戊午年十一月廿日啟

磅秤出賣

未士滾有新到磅秤出賣能秤九百磅至二千磅如意者請到本行面議
戊午年十月初五日啟

憲諭

憲示為招人承接事茲定於英本月三十一日為期在監獄南邊空地建造園墻並建墻基址如不明詳細意欲閱看地圖者每日自十一點鐘起至三點鐘止赴量地官署取視可也特示
一千八百五十九年正月十四日　示

未士晏時地前任本港剛案察於本月廿七日搭火船回祖家聞船本港有官數員欲與該未士晏時地送行但因事阻滯不遑

舊銀行隔隣未士利濱渣弼有新到二號呂宋烟共十三萬出賣又有法蘭西罐仔湯肉罷蘭地酒呂宋糖荷蘭氈等物出賣
戊午十十二月廿八日啟

啟者下環第一號兵弁要請好廚子一名如欲承此職可到孖厘兵廠問司事人便妥
十二月廿七日啟

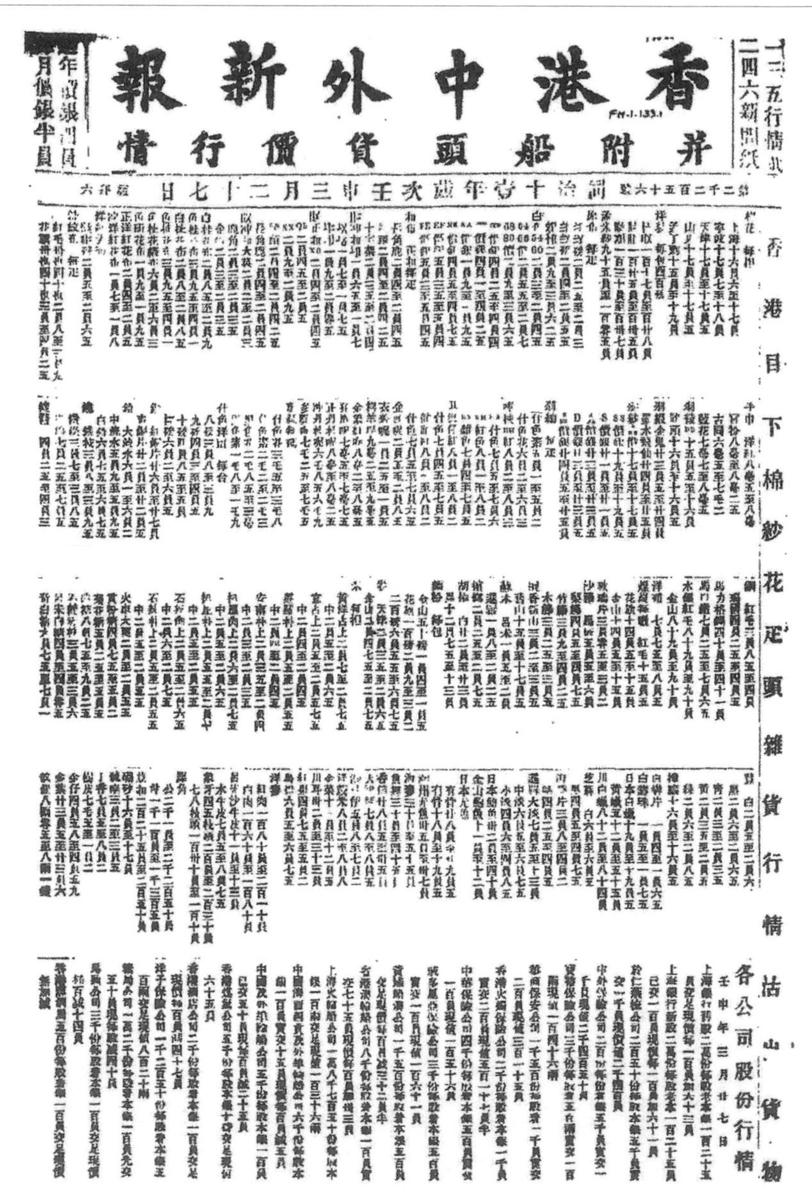

香港中外新報

并附船頭貨價行情

第二千二百五十六號　同治壹拾壹年歲次壬申三月二十七日　禮拜六

香港目下棉紗花疋頭雜貨行情沽出貨物

各公司股份行情

壬申年三月廿七日

《中外新報》1872 年 5 月 4 日第 2256 號頁 1-2 [19]

中外新聞

本館謹啟

壬申年　三月廿七日　本館謹啟

本港新聞

壬申年三月廿七日

中外新聞

羊城新聞

選錄上海新報

選錄京報

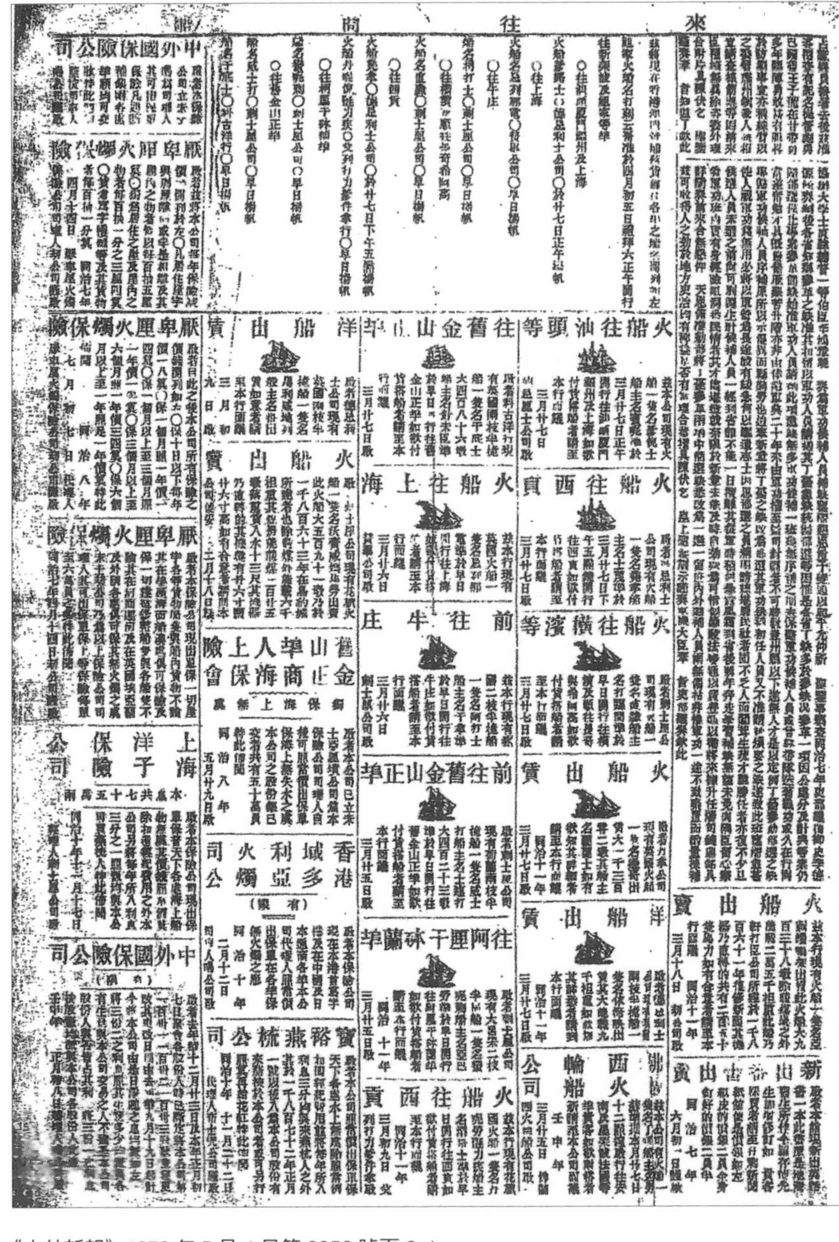

來往商

中外國保險公司

厭皐匣火燭保險

火船往汕頭等

火船往西貢

火船往橫濱等

火船出賃

洋船出賃

往舊金山正埠

火船往上海

前往牛庄

前往舊金山正埠

往阿厘干砵蘭埠

火船往西貢

西火輪船公司

新出告白

上海洋子保險公司

《中外新報》1872 年 5 月 4 日第 2256 號頁 3-4

《華字日報》創辦經過

附於《德臣西報》的《中外新聞七日報》

陳言於1871年3月1日加入德臣報館工作，聖地在當日的《德臣西報》以英文宣佈：「前巡理府書吏陳言，即日起受聘為《德臣西報》副主筆（Assistant Reporter）」。[20] 聖地在陳言加入報館十天後，隨即公佈出版《中外新聞七日報》：

> 謹啟者：本館所有新出唐字日報，圖功伊始，百凡未備，故篇幅未得充長。……一俟數期之後，字板完備，工役可資熟手，必當博采旁稽，網羅宏富，以擴一時之見聞，而一新耳目云。[21]

該報實際上是附於《德臣西報》的一張中文周報，逢星期六隨報出版。告白提到，當時印刷用的字板模具並未齊全，印刷工人亦未熟手，出版篇幅受到限制，最初發刊時只佔三分之二版面，其餘是《德臣西報》的英文內容。該報第二期（3月18日）起佔一整頁版面，它的新聞內容一般分為「中外新聞」、「本港新聞」、「羊城新聞」和「京報選錄」等欄目，間中亦刊有「讀者來函」、「電報」、其他報紙選錄及商業廣告等。報紙初期刻印在《德臣西報》的第三版，其後被安排到第七或第八版。

聖地在3月25日第三期的《中外新聞七日報》再次以中文宣佈陳言的任命：「藹廷陳言先生前在巡理府充當書吏之職，今本館延請司理繙譯事務並英文日報副主筆。」[22] 該報同日另有一段告白講述其辦報方針：

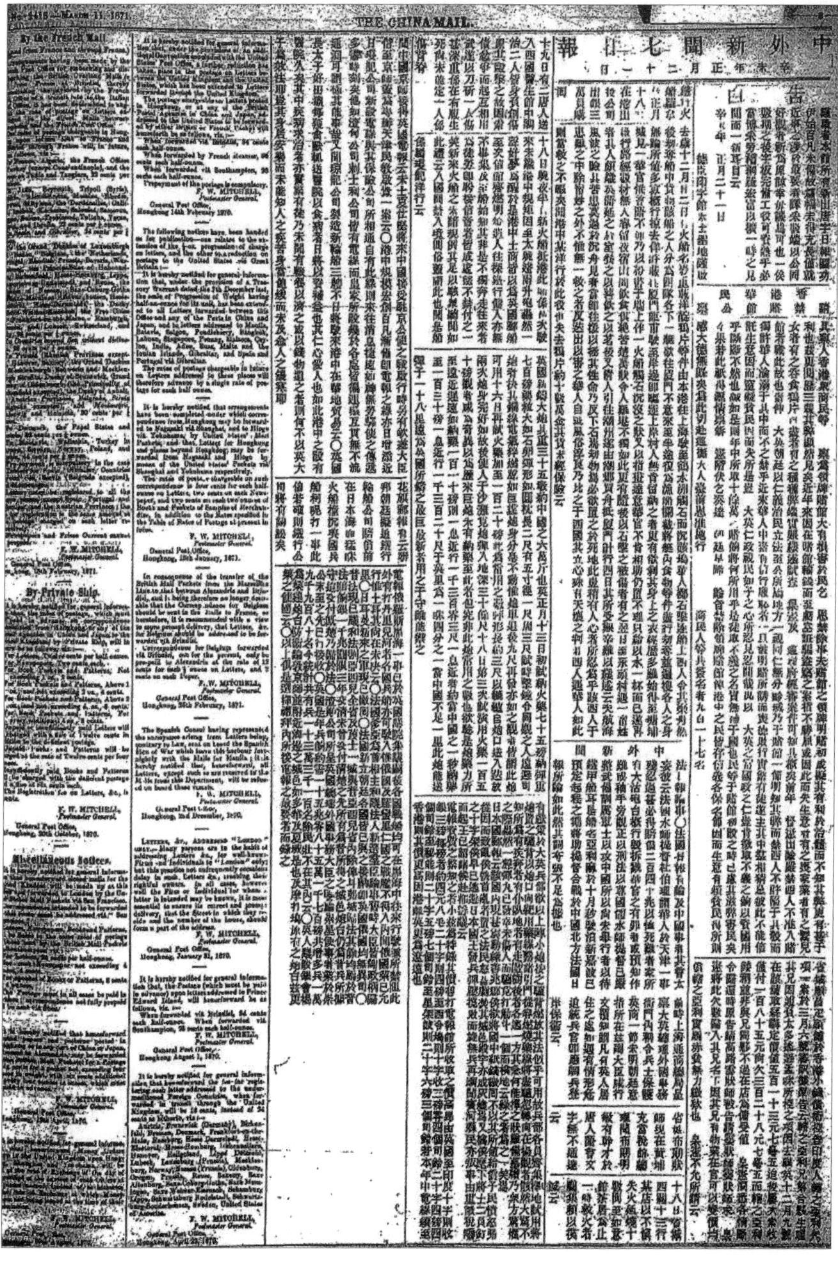
THE CHINA MAIL.

中外新聞七日報

辛未年正月二十一日

《中外新聞七日報》1871 年 3 月 11 日

啟者：本館所設中國字體日報每逢禮拜六日刊發，選譯泰西近事，於國政民情，工商諸大端，無不采取賅備，而於中國近聞之尤關要者，亦復錄之不遺，藉以供博覽而擴遠見。……蓋本館設報之意，原不圖弋利求豐，惟欲中國士商，增益識見，擴新耳目，有事可以直達，報中傳示遐邇。此報刊發雖由本館，而主筆出自唐人，所以專求利益於唐人者，知無不言，言無不盡。

這篇告白無疑出自陳言手筆，強調報紙與華人的關係 —— 主筆是華人、目標讀者是「中國士商」、辦報原則是「專求利益於唐人」、編輯取向是「知無不言，言無不盡」。告白最後說，報紙頭三期免費派送，其後每季訂閱費收取一銀元。[23]

以上告白亦顯示陳言加入報界的動機。他離開政府後加入另一間外國機構，表面上繼續為外國人服務，實質是借助德臣報館的經驗及設備推動中文報業的發展。他在加入報館的首項聲明，便宣揚「專求利益於華人」的辦報宗旨，反映他有志為華人社會爭取輿論話語權的理想。陳言人生的成長階段，浸淫在西方文化之下，但其華人身份，令他在港府的仕途停滯不前。面對事業樽頸，他選擇投身報業，利用報紙這現代工具，為華人權益發聲，以其不過 25 歲之齡，本身亦無辦報經驗，可謂志氣可嘉。

陳言強調「專求利益於華人」的辦報宗旨，有否得到德臣報館外國報人的認可？《德臣西報》1871 年 8 月 12 日的一篇文章可見端倪：

本館中文報的出現，對於某些客戶不無益處。從前客戶家中的聰明男僕或苦力，他們若要偷閱報紙內容，不免冒着騷擾主人的風險。現時華僕在主人的同意之下，便可拿取本報星期

> 六出版的中文報頁。從此，主人可自由輕鬆地閱報，不再受華僕的騷擾。[24]

以上文章曝露《德臣西報》編輯的觀念，他們認為中文報紙的讀者是外國主人的僕役之輩，出版中文報的作用不過是減少外國主人的不便，與陳言所謂「惟欲中國士商增益識見」、「專求利益於唐人」等的主張南轅北轍，意味着陳言的辦報宗旨可能得不到報館西人的支持。日後事情的發展卻證實，陳言不但能將《中外新聞七日報》辦好，[25] 更成功開辦一份獨立出版的中文報紙。

籌備出版《華字日報》

1871 年 5 月 6 日，陳言在《中外新聞七日報》提到他對華人辦報的看法，文章指印度孟咪省有報館 53 家，其中 39 家純以本地文字出版，其餘兼用英文印刷。反觀香港，華人社會「現已英俊鱗集」，但尚無一份真正由華人自設的報紙，當有涉及華人事務要廣為發佈時，卻是「每欲傳達而究不克自專」，社會上的西人亦希望華人自行開辦報紙。文章最後說：「事莫大於益被同人，功莫重於為其創始，吾知必有欣欣鼓舞而為之躍躍欲試者矣。」[26] 透露出陳言對華人自辦報紙的雀躍之情。

陳言提倡華人自設報紙的想法，在兩個月後得到落實的機會。1871 年 7 月 8 日，他在《中外新聞七日報》發表〈創設《香港華字日報》說略〉：

> 或畗余曰：徑貴脫夫恆蹊，事當為其創舉，日報之道，亦何莫不然。然有非因之因，不創之創者，則以華人而為華字新報是也。何因乎爾？蓋華字日報，業已匪今伊始，則以華人起而

綱紀之，其舉雖創，其事則固也。何創乎爾？在昔華字日報胥屬西人承辦，今忽以華人而為主筆，則提挈之惟我，左右之惟我。此其事雖因，而其舉實創也。……廣州會邑藹廷陳言謹啟。

告白以陳言的名義發出，凸顯出他作為《華字日報》倡議人的身份。文章破題說：「徑貴脫夫恆蹊，事當為其創舉」，「恆蹊」指傳統的路徑，它與「創舉」的觀念相對，意指人們要成就一番事業，就必須脫離舊有框框。陳言所謂「創舉」有三個具體方向：一是「華人起而綱紀之」，華人負起創設和領導報紙的責任，打破過往中文報紙由西人主導的現象；二是「華人而為主筆」，華人全權負責報紙的編採工作；最後的是「提挈之惟我，左右之惟我」，報紙的管理營運完全取決於華人。

告白續說：「日報之所關甚鉅，述政事、紀民情、辨風俗、詳見聞，大之可以持清議，小之可以勵人心，……實有足以轉移風尚，鑒誡世人」，[27] 認為日報兼具勸諫政治及教化民眾的功用，對個人和國家皆大有好處。陳言同時指出，過往華人以為日報無足輕重，以致風氣未開，未能利用這現代工具造福社會，他希望藉創辦《華字日報》改變這種不確觀念。陳言形容：「區區之心，實不僅欲為前此所未有之創舉，而甚欲為後所僅有之美舉也」，相信報紙的創辦必成為日後報壇佳話。告白最後介紹《華字日報》的設計是由現行的《中外新聞七日報》加上船頭貨價和行情告白等商業訊息，擴充成四版的獨立報刊，每年訂閱費暫定四銀元，並將於「不日」出版。[28]

《華字日報》實際到翌年 4 月中才創刊，顯見過程並不順利。其中可能受到兩個因素的影響，首先是德臣報館於 1871 年底發生人事變動，東主聖地在 12 月離開報館，改由貝恩（George M. Bain）接手，他成為報館的印刷人、出版人及唯一承租者（Printer, Publisher, and Sole Lessee），[29] 此項變動可能推遲了陳言的計劃。貝恩上任後重新任命《德臣西報》前編輯丹尼斯為總編輯。丹尼斯早年曾在北京學習中文，熟悉中國文化，[30] 與陳言關係良好。[31] 報紙延遲創刊的另一個原因亦可能與資金有關，德臣報館不為《華字日報》提供創辦資本，陳言需要另覓協助，本章「《華字日報》草創時期的營運」一節將詳細討論。

1872 年 3 月 30 日，《德臣西報》以英文預告《華字日報》的出版消息，指該報由德臣報館負責印刷，運作上由華人主導（to be conducted under native direction），並形容《華字日報》的創辦是一個前所未有的試驗（the first experiment of the sort ever made）。[32] 同日的《中外新聞七日報》再以中文公佈說：

> 本館現在設立唐字新聞紙，除禮拜停止外，其餘以間日印派，兼印行情、告白、招帖、貨單，於貿易場中實不啻每日須傳，良為便易。其閱視價銀周歲四元，若寄至遠處再議信貲。……德臣新聞紙館謹啟。[33]

這段告白其後再出現在 5 月 6 日《華字日報》第 9 號，[34] 以其安排而言，應該是該報創刊公告之一。告白重申說：「此新聞紙係唐人自設，事若繼興，例關創始，以向來所行者皆倡自西人。茲則譯撰遴選，命意詞旨，皆唐人為之主持，為之布置，而於西人無預也。」告白提到的辦報方針包括「唐人自設」、「唐人為之主持」、「於西人無預也」，與陳言在〈創設《香港華字日報》說略〉中所說同出一轍。

告白又提到：「特是創設新聞一局，經費浩繁，非一人所能勝任，必有賴於同人為之贊襄協助，譬如舉鼎，起於眾擎；譬如集腋，成於諸貉」；「茲屬初興之際，凡吾同志者，無不慫恿頒行，稱為至善，且願相助」。「眾擎易舉」及「集腋成裘」等語隱寓報紙創刊經費由籌集而成，而「吾同志者」在報紙的籌辦更是出力不少。該段告白以「德臣新聞紙館」的名義發出，表明它是《華字日報》的創辦機構，該館經營多年，財務理應穩健，為何需要華人的協助？

同年 4 月 2 日，《德臣西報》另一段英文告白 "New Publications: A Chinese Newspaper" 透露更多陳言所謂「集腋成裘」的內情。告白聲稱，《華字日報》的主要資助來自為華人社會，他們同時出任該報的「保證人」（guarantor）及提供「保證金」（securities），以便為它取得商業和法律地位（business and legal footing）。告白續說，《華字日報》是首份由本地華人主持的中文報紙，總編輯之位將由經驗豐富、能力卓著的陳言擔任。報紙策劃者（The projectors）據中國內地、日本、澳洲、美國及新加坡各處通商口岸的情況估計，該報的最終銷量可達每天三四千份，將成為一份流通廣泛、廣告效益宏大的刊物。[35]

以上告白提到所謂「保證人」及「保證金」的安排，其實出自 1860 年香港法例《重新修訂香港報紙法例》的要求，刊物的承印人及保證人須各自繳付 250 英鎊（約 1,150 港元）的保證金，報刊才可以在香港出版，報刊日後出版時如觸犯誹謗罪，保證金會被沒收。[36]《華字日報》的創辦經費、報紙的「保證人」和「保證金」皆與華人有關，可見華人在《華字日報》創辦上的關鍵角色。早期報業史論著在講述該報創辦經過時，皆提到華人襄助報紙創刊一事，[37] 以上的告白可印證及補充相關記載。

《華字日報》面世

經過連日來的預告，《華字日報》終於面世。德臣報館在 1872 年 4 月 6 日的《中外新聞七日報》宣佈說：

啟者：本館之《七日錄》，自派此期而後擬改為《香港華字日報》，定開四版，除禮拜外，間日派人送派，兼增列貨價行情船舶消息，惟事關創始，未易驟成，故仍俟至三月初旬乃發。……德臣館謹啟。[38]

告白揭示《中外新聞七日報》與《華字日報》的承繼關係，前者已於當日停刊，後者將於三月初旬（即 4 月 6-17 日）派發。從現存《華字日報》1872 年 5 月 6 日第 9 號的出版日期推算，該報應該在 4 月 17 日首度出版。[39] 此外，4 月 19 日的《德臣西報》亦宣佈《華字日報》已於星期三面世，亦即是 4 月 17 日。[40] 兩條資料互相印證，可知報紙的創刊日期確實是 1872 年 4 月 17 日。

據《華字日報》原件第 9 號所見，它由一張大紙摺成兩頁，每頁雙面印刷，印成四版，每一版尺寸為 56 x 39 公分，大小與當時的《中外新報》相約。報紙第一版報頭正中打橫印上：「香港華字日報」、「並附船舶消息貨價行情」等大字，右邊報頭直行印上「新聞一三五印發，行情紙每日派送」、左邊則為「每月價銀一中員，周年價銀四大員」，下面的橫行印有報紙期號以及中西曆日期等訊息。

《華字日報》由原來《中外新聞七日報》的一版擴充至四版，增加的版面為貨價、船務及商業廣告等訊息，新聞內容仍維持一版。報紙的第一版印上「香港目下金銀絲髮花紗疋頭各等什貨並附股份行情」及「各公司股份行情」的商業消息；第二版全頁刊載各類新聞消息；第三版印有「茲將現在香港澳門黃埔等處落貨前往各埠之船名開列如左」，出示來往香港的帆船及火船消息，其他為廣告訊息；第四版印有「現在兩禮拜內香港租船行情」及「由英京往各埠之船現未到埠者其所載貨多少逐一呈例」兩欄，餘下版面刊錄各類廣告。[41]《華字日報》在創刊之初，便以四版面世，加上每周三刊，

新聞一三五印發
行情紙每日派送

香港華字日報
并附船消息貨價行情

第九號　同治十一年歲次壬申三月二十九日　禮拜

香港日下金銀綠鬟花紗疋各等什貨并股份行情

各公司股份行情

《華字日報》1872 年 5 月 6 日第 9 號頁 1-2（藏於日本國立國會圖書館）

香港華字日報

1872

本館告白

中外新聞

討河東獅檄

選錄京報

羊城新聞

上海洋子保險公司

中外衆國保險公司

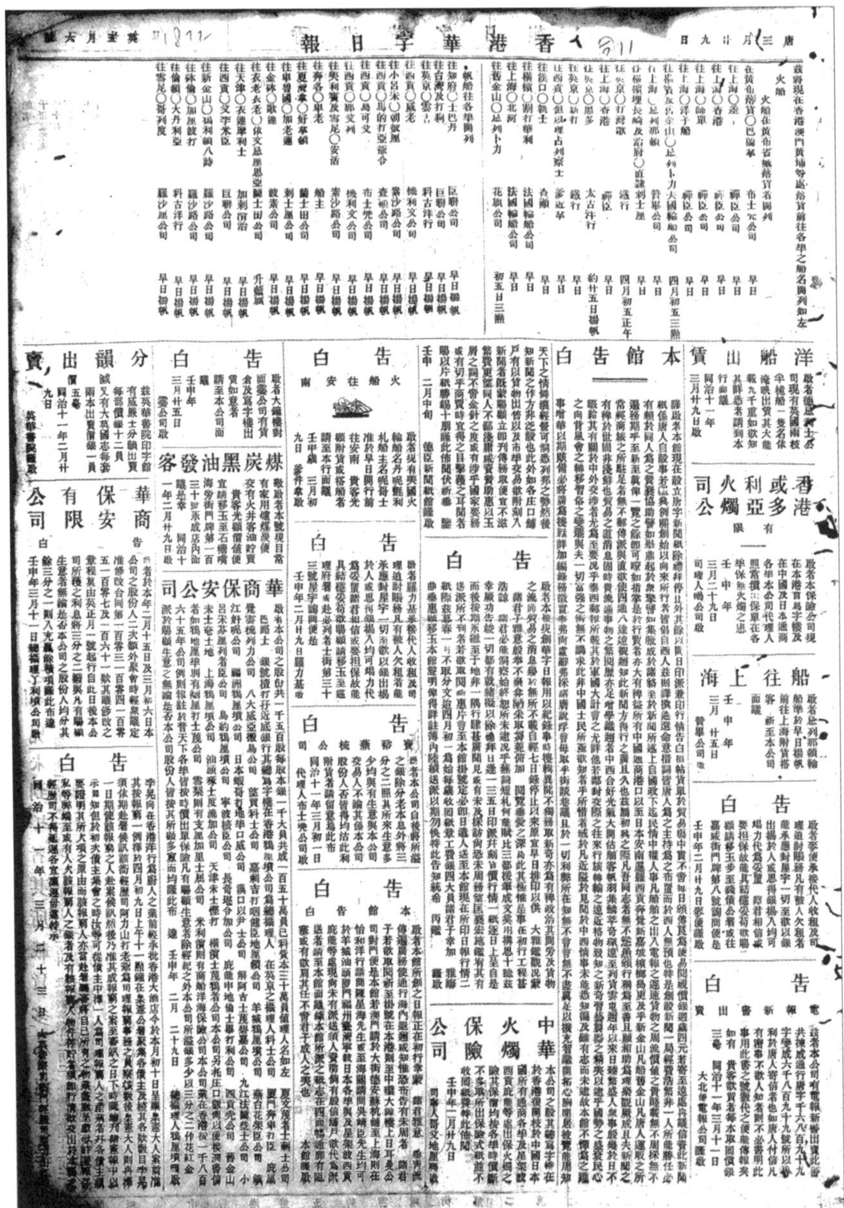

香港華字日報

洋船出賃

本館告白

香港或多利亞火燭公司

船往上海

告白

電報新書出賣

告白

火船往安南

告白

華商保安有限公司

分韻出賣

煤炭黑油發客

華商保安公司

中華火燭保險公司

《華字日報》1872 年 5 月 6 日第 9 號頁 3-4（藏於日本國立國會圖書館）

唐三月廿五日　香港華字日報　英五月八號

現在兩禮拜內香港租船行情

船名　噸數　上貨限期　每担租價　埠名

干布迦莎喬　三百四十四　四十日　四千八百員滿載　由兵各往福州

威士打　四百三十　私議　往舊金山

老彼干　四千八百担　四千員　由港往黃市

占士威利臣　八千五百担　八十先　由香港往牛庄

九初　三十六九　二十五日　七十五先　由黃市往芝府

[illegible]

由英京往各埠之船現未到埠者其所載貨多少逐一呈列

此船正月初五日自論敦來港計四月中旬乃到臨將載貨多少開列

此船正月初九日由倫敦往上海現當未到將載貨多少開列

此船正月初二日由倫敦往上海現當未到臨將載貨多少開列

此船於客歲十二月廿八由倫敦往上海計現未到將載貨多少開列

此船於客歲十二月二十七日由倫敦往日本計現未到將載貨開列

此船於客歲十二月二十二由倫敦往治府夫埠現未到將載貨開列

[illegible]

有銀出揭

[illegible]

同治十一年二月七日

告白

[illegible]

告白

[illegible]

告白

[illegible]

告白

[illegible]

煤炭發客

[illegible]

同治九年二月初四啟

此新聞紙係由香港[illegible]第二號德臣印字館[illegible]印

行情紙每日印派，相對於《中外新聞七日報》時期，報紙在撰稿、校對、編輯、排版、執字、印刷以至派發的工作量均大為增加，難怪陳言在創刊告白中說「惟是事在初行，工程甚浩」。[42]

陳言的新聞思想

陳言可說是較早期系統講述新聞思想的報人，[43]他在《華字日報》出版前後的多篇告白中，析述其辦報方針及對報人的看法，兩者構成其新聞思想，有助理解他為何辦報及如何辦報等重要問題，以下作一整理。

一、為何辦報？

陳言非常重視報紙與華人社會之間的關係，他主編《中外新聞七日報》時已提出報紙「主筆出自唐人，所以專求利益於唐人者，知無不言，言無不盡」；[44]創辦《華字日報》時再強調「譯撰遴選，命意詞旨，皆唐人為之主持，為之布置，而於西人無預也」，[45]徹底劃清該報與西人的關係。香港中文報紙一向由外國人主持，以致「凡有要事關涉華人者，每欲傳達而究不克自專」，[46]窒礙社會發展。陳言辦報的最大目的就是為華人社會爭取關注及權益，扭轉西人長期主宰輿論的現象。

二、《華字日報》新聞有何特色？

陳言承諾報紙為讀者提供廣博全面、近時及真確的中外新聞，內容「上自國政，下迄民情，中權人事」，一應俱全，選取新聞消息時採取「務徵實事，弗尚虛辭，弗採諸贗說浮言，毋取乎街談巷議」及「務期乎至新至真」的原則，務求為讀者提供高質素的新聞。[47]

三、報紙對讀者有何益處？

陳言特別重視報紙在傳播知識上的功能，對所有「逮乎國勢之盛衰，民心之向背，風會之轉移，習俗之變遷，與夫一切富強之術」

的消息無不講求，讓中國士民有所借鑒。他會將外國報刊的重要消息「廣為翻譯，備加蒐羅，用以昭示同人」，幫助讀者增進對西方世界的認知。陳言亦鼓勵讀者踴躍投稿，「其倍佳者，且當代為譯成西字，刊入泰西郵報，庶俾中外並沾厥益」，讓社會不同意見藉報紙平台廣為發表，促進思想交流。[48] 要之，他強調《華字日報》讓讀者足不出戶，便「能周知天下之情，僻壤經營，可洞悉列邦之勢」，[49] 對個人識見大有裨益。

四、報紙對商業客戶有何好處？

作為一份商辦報紙，陳言除照顧讀者的閱讀興趣外，亦必須滿足商業客戶的需求。他強調「貿易之道，消息固時貴流通」，承諾積極搜羅最新的船隻出入、電報收發、貨物流轉，以及行情貨價等商業消息，協助商人運籌帷幄及捕捉有利商機。[50] 他同時呼籲商人利用《華字日報》刊登廣告，善用報紙在推銷服務及產品上的功能，增加生意。

五、報紙如何接觸讀者及商業客戶？

陳言在創刊之初，已考慮到報紙的分銷問題，除香港以外，他計劃在中國內地、亞洲和美國的主要通商口岸建立派發點，達到「直欲使四通八達，遠睹邇知，此新聞方得行之廣且久也」，讓不同地方的讀者及客戶皆能接觸該報。[51] 報紙的分銷及覆蓋能力對其盈利非常重要，一方面有助提高報紙訂閱量，增加收入；另方面讓客戶的商業訊息傳達至更多商埠及遠方客人，提升宣傳效果，吸引更多客戶投放廣告。

六、報紙對與社會及政治有何作用？

陳言提出「日報之所關甚鉅」、「大之可以持清議，小之可以勵人心」，[52] 認為報紙兼具「清議」和「閭閻公論」的功能，[53] 前者監察政府操作及施政成效，讓當權者「俾知其政治之得失，悉其民情之向背，察其風俗之淳澆」，[54]更能有效地回應民情民意，改善施政；後者揭露社會問題及提出關注，藉着「激濁揚清，褒善痺惡」，發揮報紙「轉移風尚，鑒誡世人」的功效。陳言在報導及評論新聞時，會採取「且於一切利弊所在，知無不言，言無不盡」的態度，[55]通過客觀分析及評論，發揮報紙在推進政治及社會發展上的作用。

從以上的整理可見，陳言除照顧到讀者獲取新聞及知識的需求外，更考慮報紙的銷售及經營等問題，務求平衡兩者，令報紙有足夠財力繼續發展。

此外，陳言亦非常重視報紙編輯的角色，以下兩篇文篇最能代表他的主張。1872 年，《中國之友》的前主筆爹倫（William Tarrant, ?-1872）在英國逝世，陳言在《中外新聞七日報》發文紀念爹倫說：

> 而其性固率直，不趨務權勢。居官者每有小疵，彼必以直斥其非，不少狗（按：疑為「狥」字之誤」）情面，……或謂其以寸管揮毫，或褒或貶，卒之能行其胸臆，洗此牢騷，是亦可以無憾焉。[56]

陳言認為爹倫「不趨務權勢」，對政府官員的不當行為直言不諱，[57]不懼強權加身，敢於為民請命，展示出專業報人的操守。日後陳言在爭取廢止豬仔貿易的工作上，同樣表現出勇敢抗爭的風範，相信與爹倫的榜樣不無關係。

爹倫象徵報人追求公義的模範，《泰晤士報》總編輯低靈（John T. Delane, 1817-1879）則代表報人對社會的影響。1873 年 2 月 10 日的《華字日報》描寫低靈的日常工作說：

> 往見外部大臣，與從容商論國政民情，無所不言。外部大

> 臣無不側席諮詢，虛衷接納。抵〔低〕君瞭於眾情、稔於輿論，知之無不為之備述，以是於軍國大計，昭然若指諸掌。

文章形容低靈社會地位崇高，有英國民眾甚至認為：「人皆願為是館之總主筆，而不願為英國之宰臣」。[58] 低靈的成就，展現專業報人如何發揮影響社會及政治的功能，以及由此而獲得的社會地位。可能受到低靈事業成就的啟發，陳言在辦報之餘更積極參與香港社會事務，更因此而得到華人社會及殖民政府官員的禮遇，晉身華人代表之列。

《華字日報》草創時期的營運

本節探討《華字日報》草創時期的營運情況，主要析論該報的營運模式、印刷工具、版式及新聞編排，以及分銷策略等問題。

營運模式

陳言反覆強調《華字日報》是「唐人為之主持」、「於西人無預」，[59] 這辦報宗旨如何體現在報紙的營運上？他在該報又擔任什麼角色？報學論者對以上問題議論不一，戈公振、陳止瀾和方漢奇等認為，陳言是《華字日報》的創辦和經營者，德臣報館僅為其提供印刷服務；白瑞華和施其樂指出《華字日報》與德臣報館之間存在某種營運協議，白瑞華更強調該報一直為華人操控；卓南生判斷德臣報館是《華字日報》的東主，陳言僅是受薪主筆，他對該報能否做到「唐人為之主持」、「西人無從干預」表示懷疑。[60] 本節利用一些過往未被留意的文獻，嘗試澄清以上疑問。

《華字日報》多份創刊告白皆以德臣報館的名義發出，包括 1872

年3月30日及4月6日《中外新聞七日報》的中文告白，以及4月20日《德臣西報》的英文告白，[61] 顯示德臣報館為《華字日報》的創辦機構。告白的行文亦透露相類訊息：3月30日的告白說：「本館現在設立唐字新聞紙」；4月6日的告白說：「本館之《七日錄》，自派此期而後擬改為《香港華字日報》」；4月20日《德臣西報》另一段中文告白亦稱：「本館所創之日報正在初行」，[62] 進一步印證德臣報館與《華字日報》的從屬關係。此外，陳言作為《華字日報》的總編輯，實際上一直受僱於德臣報館，[63] 意味着他需聽命於報館的西人上司。以此而論，《華字日報》的營運與當時其他中文報紙無異，皆是西人為管治者，華人為主筆，似乎證明了卓南生的推論，陳言所謂報紙由華人主持的說法，不過是宣傳技倆。[64]

事實上，《華字日報》的營運有兩項特別之處，令它能體現報紙由「唐人為之主持」的宗旨，其一是報紙登記承印人的安排。《華字日報》在每期的第四版報尾印上「此新聞紙係由香港第五約雲咸街第二號德臣印字館陳言印派」的字樣，標示該紙由德臣報館印刷，陳言是其承印及派發人。類似的出版聲明亦出現在香港其他的中英報紙，例如：《孖剌日報》印上："Printed & published for the proprietor, by W.H. Bell, Wyndham Street, Hongkong"；《德臣西報》印上："Printed and published by Geo Murray Bain, at the China Mail Office, No. 8 Wyndham Street, Hongkong"；《中外新報》印上：「此新聞紙係由香港孖剌館卑厘刻印」；《中外新聞七日報》印上：「此新聞紙係由香港德臣聖地印刻」。[65]

以上各份中西報紙的出版聲明是1844年《香港印刷法》要求之一，它的主要規定如下：一、所有準備在香港出版書刊的承印人（printer）及出版人（publisher），必須親自在首席裁判官前作出聲明及登記，方可進行有關業務；二、當刊物涉及無論刑事或民事訴訟時，承印或出版人將成為追究的對象；三、刊物要在其最後部分刻上承印人或出版人及印刷機構的資料，違規者會被視為犯法。1860 年的《重新修訂香港報紙法例》更加入針對誹謗罪的條例，登記的承印或出版人要先繳付 250 英鎊的保證金，才可在香港印行書刊。報刊如被裁定干犯誹謗罪，保證金會先被沒收。[66]

報刊的登記承印及出版人身份特殊，要為刊物的內容負上法律責任。1885 年，《循環日報》的承印人黃紫畦就是因為違反《香港印刷法》的登記規定而被警方控告。[67] 香港中文報紙一向以西人出任承印或出版人，《華字日報》以陳言為登記「印派人」，意味着他與卑厘、貝恩及聖地等報館負責人承擔同等的法律責任。

《華字日報》另一特別之處，是它的營運乃以承租協議的方式進行。1878 年 4 月 6 日《德臣西報》的一段告白透露相關安排：

> Notice: The Interest and Responsibility of the Undersigned in the *Chinese Mail* 華字日報 (Wah Tszs Yat Po) , ceased from 1st August, 1877, but Debts prior to that Date will be received and paid by him. Chun Ayin, Hongkong April 6, 1878.[67]

> Notice: In reference to the above, the Undersigned has leased the *Chinese Mail* from the 1st August, 1877, and has engaged the services of Mr. Leong Yook Chun, as Translator and General Manager of the newspaper, …… Kong Chim, Lessee of the Hong Kong Chinese Mail, Hongkong, April 6, 1878.[68]

第一段文字由陳言發出，宣告他對《華字日報》的「權益與責任」（Interest and Responsibility）已在 1877 年 8 月 1 日終止，該報在此日期前的債務仍由他負責。第二段文字由江治（Kong Chim）發出，說他從 1877 年 8 月 1 日起成為《華字日報》的承租人。從兩段聲明上下並列的安排而言，陳言的「權益與責任」與江治的承租安排是相接的，代表陳言是上手承租者。

以上的轉手告白透露《華字日報》的實際營運模式。德臣報館將《華字日報》的營運權以承租方式交予第三方辦理，承租者自主經營，財務獨立，所以陳言在放棄承租《華字日報》之前，需要支付承租期內的欠款。承租者亦有人事任免權，因此江治可以另聘 "Leong Yook Chun" 為該報的翻譯及總經理。

《德臣西報》1878 年 4 月 8 日的另一篇報導，進一步印證以上的承租安排。當日報紙報導陳言乘船離開香港前往上海的消息，編者稱他為該報的前僱員及《華字日報》的承租人（Mr. Chun Ayin, formerly on the staff of the *China Mail* and lessee of the *Chinese Mail*），明確顯示出他的雙重身份。[69] 由此而知，陳言既是德臣報館僱員，同時承租經營《華字日報》。這項承租安排將報紙的擁有權和經營權分開處理，德臣報館若要插手《華字日報》事務，就必須先終止承租協議，取回報紙經營權。《華字日報》在此承租安排之下，實質上已經脫離德臣報館的干預，體現陳言所謂「唐人為之主持」、「於西人無預」的辦報宗旨。[70]

《華字日報》之得以創立，陳言固然是積極的提倡者和推動者，但他本身財力有限，創辦經費已經需要華人資助，如何有足夠財源支持報紙的營運？由此推論，陳言背後應該有華人的持續襄助，令他有足夠的資金維持報紙日常運作，履行承租協議的規定。《德臣西報》1872 年 3 月 30 日的告白稱，《華字日報》的創辦是一個前所未有的試驗，[71] 指的可能就是華人投資報業這個嘗試。

印刷工具

報業史著者在論述《華字日報》創辦經過時，一般提到中文鉛字一事，戈公振指陳言從西人教會購得鉛字一副，自任編輯，印刷發行由德臣報館負責。[72] 陳止瀾亦說：

> 惟其時印刷器具尚甚缺乏，鉛字印機購辦極難，籌備經年，始向教會中之西人購得鉛字一副。惟印機仍缺，不獲已商於《德臣西報》之主任人，與之合辦。[73]

陳止瀾的敘述與戈氏同出一轍，陳言「從教會購得鉛字」的說法幾成定論，日後不少中國內地及香港報學專家如林友蘭、方漢奇及曾虛白等皆沿用此說。[74] 問題是，《華字日報》前身《中外新聞七日報》早在 1871 年 3 月 11 日出版，當日聖地在告白中說：「一俟數期之後，字板完備，工役可資熟手，必當博采旁稽」，[75] 可見德臣報館已備有中文鉛字，只是字模的數量仍未足夠應用。《華字日報》在《中外新聞七日報》出版一年後才創刊，該套中文鉛字應該已然齊備，不需重新購置。

事實上，這一副中文鉛字一直為德臣報館擁有，它的使用過程與《華字日報》承租協議亦大有關係，以下一場發生於 1886 年的官司正好說明其中內情。

1886 年 9 月，德臣報館貝恩控告《華字日報》承租人譚奕翹違反雙方於 1881 年簽訂的承租合約，要求作出賠償。[76] 9 月 11 日及 29 日《孖剌日報》的報導提到相關合約的部分條款：一、德臣報館向承租人提供中文鉛字，作為印刷《華字日報》的工具，合約期滿後，承租人要將中文鉛字完好歸還；二、承租人在協議有效期內，有權以《華字日報》的名義出版及經營該報；三、承租人在完成《華字日報》的日常工作後，要為德臣報館的書刊提供中文排字服務；四、承租人同意為德臣報館另外提供中英文翻譯服務。貝恩控告譚奕翹的事項則包括：一、承租人令中文鉛字受到損毀，德臣報館需另花 500 元來維修；二、承租人故意作出損害原告利益的行為，包括延遲出版《華字日報》，並使用類似《華字日報》的名稱出版另一份日報，故意混淆讀者，損害德臣報館的利益；三、承租人沒有為德臣報館提供中文排字服務，其翻譯水平亦未能令德臣報館滿意；四、承租人將《華字日報》的訂閱客戶名單及廣告訂單收起，令到新接手的承租者無法正常營運。《孖剌日報》同時透露，貝恩在案件開審之前，已將《華字日報》轉租給另一位承租人。[77]

貝恩的控訴書透露以下重要事實：一、德臣報館只得一套中文鉛字，所以要求承租者為它排印中文刊物，而且這副鉛字模價值不菲，光是維修費就要 500 元；二、德臣報館擁有《華字日報》的出版權，當譚奕翹利用另一類似名稱出版報紙時，貝恩認為損害了他的利益；三、《華字日報》的重要商業資料，包括訂閱客戶名單和廣告客戶訂單等，皆由承租者處理，表示德臣報館並不參與報紙的實際工作，再次印證承租者在營運報紙上的獨立性。

綜合「香港早期報業概況」及「《華字日報》草創時期的營運」兩節的析述，《華字日報》的承租合約賦予承租者獨立編刊、銷售和處理客戶服務及財務的權利；承租營運者同時擁有人事任命權，經營上自負盈虧。德臣報館則負責提供中文鉛字、印刷服務和辦公處所等。德臣報館與陳言簽訂的承租合約條款，與江治及譚奕翹簽訂的可能不盡相同，因為陳言本身就是該館僱員，但其他主要條款如獨立經營權、中文鉛字的使用和印刷服務等，應該大致相同。

版式及新聞編排

作為一份新出版的報紙，《華字日報》的版式及新聞編排有何特色，與當時的中英文報紙又有什麼分別？此外，陳言同時兼任《德臣西報》的主筆，他如何利用英文報紙的新聞充實《華字日報》的內容？以下逐一探討。

《華字日報》初期逢星期一、三、五出版，四版印刷，第一、三、四版為各類船務及廣告訊息，第二版新聞內容。在創刊初期，新聞、船務及廣告訊息佔版面的比例約為 25%、52% 及 27%。新聞版分成六個直欄，欄高 105 字，打橫九個字，視乎文章標題大小，全版可印約 5,600 字。新聞分類主要為「中外新聞」、「選錄京報」和「羊城新聞」等欄目。「中外新聞」一般置於頭位，網羅中國香港、內地及國際的時事要聞，篇幅約佔新聞版一半以上。「選錄京報」則是直接節錄《京報》內容，過程不涉及改寫或評論。《京報》刊載朝廷的宮門抄、上諭及奏摺等公文，稿件來自內閣和科抄。[78]「羊城新聞」記錄廣州及鄰近地區的各種消息，當中涉及官吏政績、風化治安、民生風俗及奇聞軼事等。除以上新聞欄目外，報紙亦間中刊登告白、讀者來函、時事雜文、電報，以及轉錄其他報紙新聞等。

《中外新報》的版式及新聞編排與《華字日報》甚為相似，頭版皆是全頁的船頭貨價行情，第二版全頁及第三版四分之三行刊載新聞內容，較《華字日報》稍多，其餘版面皆是船務及廣告訊息。新聞、船務及廣告訊息佔版面的比例為 28%、26% 及 46%。該報的新聞編排分為「本港新聞」、「中外新聞」、「羊城新聞」、「選錄上海新報」及「選錄京報」等欄目，與《華字日報》大同小異。[79]兩報新聞紙一周三刊，行情貨價紙同樣一周六刊，意味着華商對貨價行情需求殷切，每天皆要獲得最新訊息。《中外新報》與初期《華字日報》的廣告訊息分別佔版面的 46% 及 27%，後者第 47 期後更增加至40%，此種重視廣告比重的編輯方針，基本沿自英文報章，反映香港作為一個繁盛經濟體對商業宣傳及推廣的要求。相信陳言在籌劃《華字日報》時考慮到市場需求，故而選擇這一種當時讀者較為熟悉的版面，務求先站穩陣腳。

《德臣西報》一周六刊，於黃昏時間派發，平日出紙四版，另有一附頁印錄船期消息，星期六增加至八版。以平日版式而言，第一及第二版主要為商業訊息，新聞刊於第二版最後欄目 "The China Mail" 及第三版全頁，佔全報版面約25%，第四版亦是各類商業訊息。平日的新聞、船務及廣告訊息比例約為25%、30%及45%。報紙的首段新聞類似現代報紙的社論，由編者揀選一個特定的時事議題發表其看法及評論。其餘新聞一般分為：本地消息、法庭消息、電報訊息、讀者來函，以及轉錄其他報章等。《德臣西報》採用的中外報章甚為廣泛，涵蓋中國內地、日本、澳洲、印度、歐洲及美國等報章，所佔篇幅甚重。以該報1872年7月1日一期為例，它轉載了上海《字林西報》及新加坡《海峽時報》兩篇新聞，篇幅佔全報新聞內容約28%。《德臣西報》星期六出紙八版，第一至第四版主要刊載商業訊息，新聞置於第四版最後一欄，橫跨至第五及第六版，其餘亦為商業訊息。周六版提供更多有關英國及歐洲的消息，以1872年6月29日為例，第六版印有「倫敦閒言」(London Gossip)、「歐洲閒言」(Europe Gossip) 及一段英國本地新聞，佔該版約70%，[80] 反映編者照顧歐美商人需要，讓他們緊貼得陸港消息之餘，亦能得知本國近況。

比較《德臣西報》與《華字日報》的版式設計，兩報的新聞內容比例相同，前者廣告比重更高達45%，顯見報紙重視商人的編輯方針，新聞亦是刊於第二頁，不同者為頭版內容，《華字日報》是全版的行情貨價，而《德臣西報》的頭版則包羅廣告、保險及船務等訊息。新聞編排方面，《華字日報》與《德臣西報》的分別明顯。首先，前者並無社論的安排，陳言的時事評論一般隨個別新聞而發，較少專文論述。其次在新聞內容上，《華字日報》的「中外新聞」以中國內地及香港新聞為主，外國新聞比重較輕。「選錄京報」及「羊城新聞」更是聚焦於北京及廣州消息。要之，《華字日報》的版式及新聞編排以滿足中國商民的需要為優先考慮，與《德臣西報》的編輯方向可謂各行其是。

《德臣西報》於黃昏派發，可以刊登一些當日截稿前收集的消息。陳言身兼該報主筆，亦利用此特點，挑選適合的消息作為翌日《華字日報》內容。以《華字日報》1872 年 7 月 1-5 日的三期為例，7 月 1 日的一期共有 25 條消息，其中五條採自《德臣西報》6 月 29 日的新聞。7 月 3 日的一期刊載 23 段消息，只有一段採自《德臣西報》7 月 1 日的新聞。7 月 5 日的一期有 25 段新聞，其中五段分別錄自《德臣西報》7 月 3 日及 4 日的報導。《華字日報》是日尚有八段關於日本的消息，其中三段出現在當日下午派發的《德臣西報》。[81] 陳言經常留意日本新聞，相信他從一些日本英文報章擷取資料，再分別在《華字日報》及《德臣西報》刊出。《德臣西報》亦有翻譯《華字日報》的文章，例如該報 7 月 5 日刊出一篇讀者來函，內容講論葡國政府對中國的五宗無理行為，作者「醒世子」呼籲中國政府以《萬國公法》與葡國交涉。綜合而言，《華字日報》在上述期間一共刊出 66 條新聞，其中 11 條翻譯自《德臣西報》，佔該三期的新聞篇幅約 13%，可知其主要內容與《德臣西報》不同。弋公振形容《華字日報》為《德臣西報》的中文版，實有可商榷之處。其次，陳言在評論時事問題上亦有其獨立思考，例如從 1872 年 6 月 29 日至 7 月 4 日間，《德臣西報》共刊有七篇社論，《華字日報》皆無轉錄，可見陳言不一定採納西報編者的意見。由此可知，陳言秉持《華字日報》

THE

CHINA MAIL.

Published every Evening, and with which is incorporated The "Hongkong Evening Mail and Shipping List."

VOL. XXVIII. No. 2842. 英一千八百七十二年七月一號 HONGKONG, MONDAY, JULY 1, 1872. 同治壬申年五月廿六日 PRICE, $24 PER ANNUM.

AGENTS FOR THE *CHINA MAIL.*

Insurances.

COMMERCIAL UNION ASSURANCE COMPANY.

FIRE BRANCH.

THE BORNEO CO., LIMITED. Hongkong, June 26, 1872.

QUEEN INSURANCE COMPANY.

NORTON, LYALL & Co., Agents. Hongkong, June 25, 1872.

GUARDIAN FIRE ASSURANCE COMPANY.

OLYPHANT & Co., Agents, Guardian Fire Assurance Company. Hongkong, June 23, 1872.

ALLIANCE FIRE ASSURANCE COMPANY.

JARDINE, MATHESON & Co., Agents in China. Hongkong, June 20, 1872.

NORTHERN ASSURANCE COMPANY.

TURNER & Co., Agents. Hongkong, 26th June, 1872.

SUN FIRE OFFICE.

A. G. HOGG & Co., Agents. Hongkong, June 24, 1872.

NOTICE.

LANCASHIRE INSURANCE COMPANY.

ARNHOLD, KARBERG & Co., Agents. Hongkong, June 24, 1872.

IMPERIAL FIRE INSURANCE COMPANY.

GIBB, LIVINGSTON & Co., Agents Imperial Fire Insurance Co. Hongkong, June 24, 1872.

NOTICE.

ROYAL INSURANCE COMPANY.

HOB. S. WALKER & Co., Agents Royal Insurance Co. Hongkong, June 24, 1872.

NOTICE.

HAMBURG, BREMEN, FIRE INSURANCE COMPANY.

WM. PUSTAU & Co., Agents. Hongkong, May 11, 1872.

Insurances.

HONGKONG FIRE INSURANCE CO., LIMITED.

JARDINE, MATHESON & Co., General Managers. Hongkong, June 26, 1872.

CHINA AND JAPAN MARINE INSURANCE COMPANY.

W. PUSTAU & Co., Agents. Hongkong, April 6, 1872.

Intimations.

EDUCATION.

R. HAYWARD KIDD. Hongkong, June 29, 1872.

LOST.

Hongkong, June 29, 1872.

NOTICE TO MARINERS.

CHINA SEA.

DAVID M. HENDERSON, Engineer-in-Chief. 27th June, 1872.

HONGKONG, CANTON AND MACAO STEAMBOAT COMPANY, LIMITED.

NOTICE TO SHAREHOLDERS.

AUGUSTINE HEARD & Co., General Agents. Hongkong, June 26, 1872.

HONGKONG, CANTON AND MACAO STEAMBOAT COMPANY, LIMITED.

NOTICE.

AUGUSTINE HEARD & Co., General Agents. Hongkong, June 26, 1872.

E. R. HANDLEY, HOUSE & SHIP PLUMBER, BRASS FOUNDER & GAS FITTER.

BROWN, JONES & Co., Undertakers. Hongkong, June 7, 1872.

Intimations.

THE HONGKONG AND CHINA BAKERY COMPANY, LIMITED.

CAPITAL, $30,000 IN 600 SHARES OF $50 EACH.

Bankers: HONGKONG AND SHANGHAI BANKING CORPORATION.

Hongkong, 18th June, 1872.

OCEAN STEAM-SHIP COMPANY.

BUTTERFIELD & SWIRE, Agents. Hongkong, June 4, 1872.

OCEAN STEAM-SHIP COMPANY.

BUTTERFIELD & SWIRE, Agents. Hongkong, June 4, 1872.

NOTICE.

A. A. DA ROCHA. Hongkong, April 23, 1872.

Intimations.

J. C. KRUSE, having been appointed SOLE AGENT … for the sale of their CIGARETTES in Hongkong and China. Hongkong, May 31 1872.

T. N. DRISCOLL, CIVIL, NAVAL AND MILITARY TAILOR, WOOLLEN DRAPER, HATTER, HOSIER, AND Gentlemen's Outfitter, 46 & 47, QUEEN'S ROAD, NEXT Oriental Bank.

NOTICE.

WILLIAM BRISTOW, Sole Executor. Hongkong, June 4, 1872.

THE HONGKONG PIER & GODOWN COMPANY, LIMITED.

MICHAEL MOSS, Secretary. Hongkong, June 18, 1872.

HONGKONG HOTEL COMPANY, LIMITED.

Ed. BAKER, Secretary. Hongkong, June 13, 1872.

Auctions.

PUBLIC AUCTION.

WEDNESDAY, the 3rd day of July, 1872, at Noon, on the Premises.

J. M. ARMSTRONG, Auctioneer. Hongkong, June 20, 1872.

CONSULAR AUCTION SALE.

UNITED STATES CONSULATE, Canton, 24th June, 1872.

R. G. W. JEWELL, United States Consul.

Banks.

THE BANK OF CHINA (LIMITED.)

CAPITAL—Tls. 2,500,000 in 25,000 Shares of Tls. 100 each.

Provisional Committee.

Standing Counsel

Secretary to the Provisional Committee JAMES GILFILLAN, Esq.

Shanghai, 4th May, 1872.

HONGKONG & SHANGHAI BANKING CORPORATION.

JAMES GREIG, Chief Manager. Hongkong, May 7, 1872.

For Sale.

FOR SALE. FLOWERS & SONS' INDIA PALE ALE. DOUGLAS LAPRAIK & Co. Hongkong, June 27, 1872.

FOR SALE. DEVOE'S BRILLIANT KEROSINE OIL. Apply to VOGEL, HAGEDORN & Co. Hongkong, June 26, 1872.

DINNER & DESSERT CLARETS. 100 Cases CHATEAU DE LA PICOTIERE.

BUTTER.

For Sale by H. L. NORONHA. Hongkong, May 20, 1872.

Shipping.

Steamers.

FOR FREIGHT OR CHARTER.

BOURJAC, HUBENER & Co. Hongkong, June 29, 1872.

NOTICE.

COMPAGNIE DES MESSAGERIES MARITIMES. PAQUEBOT POSTE FRANÇAIS.

A. CONIL, Principal Agent. Hongkong, June 28, 1872.

NOTICE.

COMPAGNIE DES MESSAGERIES MARITIMES. PAQUEBOT POSTE FRANÇAIS.

A. CONIL, Principal Agent. Hongkong, June 28, 1872.

FOR LONDON.

PAUL ERLERS & Co. Hongkong, June 25, 1872.

FOR LONDON VIA SUEZ CANAL.

BOURJAC, HUBENER & Co. Hongkong, June 26, 1872.

Sailing Vessels.

FOR NAGASAKI.

Hongkong, June 27, 1872.

FOR YOKOHAMA.

Hongkong, June 17, 1872.

FOR LONDON.

GIBB, LIVINGSTON & Co. Hongkong, June 26, 1872.

FOR SAN FRANCISCO.

Hongkong, June 1st 1872.

FOR NAGASAKI.

Hongkong, June 16, 1872.

FOR NEW YORK.

VOGEL, HAGEDORN & Co. Hongkong, June 12, 1872.

FOR MELBOURNE.

《德臣西報》1872 年 7 月 1 日頁 1-2

THE CHINA MAIL. No. 2892.—July 1, 1872.

Shipping. Sailing Vessels.

Notices to Consignees.

For Sale.

Intimations.

To-days' Advertisements.

SHIPPING. ARRIVALS. DEPARTURES. CLEARED. PASSENGERS. SHIPPING REPORTS.

POST OFFICE NOTIFICATIONS.

QUOTATIONS

MEMOS. FOR TO-MORROW.

General Memoranda.

Saturday, July 20 :—
Claims against estate of late D. A. Olsen not received after this date.

Saturday, July 27 :—
10 a.m.—Auction sale of the Property of the late J. S. Murray, at the U. S. Consulate, Canton.

Tuesday, Dec. 31 :—
Claims against Estates of Peter Barry, G. Merrick, Napaul, Chit Sam, W. Graham, and F. Simons, must be proved on or before this date.

THE CHINA MAIL.

HONGKONG, MONDAY, JULY 1, 1872.

BARON VON RICHTHOFEN'S EXPLORATIONS.

A MOST interesting letter, addressed by Baron von Richthofen to the Shanghai Chamber of Commerce, is published by our North China contemporaries. In this document, which is designated an "introductory narrative" to his last report, the Baron sketches the plan he had drawn up for an exhaustive survey of Western Szechuan, Yunnan and Kweichow, and details the unfortunate circumstances which necessitated its abandonment. Records of travel in unfrequented parts of China are generally interesting if written by an observant man, and this is no exception to the rule. His full report will probably add considerably to our knowledge of the Western provinces regarding which so little is as yet known. Modestly as he talks of what he succeeded in accomplishing, he has in reality done more than most travellers who preceded him. Starting from Shanghai at the end of last September, he proceeded to Peking, and leaving the capital on the 25th October, travelled via Pao-ngan-chow and Hsüan-hua-fu to Kalgon. Thence penetrating a short distance into Mongolia he turned southwards to Ta-tung-fu, from which place he crossed Shansi from north to south, passing into Shensi at Tung-Kwan by the great bend of the Hwang-ho. Visiting Si-ngan-fu he continued his route southwards for Szechuan across the ranges of the Tsing Ling Shan till he finally reached Ching-tu-fu the capital of the last-named province. This point was as far as his original scheme contemplated, and to have reached it was by no means a poor result. But the indefatigable Baron's ideas had kept pace with his progress, and we find him while at Ching-tu-fu proposing a trip through South West China, his primary object being the exploration of the route to Talifoo in Burmah with a view of settling the much-vexed question as to its commercial practicability. Like Mr T. T. Cooper, however, his predecessor in the same field of travel, Baron von Richthofen met with unexpected obstacles, which finally obliged him to abandon this more ambitious part of his design. While we much regret his failure for the sake of geographical enterprise, we are too glad to see so experienced a traveller safe back again, not to prefer his partial failure to a so-called success which might have led to his life being sacrificed. It is especially noteworthy that he speaks in complimentary terms of the conduct of the mandarins generally, stating that their endeavours to assist and protect him were most praiseworthy. The greatest obstacles in Southern Szechuan appear to be the *Yung Ping*, or hired soldiery, who, commanded by [illegible] men, amongst whom the [illegible] prevails in great force, would [illegible] veritable swash-bucklers of the [illegible] factionable sort. The road south [illegible] Ching-tu-fu is infested by an independent tribe known as Lolos, who attack small travelling parties for the purpose of plunder. It was not, however, [illegible] these that the Baron apprehended [illegible]

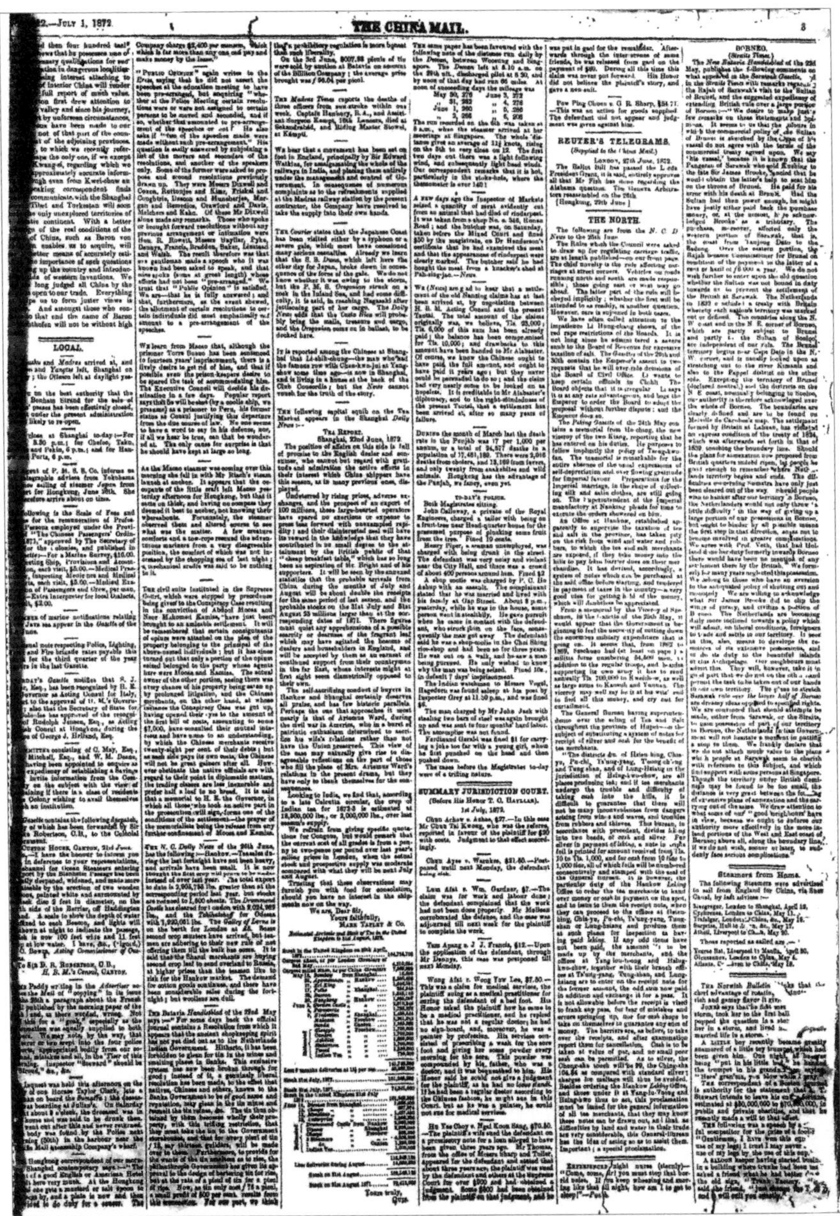

—July 1, 1872. THE CHINA MAIL. 3

LOCAL.

REUTER'S TELEGRAMS.

THE NORTH.

BORNEO.

SUMMARY JURISDICTION COURT.

TO-DAY'S POLICE.

Steamers from Home.

《德臣西報》1872 年 7 月 1 日頁 3-4

THE CHINA MAIL. No. 2822.—July 1, 1872.

Mails.

STEAM FOR
Singapore, Penang, Point de Galle, Aden, Suez, Malta, Brindisi, Marseilles, other Mediterranean Ports, and Southampton;
Also,
Bombay, Madras, Calcutta, and Australia.

THE PENINSULAR AND ORIENTAL STEAM NAVIGATION COMPANY'S Steam-ship CHINA, Captain C. G. Perrins, with Her Majesty's Mails, Passengers, Specie, and Cargo, will leave this for the above places, on SATURDAY, the 6th July, at Noon.

CARGO will be received on board until Noon; SPECIE and PARCELS at the Office until 2 P.M. on the 5th idem.

For particulars regarding Freight and Passage, apply at the P. & O. S. N. Co.'s Office, Hongkong.

CONTENTS AND VALUE OF PACKAGES ARE REQUIRED.

A written declaration of the Contents and Value of the Packages for the Overland Route is required by the Egyptian Government, and must be delivered by the Shippers to the Company's Agents with the Bills of Lading, or with Parcels; and the Company do not hold themselves responsible for any detention or prejudice which may happen from incorrectness on such declaration.

Shippers are particularly requested to note the terms and conditions of the Company's new Bills of Lading.

THE P. & O. S. N. Co. reserve the option of forwarding all Goods shipped by their Steamers for Europe through Egypt either by Rail, or by Canal in their own Steamers, or in vessels employed for the purpose.

A. MACIVER, *Superintendent.*
P. & O. S. N. Co.'s Office, Hongkong, June 24, 1872. jul6

THROUGH U. S. MAIL LINE FROM CHINA AND JAPAN TO NEW YORK. PACIFIC MAIL S. S. COMPANY IN CONNECTION WITH THE CENTRAL AND UNION PACIFIC RAILROAD COMPANIES.

THE S. S. "JAPAN," will leave Hongkong for San Francisco via Yokohama, on FRIDAY, July 12th, at 3 o'clock P.M., taking Passengers, Mails and Freight, for the United States, Canada, Central and South America, and Europe.

A Steamer of the Company will leave Shanghai, via the Inland Sea Ports, about same date, and make close connection at Yokohama.

The "JAPAN" will be due at San Francisco August 12th, whence daily Passenger trains and daily Freight trains are run over the Central and Union Pacific Railroad Lines for New York and for all the principal cities in the interior and upon the Atlantic Seaboard. The time between San Francisco and New York by First-class Passenger trains is six days and twenty hours; and the distance 3312 miles.

Palace Sleeping Cars are run through on these trains; making Drawing Room Cars by day, and Sleeping Cars by night; and are of the latest and best American pattern, being unexcelled for comfort and convenience.

At New York, Passengers have selection of various lines of Steamers to England, France and Germany.

Through Tickets and Bills of Lading are issued for transportation to Yokohama and other Japan Ports, and San Francisco for the overland Railroad, and to Europe by connecting Lines of Steamers. The Overland Railroad Companies Guarantee 12 days time for Silk and 18 days for Teas and General Merchandise, between San Francisco and New York.

Favorable arrangements have been made for through passengers and freight to America, from Calcutta, Penang and Singapore, and from Swatow, Amoy and Foochow.

Return Passage Tickets issued at a reduction of 20 per cent. on regular rates.

No Freight received after noon of 20th Inst. Parcel Packages received until 5 P.M. same day; all Packages should be marked to address in full; value of same is required.

For further information as to Passage and Freight, apply to the Agency of the Company, Praya West.

A. HARRIS, *Agent.*
Hongkong, July 27, 1872. jy12

For Sale.

KOSS & Co., TAILORS AND OUTFITTERS,
inform the Public that they have received their NEW STOCK OF [illegible] for the ENSUING SEASON, consisting of
[illegible] COATS and VESTS.
[illegible] SHOOTING COATS.
Do. SACK COATS.
Do. VESTS.
Marcella VESTS.
Linen VESTS.
Do. [illegible] of PANTS.
HATS.
Straw HATS.
White SHIRTS.
Dress SHIRT.
&c., &c., &c.
Hongkong, April 12, 1872. jy12

BORDEAUX.
JOHN DURAND & Co.'s Famous Wines.
CLARET: LAFITTE 1864. LA ROSE 1865. MARGAUX 1864. St. JULIEN 1865.
WHITE WINES: ST. SAUTERNES [illegible]
BOURGOGNE JULIEN in Wood [illegible]
PAUL EHLERS & Co., Sole Agents for China.
[illegible] 15, 1872.

For Sale.

CLEARANCE SALE OF SURPLUS AND SUMMER STOCK.

IN consequence of the retirement of Mr W. J. Sterry from our Firm, we shall for a short time only offer a portion of our STOCK at greatly reduced prices. The GOODS will be ready for Sale on MONDAY, June 3rd, and will comprise the following:—

A large lot of Printed MUSLINS at about half price.
Scotch & Manchester MUSLINS.
LACES, at a great reduction.
Sewn MUSLIN GOODS, at a great reduction.
Plain & Figured P. PLINS.
Fancy GLOVES.
Black BAREGES.
Embroidered and Plain SKIRTS, much below usual prices.
CRINOLINES, much below usual prices.
RIBBONS & TRIMMINGS.
HOSIERY, TIES, and SCARVES.
Longcloth and Crimean SHIRTS.
TOWELS and HUCKABACKS.
&c., &c., &c.
An early inspection is invited.

SAYLE & Co.
Hongkong, June 1, 1872.

EAST POINT IRON STORE, HONGKONG.

FOR SALE.—A large assortment of Low-Moor and Thorneycroft Boiler PLATES and SHEETS, Boiler TUBES, Low-Moor and Best CROWN SCRAP RIVETS, Angle IRON, STEAM and VACUUM GAUGES, COPPER PLATES, SHEET LEAD, YELLOW METAL BARS, FILES, GAUGE GLASSES, CHAIN CABLES, with Stud Link and Admiralty Test.
Yellow Metal SHEETS, 10 a 32 oz.
" " NAILS, 1 in., 1½, and 1¾
Also,
TO ARRIVE IN A SHORT TIME,
Small Plain CHAIN, from ¼ up to ½ any lengths, ANCHORS from 100 lbs. up to 2,000 lbs.
Orders may be left at No. 10 Praya, or at East Point.

L. L. BUSH, *Superintendent.*
Hongkong, January 23, 1872.

PER FRENCH MAIL STR. "CAMBODGE."

JAMBONS FUMES de Bayonne.
MORTADELLE de Milan.
ROQUEFORT CHEESES.
30 Casks CLARET, Medoc.
20 do. do. St. Julien.
20 do. do. Montferrand.
Also,
Just Landed.
Ex S. S. "*Colombo.*"
Claret in Pints, 2 doz. cases: MARGAUX. LEOVILLE. SAUTERNES.

Champagnes.
E. E. PERRIER.
MOET & CHANDON.
T. ROEDERER & Co.

Dessert CLARET.
Breakfast CLARET.
SHERRY AMONTILLADO.
COGNAC, Fine Champagne.
Vichy WATER, Carlsbad Mineral WATER, Seltzer WATER, in stone bottles.

Breakfast CLARET, for Family or Mess Use.
One hundred and twenty-five bottles of very good BREAKFAST CLARET. (RED SEAL)
Selected by the undersigned, may be had for $24.
Apply to G. DUBOST & Co.
Hongkong, May 29, 1872. ned

JUST PUBLISHED.
A CHINESE AND ENGLISH DICTIONARY,
By the Rev. W. Lobscheid.

THE above work, which has been chiefly compiled for the purpose of aiding students in the study of Chinese Literature, comprises many characters not met with in any of the Dictionaries hitherto published.

The selection of between 5,000 and 9,000 characters will make it comparatively easy to find a character without counting the strokes of the compound figure, (minus the radical), and the addition of the Pronunciation will prove a great help to such as are anxious to acquaint themselves more minutely with the character of the language.

The work contains 584 Imperial Octavo pages, and is neatly bound in cloth.
Price $8 per Copy.
NORONHA & SONS, *Hongkong.*
Agents:—
In Europe, Messrs Henry S. King, London.
Amoy, Mr E. Lemaitre.
Shanghai, Messrs Lane, Crawford & Co.
Hongkong, April 16, 1871.

FOR SALE.
COTTON DUCK, from No. 6 to 10, in lots to suit purchasers.
Apply to W. DOLAN, Wardell Street.
Hongkong, January 26, 1872.

For Sale.

FOR SALE.
Just Arrived Ex *Ajax.*
FRESH ASPARAGUS, Season 1871, in ¼ tins, ½ tins and ¾ tins.
Apply to G. DUBOST & Co.
Hongkong, March 11, 1872.

FOR SALE.
THE British Steamer "*ARRATOON APCAR,*" 930 Tons Register; carrying capacity 28,000 piculs Dead Weight, exclusive of Coal. Built by Henderson & Co., Renfrew, in 1861. Engines Direct Acting. 260 Horse Power.
For further particulars, apply to GIBB, LIVINGSTON & Co.
Hongkong, April 23, 1872.

FOR SALE.
Received directly from Lisbon.
SUPERIOR White and Tinto WINE, in Casks, mark B. and F. (Britto and Filhos). Apply to JOSE VICENTE DE JESUS, 100, *Praya Grande.*
Macao, June 18, 1872. jy2

FOR SALE.
Just arrived, per Steamer "Enterprise," direct from Lisbon.
100 CASKS Superior White Portuguese WINE, and 200 Casks superior Tinto WINE. Apply to FLORENCIO ANTONIO DA CRUZ.
Macao, June 1, 1872. au1

Houses and Lands.

TO LET.
2 HOUSES in Seymour Terrace, Nos. 2 and 3.
Apply to DAVID SASSOON, SONS & Co.
Hongkong, May 29, 1872.

TO LET.
A COMMODIOUS ROOM and BATH-ROOM in a desirable locality, 5 minutes from Post Office.
Apply to Z. Z., Office of this Paper.
Hongkong, May 31, 1872.

TO LET.
With Possession from 1st January, 1872.
THE PREMISES in Queen's Road, now in the occupation of Messrs Schellhass & Co.
Apply to DOUGLAS LAPRAIK & Co.
Hongkong, December 30, 1871.

TO LET.
With Immediate Possession.
A COMMODIOUS HOUSE, situated in Carlton Terrace, Spring Gardens, containing 9 Rooms on the first floor, with Offices, Stabling, Croquet Lawn, etc., etc.
Rent moderate.
For particulars, apply to LAMMERT, ATKINSON & Co.
Hongkong, March 19, 1872.

TO LET.
With Possession on the 1st of April.
4 LARGE OFFICES on the First Floor of House No. 44 Queen's Road Central, with Verandah (60 feet) facing Queen's Road and an entrance also from Stanley Street.
Apply to G. DUBOST & Co.
Hongkong, February 8, 1872.

TO LET.
NO. 1, Peshili Terrace, Elgin Street.
Apply to LANE, CRAWFORD & Co.
Hongkong, March 6, 1872.

Notices of Firms.

NOTICE.
WE have authorized Mr Ernst August Kayser to sign our Firm, per procuration, from this date.
SANDER & Co.
Hongkong, June 20, 1872. tf

NOTICE.
MR. Charles Edward Parker has authority to sign the name of our House.
AUGUSTINE HEARD & Co.
Hongkong, June 13, 1872. jy13

NOTICE.
THE Undersigned have established themselves as Merchants and Commission Agents at this port, under the Firm or Style of FREWIN & Co.
HENRY FREWIN.
EDWARD HERTON.
Swatow, January 1, 1872.

NOTICE.
IN Consequence of the Retirement of Mr W. J. STERRY from our Firm, we request that all Accounts owing by us may be sent in for payment, and that all Accounts due to us be paid forthwith.
SAYLE & Co.
Hongkong, June 1, 1872.

NOTICE.
MR. Charles Sewick Quincy has been admitted a Partner in my business, which will hereafter be conducted under the style or firm of QUINCY & CAMPBELL.
P. CAMPBELL.
Swatow, April 1, 1872.

NOTICE.
MR. Thomas Pickering Brown is a Partner in my business from this day, which will in future be conducted under the style or firm of E. Vincent & Co., Swatow.
E. VINCENT.
October 2, 1871.

NOTICE.
MR. Carl Robert Mayers is this day admitted a partner in our firm at Hongkong and at Canton.
PAUL EHLERS & Co.
Hongkong, January 1, 1872.

NOTICE.
THE Partnership of Hutchings and Campbell has been DISSOLVED by mutual consent.
FRANCIS HUTCHINGS.
PATRICK CAMPBELL.
Swatow, December 7, 1871.

Insurances.

CHINA TRADERS' INSURANCE CO., LIMITED.
NOTICE.
IN conformity with the Special Resolutions adopted and confirmed at the Extraordinary Meetings of Shareholders held on the 1st and 15th Instants, altering Clauses Nos. 130, 131, 132 and 133 of the Articles of Association, (such changes to take effect from 1st November, 1871) the Net Profits of the Company will, from this date, be distributed as follows, viz:—
Two-Thirds (2/3rds) to all *contributors*, whether shareholders or not, in proportion to the net amount of premia contributed by each.
One-Third (1/3rd) to Shareholders generally according to the number of shares held by each.
AUGUSTINE HEARD & Co., *General Agents.*
Hongkong, February 13, 1872.

THE VICTORIA FIRE INSURANCE COMPANY OF HONGKONG, LIMITED.
THIS Company, with its Head Office at Hongkong, and Agencies at the various Treaty Ports in China and Japan is prepared to issue Policies of Insurance, at the Current Rates of Premium at the respective places.
AUGUSTINE HEARD & Co., *Secretaries.*
Hongkong, March 31, 1871.

VICTORIA FIRE INSURANCE COMPANY OF HONGKONG, LIMITED.
NOTICE.
FROM this date, there will be no Fee charged for Policies issued by this Company.
AUGUSTINE HEARD & Co., *Secretaries.*
Hongkong, November 1, 1871.

LONDON AND PROVINCIAL MARINE INSURANCE COMPANY.
THE Undersigned having been appointed Agents in Hongkong for the above company, are prepared to grant Marine Risks at current rates.
AUGUSTINE HEARD & Co.
Hongkong, March 6, 1868.

OCEAN MARINE INSURANCE COMPANY.
London.
Incorporated 1859.
Capital,—£1,000,000.
THE Undersigned having been appointed Agents for the above Company are prepared to accept Marine risks and issue Policies at current rates.
AUGUSTINE HEARD & Co.
Hongkong, June 6, 1867.

LANCASHIRE INSURANCE COMPANY.
(FIRE AND LIFE.)
Capital,—Two Millions Sterling.
THE Undersigned are prepared to grant Policies against the Risk of FIRE on Buildings or on Goods stored therein, on Goods in Matsheds, on Goods on board Vessels and on Hulls of Vessels in Harbour, at the usual Terms and Conditions.
Proposals for Life Assurances will be received, and transmitted to the Directors for their decision.
If required, protection will be granted on first class Lives up to £1000 on a Single Life.
For Rates of Premiums, forms of proposals or any other information apply to ARNHOLD, KARBERG & Co. *Agents Hongkong & Canton.*
Hongkong, January 4, 1867.

BRITISH AND FOREIGN MARINE INSURANCE COMPANY, LIMITED.
THE Undersigned are prepared to issue Policies covering Tea and Silk, shipped by steamers of the P. & O. S. N. Co., and O. S. S. Co., at the following Rates of Premium, subject to a discount of 15%.

From Hongkong to London		With average.	F. P. A.
	Tea	35/ X	28/ X
	Silk	30/ X	

BUTTERFIELD & SWIRE, *Agents.*
Hongkong, May 1, 1872.

NOTICE.
THE OCEAN STEAM-SHIP COMPANY, being protected by open Policies of Insurance, is prepared to accommodate Shippers by covering produce at the following Premiums, payments in case of loss or damage being made with promptitude, and settlements adjusted according to Lloyds' rule.
Tea Hongkong to London, All risks, 35/X; F.P.A. (with usual stranding clause.) 25/X
Silk do. do. 15/ X
Premiums [illegible] cash at the Sight exchange of Bank Drafts on London.
Apply to BUTTERFIELD & SWIRE.
Hongkong, May 1, 1872.

THE CHINA FIRE INSURANCE COMPANY, LIMITED.
HEAD OFFICE—HONGKONG.
AGENCIES at all the Treaty Ports of China and Japan, and at Singapore, Saigon and Penang.
Risks accepted, and Policies of Insurance granted at the rates of Premium current at the above mentioned Ports.
NO CHARGE FOR POLICY FEES.
JAS. B. COUGHTRIE, *Secretary.*
Hongkong, November 1, 1871.

IMPERIAL FIRE INSURANCE COMPANY.
THE Undersigned having been appointed Agents for the above Company at this Port, are prepared to grant Policies against Fire to the extent of $40,000 on Buildings or on Goods stored therein.
GIBB, LIVINGSTON & Co.
Hongkong, August 24, 1864. tf

Insurances.

NOTICE.
IMPERIAL FIRE OFFICE.
FROM and after this date the following Rates will be charged for Short Period Insurances, viz:—
Not exceeding ten days ⅛ of the annual rates
Not exceeding 1 month, ¼ do.
Above 1 month and not exceeding 3,... ½ do.
Above 3 months and not exceeding 6,... ¾ do.
Above 6 months,...... the full annual rate
GIBB, LIVINGSTON & Co., *Agents, Imperial Fire Insurance Company.*
Hongkong, August 15, 1868.

IMPERIAL FIRE INSURANCE COMPANY.
Reduction in the Rates of Premium.
UNTIL further notice the following Annual Rates will be charged for Fire Insurance, viz:—
Detached and Semi-detached Dwelling Houses removed from the Town, and their Contents, ... ½ per cent.
Other Dwelling Houses used strictly as such, and their Contents, ... ¾ per cent.
Godowns, Offices, Shops, &c. and their Contents, ... 1 per cent.
GIBB, LIVINGSTON & Co., *Agents, Imperial Fire Insurance Company.*
Hongkong, March 6, 1868.

NOTICE.
THE QUEEN INSURANCE COMPANY.
THE following Rates will be charged in future for short period Insurances, viz:—
Not exceeding 10 days, ⅛ of the annual rate.
Not exceeding 1 month, ¼ do.
Above 1 month and not exceeding 3 months, ½ do.
Above 3 months and not exceeding 6,...... ¾ do.
Above 6 months,...... the full annual rate
NORTON, LYALL & Co., *Agent the Queen Insurance Company.*
Hongkong, January 29, 1870.

THE QUEEN INSURANCE COMPANY
Capital,—Two Million Sterling.
THE Undersigned having been appointed Agent for the above Company at this port, is prepared to grant Policies against Fire, to the extent of £10,000, on Buildings or on Goods stored therein.
EDWARD NORTON.
Hongkong, January 22, 1870.

UNIVERSAL MARINE INSURANCE COMPANY, LIMITED, (OF LONDON.)
THE Undersigned having been appointed Agents for the above Company at this Port, Shanghai, Foochow, Hankow, and Yokohama, are prepared to accept Marine RISKS at Current Rates.
GILMAN & Co., *Agents.*
Hongkong, March 9, 1871.

NORTH BRITISH & MERCANTILE INSURANCE COMPANY.
Incorporated by Royal Charter and Special Acts of Parliament.
Established 1809.
CAPITAL £2,000,000.
ACCUMULATED FUNDS £2,333,927.
ANNUAL REVENUE £497,303.
THE Undersigned Agents at Hongkong for the above Company are prepared to grant Policies against FIRE, to the extent of £10,000 on any Building, or on Merchandise in the same.
On and after this date, a discount of 20 per cent of the above rates will be allowed to Insurers.
GILMAN & Co.
Hongkong, June 24, 1872.

NORTH BRITISH AND MERCANTILE INSURANCE COMPANY.
Reduction in the Rates of Premium.
DETACHED and semi-detached Dwelling-Houses removed from Town, and their Contents, [illegible] per cent per annum.
Other Dwelling-Houses used strictly as such, and their Contents, [illegible] per cent per annum.
Godowns, Offices, Shops, &c. and their Contents, 1 per cent per annum.
On and after this date, a discount of 20 per cent of the above rates will be allowed to Insurers.
GILMAN & Co., *Agents North British and Mercantile Insurance Company.*
Hongkong, June 24, 1872.

NOTICE.
NORTH BRITISH AND MERCANTILE INSURANCE COMPANY.
FROM and after this date the following Rates will be charged in Short Period Insurances, viz:—
[illegible]
On and after this date, a discount of 20 per cent of the above rates will be allowed to Insurers.
GILMAN & Co., *Agents, North British and Mercantile Insurance Company.*
Hongkong, June 24, 1872.

Insurances.

MANCHESTER FIRE ASSURANC[E] COMPANY OF MANCHESTER AND LONDON.
THE Undersigned have been appoin[ted] Agents for the above Company [at] Hongkong, Canton, Foochow, Shang[hai] and Hankow, and are prepared to g[rant] Insurances at current rates.
HOLLIDAY, WISE & Co.
Hongkong, October 14, 1868.

THE LONDON ASSURANCE.
Incorporated By Royal Charter of *His Majesty King George The First,* A.D. 1720.
THE Undersigned having been appoin[ted] Agents for the above Corporation, [are] prepared to grant Insurances as follows:
Marine Department.
Policies at current rates payable ei[ther] here, in London or at the principal P[orts] of India, China and Australia.
Fire Department.
Policies issued for long or short periods [at] current rates.
Life Department.
Policies issued for sums not exceed[ing] £5,000 on reasonable terms.
HOLLIDAY, WISE & Co.
Hongkong, November 1, 1870.

THE LIVERPOOL AND BOMBA[Y] TRADER'S INSURANCE COMPA[NY]
THE Undersigned having been appo[inted] Agents for the above Compa[ny at] this Port, are prepared to grant Pol[icies] against Marine Risks at current rates.
HOLLIDAY, WISE & Co.
Hongkong, April 25, 1870.

THE HONGKONG FIRE INSURAN[CE] COMPANY, LIMITED.
Reduction in Rates on Chinese Ri[sks]
ON and after the 15th Instant, [the] Minimum Rate for the Insura[nce] against Fire of Chinese Premises in [the] Colony will be reduced to Two per cent per annum.
JARDINE, MATHESON & Co., *General Managers Hongkong Fire Insurance Co., Lim[ited]*
Hongkong, November 14, 1870.

ALLIANCE FIRE ASSURANCE COMPANY.
NOTICE.
FROM and after this date the follo[wing] rates will be charged for Short P[eriod] Insurances, viz:—
Not exceeding 10 days,...... ⅛ of the Annual [illegible]
Not exceeding one month,... ¼ "
Above 1 month and not exceeding three months,...... ½ "
Above 3 m'ths and not exceeding six months,...... ¾ "
Above 6 m'ths, The full Annual R[ate]
JARDINE, MATHESON & Co., *Agents, Alliance Fire Assurance Comp[any]*
Hongkong, April 7, 1868.

CHINESE INSURANCE COMPA[NY] LIMITED.
NOTICE.
IN conformity with the Special Re[solutions] adopted and confirmed at Extraordinary Meetings held on the [illegible] March and 15th April, altering Cl[auses] Nos. 103, 104, 106, 107, and [illegible] of Articles of Association, (such chang[es to] take effect from 1st January, 1872) th[e] Profits of the Company will, from this [date] be distributed as follows, viz.:—
Two Third (2/3rds) to all contributors whether Shareholders or not, in proportion to the net amount of premia contributed by each.
One Third (1/3rd) to be carried to Reserve Fund.
OLYPHANT & Co., *General Agents.*
Hongkong, April 17, 1872.

YANG-TSZE INSURANCE ASSOC[IATION] OF SHANGHAI.
Capital and Surplus 750,000 Ta[els]
POLICIES granted on Marine Ris[ks] to all parts of the world at current [rates]. In addition to the usual bonus [illegible] this Association returns to all [illegible] holders ONE THIRD OF ITS YE[ARLY] PROFITS on Insurance Business, [illegible] pro rata to the net premium contribut[ed]
RUSSELL & Co., *Agents.*
Hongkong, December 26, 1871.

NOTICE.
ROYAL INSURANCE COMPA[NY]
The Annual Rates for Fire Insu[rance] on the various classes of Buildings and Contents will remain as follows, unt[il] further notice, viz.:—
Detached and Semi-detached Dwelling-Houses (removed from the Town) and their Contents [illegible] per [cent]
Other Dwelling-Houses [illegible] and their Contents [illegible] per [cent]
Offices and Godowns and their Contents [illegible]
Other Risks by special arrangement.
The following rates will be charged for Short Period Policies:—
Not exceeding 10 days [illegible] per cent.
Not exceeding One Month [illegible] per cent.
Above One Month and not exceeding Three Months [illegible] per cent.
Above Three Months and not exceeding Six Months [illegible] per cent.
Above Six Months, The full Annual [illegible]
ROB. S. WALKER & Co., *Agents Royal Insurance Co.*
Hongkong, September 18, 1868.

Printed and published by Geo. M[illegible] Bain, at the China Mail Office, Wyndham Street, Hongkong.

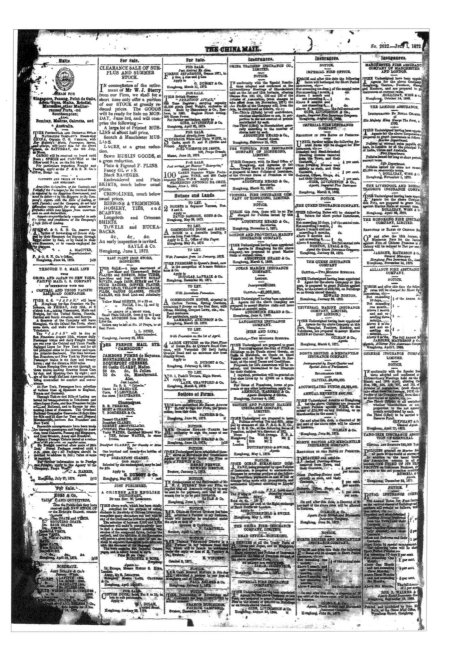

為華人服務的宗旨，發展出一份獨立於《德臣西報》的中文報紙，貫徹他所謂「譯撰遴選，命意詞旨，皆唐人為之主持，為之布置，而於西人無預也」的辦報宗旨。[82]

分銷策略

陳言在《華字日報》創刊之初，已着眼於香港以外的市場。[83] 報紙面世後，他積極拓展外銷業務，相繼在各主要通商口岸設立分銷處，提供掛號訂閱、領取或派送報紙服務。下表撮錄《華字日報》在各處設立分銷處的情況：[84]

地區	通告日期	掛號取覽地點 / 負責人
香港	1872 年 4 月 20 日	德臣印字館
澳門	1872 年 4 月 20 日	大街德安蘇杭舖
上海	1872 年 5 月 6 日	怡和洋行陳星海 海關吳靖臣
漢口	1872 年 6 月 19 日	海關吳文進
西貢（胡志明市）	1872 年 6 月 19 日	廣福祥號
廈門	1872 年 6 月 19 日	怡記洋行盧星幹
橫濱	1872 年 6 月 19 日	工部總館梁揞堂 東同泰號羅炳南
卑能埠（檳城）	1872 年 6 月 19 日	丫架士日報館
廣州	1873 年 3 月 19 日	聯興街廣記信館
澳門	1873 年 3 月 19 日	火船埔頭海安信館
澳門	1874 年 2 月 24 日	草堆街萬全泰號信館
廣州	1874 年 2 月 24 日	聯興街中約勝全信館范卓卿 小東門外仁秀里林天盛號林容
福州	1874 年 2 月 24 日	福州炮局余貞祥 福州稅關內林國貞
廈門	1874 年 2 月 24 日	木屐街普昌行
汕頭	1874 年 2 月 24 日	瑞昌洋行內郝敦謹 和順隆行
上海	1874 年 2 月 24 日	怡和洋行陳星海 海關吳靖臣或何雨泉 肆洋總局鄺全福（即鄺其照）

漢口	1874 年 2 月 24 日	其昌東棧內怡興
之府（芝罘、煙台）	1874 年 2 月 24 日	怡順行陳敬亭（即陳言四兄陳棟燦）
西貢	1874 年 2 月 24 日	和興行
星嘉坡（新加坡）	1874 年 2 月 24 日	廷記街 中街廣福生行
庇寧（檳城）	1874 年 2 月 24 日	邱永方
加剌吉打（吉打州）	1874 年 2 月 24 日	盛茂公司

《華字日報》出版首個星期，只得香港和澳門兩個銷售地點，但一個月內，已在上海設立掛號訂閱處，其後發展迅速，6 月中拓展到漢口、廈門、西貢、橫濱和檳城等城市。1874 年 2 月中，報紙改為每日出版，銷售點已覆蓋廣州、福州、廈門、汕頭、煙台、新加坡和馬來西亞的吉打等地，涵蓋中國內地和亞洲的主要通商口岸，逐漸達到陳言「通行海內」的目標。相對而言，出版多年的《中外新報》就似乎不太注重外銷渠道，除香港以外，主要只在廣州及澳門設有掛號處。[85] 發展分銷網絡是報業重要的經營策略，這對增加讀者及廣告客戶至為關鍵，陳言覷準通商口岸的商業發展潛力，成功建立較為廣泛的分銷網絡，為《華字日報》的發展奠下穩健基礎。

《華字日報》出版後的發展

作為一份新出版的報紙，《華字日報》面對的經營風險不少，它必須得到讀者和客戶的支持，才可站穩陣腳，茁壯成長。本節從營業表現、社會迴響，以及報紙改為每日出版等三方面考察《華字日報》出版後的發展狀況。

營業表現

商辦報紙的營業表現主要取決於訂閱人數及廣告收入，當時報業並無對外宣佈銷售數量的習慣，現時只知《華字日報》1874 年初的每日印派數量少於 1,000 份。[86] 雖無準確資料，我們仍可從報紙的廣告刊登情況觀察其營業表現。

商業客戶在決定投放廣告時，除考慮報紙的銷量外，亦會衡量其覆蓋能力及商業訊息的效用，前者上一節已作分析。至於商業訊息方面，陳言一直致力提高有關訊息的質素。1873 年 4 月 30 日的《華字日報》宣佈說：

> 本館近得英京運往中國（按：內地）通商各埠及香港等埠之貨近日出口多少、皆已到埠者逐一列之於第三版中。庶閱者持此貨殖之場，故可作居奇億中操也。此係得自英國，詳列畢備。本館不憚艱辛，多方採訪，望士商賜顧者留意對覽，不負本館苦心是望。

此項訊息有助商人掌握貨物的供應前景，從而在貨價訂定、採購計劃及銷售策略上作出最合適的決定，令業務得益。此項訊息初期刊在第三版，6 月後改置於第一版，成為吸引商業客戶的重要工具，體現陳言所謂「貿易之道，消息固時貴流通」的主張。[87]

《華字日報》在陳言的努力經營下，廣告數量增長迅速。下表統計該報首 100 期的廣告刊登情況，計算方法是量度廣告佔報紙版面的面積百分比。報紙本身分四頁印刷，第一頁是全版的行情紙，不載廣告，以下只列出第二至第四頁的統計數字：[88]

報紙期數	第二頁廣告比例 %	第三頁廣告比例 %	第四頁廣告比例 %	廣告佔全報總比例 %
第 9-31 號（1872 年 5 月 6 日至 6 月 26 日）	4%	75%	28%	27%
第 33-46 號（1872 年 7 月 1-31 日）	6%	75%	70%	38%
第 47-100 號（1872 年 8 月 2 日至 12 月 4 日）	6%	83%	70%	40%

《華字日報》首 100 期的廣告業務增長理想，廣告版面由佔全報的 27% 增加至 40%。其間有兩次主要轉變：從第 33 號（1872 年 7 月 1 日）開始，原刊於第四版的「由英京往各埠之船現未到埠者其所載貨多小逐一呈列」欄位被刪去，該頁的廣告版面由 28% 增加至 70%；又從第 47 號（1872 年 8 月 2 日）開始，第三版的船期消息「茲將現在香港澳門黃埔等處落貨前往各埠之船名開列如左」的欄位由 25% 縮減至 17%，騰出的空位亦作為廣告之用，全份報紙的總廣告比例亦因此增至 40%。由此推測，客戶對《華字日報》的廣告欄位需求殷切，陳言要不斷增加刊登廣告的版面。在商言商，商業客戶必然以報紙的銷售量作為投放廣告的主要考慮，《華字日報》的廣告增長，間接反映報紙的銷量及受讀者歡迎程度。該報從 1874 年 2 月 17 日起，宣佈其廣告價格調整至《德臣西報》的水平，[89] 顯見客戶對其廣告效力的評價。

商辦報紙的另一項重要營業指標，是保留商業客戶的能力（即現代管理所說的 "Customer Retention"）。從觀察《華字日報》首 100 期的廣告刊登情況，我們發現不少客戶從報紙創刊伊始，便持續在報上刊登廣告，例如花旗輪船公司、華商保安公司、中外眾國保險公司、中華火燭保險公司和香港域多利亞火燭公司等，其中以花旗輪船公司的廣告最為穩定，從1872年6-10月期間，該公司每日在《華字日報》刊登約300字的告白。可見《華字日報》在創刊未幾，便累積一定數量的長期客戶，令報紙獲得穩定的收入。

《華字日報》與當時的《中外新報》在廣告量上已頗為接近，就後者1872年5月4日的一期計，廣告版面約佔全報46%，[90]比《華字日報》的40%略高。然而，《中外新報》及其前身《香港船頭貨價紙》在香港出版15年，累積大量客戶。《華字日報》面世不久，便能與它分庭抗禮，反映陳言經營有道，得到商業客戶的支持。

社會迴響

上節從營業層面分析《華字日報》創刊後的表現，以下聚焦社會人士對該報的迴響及評價。

《華字日報》面世不久，便成為香港、廣東及澳門政府發佈公告的媒體。港府從1873年5月14日至7月23日期間，每日在報上刊登有關禁人出洋的新法例；廣東及澳門政府亦曾利用《華字日報》刊登〈憲示〉，藉其公佈官方訊息，[91]反映三地政府認同該報在傳播消息方面的效用。

西方社會在動工建造房屋時，習慣舉行奠基儀式，並且在奠基石下埋藏銀塊和文物。基督教聖士提反堂於1872年7月17日進行新建書館的奠基儀式，《華字日報》獲選為藏於奠基石下的紀念物。陳言在報上解釋這習俗說：「猶世俗上樑懸紅，並以文字之佳者藏諸樑上」，意味該報在社會上聲譽良好，得到教堂牧師的青睞。[92]

《華字日報》創刊後流傳漸廣，風行海外華人社會。1872年9月9日，一位居住在橫濱的讀者致函報紙說：「素仰寶館選錄新聞，善無不揚，惡無所隱，事惟實傳，言無虛錄。日報之功，非特廣人見聞，其維持世道豈淺鮮哉。」[93] 當時該報面世不夠半年，但讀者對它的新聞內容及質素，已產生良好印象，認同報紙的專業表現。

中國內地的報紙同業亦經常轉載《華字日報》的報導，當中以上海《申報》尤為熱心，[94] 它在《華字日報》創刊未幾，便開始轉錄報紙內容。以 1872 年 5 月份為例，《申報》最少轉錄五條《華字日報》的報導，間中甚至忘記標示出處，結果惹來陳言的提醒：

> 《申報》第八十五號錄法將軍巴彥事實，係由本館撰出，其命意措詞，均自本館，⋯⋯然凡選擇他人所長，定必書明其事之出處，此非拾得牙慧者比，亦所以示至公無私也。[95]

《申報》編輯亦從善如流，在日後轉錄《華字日報》時一般加上出處。1872 年 9 月間，《華字日報》開始轉載一部名為《普法戰紀》英文書籍的譯文，講述 1870 年普魯士與法國的戰爭。《申報》從 1872 年 10 月 2 日開始不定期轉載《華字日報》的譯文，直至翌年 8 月左右，反映該批文章廣受內地讀者歡迎，令《申報》編輯踴躍轉載。

綜合社會不同層面對《華字日報》的迴響及評價，顯示報紙創刊成績不俗，贏得各方支持，得以繼續發展。

改為每日出版

《華字日報》創刊後另一個重要里程碑是改為每日出版（即一周六刊，周日停派）。當時香港中文報紙皆是一周三刊，[96] 報刊每日刊行最少有三個好處：首先是新聞消息更為新近及時；其次是報紙流通量更廣，方便接觸更多讀者；最後是對廣告客戶的吸引力更大，報紙每日刊行意味廣告的出現次數同步增加。然而，每天印派會令成本增加，油墨和紙張的使用固然倍增，報館亦需投入更多的編採、撰寫、印刷，以及派發的資源。因此，報館在考慮相關決定時，需要預算增加的成本從何處抵銷，讀者及廣告客戶又是否願意多付費用？

陳言可說是香港中文報紙轉為每日印派的推手。1873 年 2 月 1 日，中華印務總局宣佈成立，陳言兼任其總司理。[97] 在他的領導下，該局印行的《循環日報》在 1874 年 2 月 4 日創刊起便實行每日印派。隨着《循環日報》的刊行，陳言分別在 2 月 17 日及 21 日宣佈，《華字日報》於 23 日起轉為每日出版。報紙的訂閱價格仍維持在每年四銀元，廣告價格則提升至《德臣西報》的水平。他強調，報紙改版後將會逐日刊登《京報》全文，讀者不用多付費用，便得以覽閱《京報》全貌，得到更親近及全面的朝廷消息。[98] 該報改版後，第二版「選錄京報」改稱為「京報」或「京報全錄」，排位躍升至首位，篇幅亦大為增加，約佔版面 20% 以上，間中更高達一半。過往一般排於版首的「中外新聞」則被安排到「羊城新聞」之後，篇幅亦大為減少。

陳言將《華字日報》改為每日刊行的決定甚為進取，假若改版後的訂閱與廣告收入未能配合，報紙可能因成本上升而影響盈利。此外，他擴充《京報》的版面、減少「中外新聞」的決定亦具一定風險，讀者可能因為新聞內容縮減而影響訂閱意欲。事實證明，陳言的判斷正確，《華字日報》每日出版的安排，直至他 1878 年離開香港前仍然不變，反映報紙業務平穩，並無出現重大問題。[99]《循環日報》及《華字日報》實行每天刊行的決定影響其他同業，《中外新報》亦於 1874 年轉為每天出版，[100] 中文報紙流通量大增，閱報逐漸成為華人生活的一部分，對社會影響日益重要。

小結

正如卓南生指出，1872-1874 年之間是中文報業的重要轉折期，[101] 陳言正是促成這一突破時期的功臣，自他加入報界後，香港中文報業產生明顯轉變，首項突破是《華字日報》的創生，報紙由華人出資，擔任保證人、法定印派人、總編輯、承租人及營運者，體現「唐人為之主持」的辦報宗旨，扭轉中文報紙由西人主導的局面。《華字日報》面世後得到讀者和商業客戶的支持，業務發展理想，標誌着華商投資報業的嘗試取得成功，鼓勵他們投入更多資金，具備全面印刷及出版功能的中華印務總局亦應運而生，中文報業得以繼續壯大發展。陳言作為報業開創者及經營者的角色，居功至偉。

註釋

1 參方漢奇主編：《中國新聞事業通史》（北京：中國人民大學出版社，1992），第 1 卷，頁 286。

2 參 Frank H. H. King and Prescott Clarke, *A Research Guide to China-Coast Newspapers, 1822-1911* (Cambridge MA: East Asian Research Center, Harvard University, 1965), pp. 20-25；陳鳴：《香港報業史稿》（香港：華光報業有限公司，2005），頁 22-24。

3 香港港口處理船隻數量由 1844 年的 538 艘，增加至 1874 年的 4,356 艘，30 年間增長 7.1 倍。同期港口處理貨物由 190,000 噸增加至 300 多萬噸，增長達 15 倍，同期香港人口增長不過 5.2 倍。參 G. B. Endacott, *An Eastern Entrepot: A Collection of Documents Illustrating the History of Hong Kong* (London: Her Majesty Stationery Office, 1964), pp. 132-133。

4 *A Research Guide to China-Coast Newspapers, 1822-1911*, pp. 57, 64, 67- 68.

5 以 1869 年 10 月 1 日《德臣西報》為例，當日出紙六張，每張印有六行直欄文字，全份共有 36 行直欄，新聞佔八直欄，約為 22%。同日的《孖剌日報》，出紙四張，每張分七行直欄文字，全份共 28 行直欄，新聞佔七直欄，約為 25%。

6 以《華字日報》為例，報紙在 1912 年 3 月 13 日以前，頭版仍是整頁的廣告，當日起全頁改為新聞。雖則如此，其新聞內容只佔全報篇幅不足 20%。

7 據 1871 年的《香港藍皮書》，1870 年仍在出版的商業英文報刊有五份，即德臣報館出版的《德臣西報》（創於 1845 年）和 *The Overland China Mail*（創於 1848 年）、孖剌報館出版的《孖剌日報》和 *The China Overland Trade Report*（同創於 1857 年），以及 *The Daily Advertiser*（創於 1869 年）。*The Overland China Mail* 及 *The China Overland Trade Report* 為雙周刊，以日報計，《德臣西報》及《孖剌日報》持續出版時間最久。HKBB, 1871, p. 128。

8 《德臣西報》及《孖剌日報》發展情況參 *A Research Guide to China-Coast Newspapers, 1822-1911*, pp. 57-61, 64-65。

9 《孖剌日報》，1864 年 1 月 4 日。是期為該報現存最早期的一期。

10《香港船頭貨價紙》改名為《中外新報》的確實日期暫不可考。卓南生推斷改名之事發生在 1865 年 4 月 20 日以前。參卓南生：《中國近代報業發展史，1815-1874（增訂新版）》（北京：中國社會科學出版社，2015），頁 110-115。

11《中外新報》現時只有 1872 年 5 月 4 日的一期存世，影印本見《中國近代報業發展史，1815-1874（增訂新版）》，頁 102、131-133。

12《孖剌日報》，1872 年 5 月 4 日。當日該報新聞佔全報版面約 30%。

13 *A Research Guide to China-Coast Newspapers, 1822-1911*, p. 65.

14 施其樂提到，伍光約在 1864 年起任職《中外新報》總經理。梁紹傑認為伍光最晚於 1865 起任職該報，工作至 1867 年離職。參 Smith, T. Carl, *Chinese Christians, Elites, Middlemen, and the Church in Hong Kong* (Hong Kong: Hong Kong University Press, 2005), pp. 131-132；〈前言〉，載於《香江舊聞：十九世紀香港人的生活點滴》，頁 iii-xvii。

15 據梁紹傑考證，張宗良於 1867-1872 年間任職《中外新報》總經理。見梁紹傑、明柔佑：〈《香港近事編錄》史事辨正〉，載於施仲謀主編：《百川匯海：文史譯新探》（香港：中華書局〔香港〕有限公司，2013），頁 178-179。

16 同上，頁 167-179。《近事編錄》原件不存，無法得知報紙的真正面貌。

17 見周振鶴：〈新聞史上未被發現與利用的一份重要資料〉，載於《復旦學報》，1992 年第 1 期（1992 年 1 月），頁 68-70。

18《中國近代報業發展史，1815-1874（增訂新版）》，頁 289-290。

19 同上，頁 102、131-133。

20 見《德臣西報》，1871 年 3 月 1 日，頁 2。時人譯英文的 "reporter" 為「主筆」，現今一般譯作「記者」。

21《中外新聞七日報》，1871 年 3 月 11 日。

22 同上，1871 年 3 月 25 日，〈告白〉。

23 同上。

24《德臣西報》，1871 年 8 月 12 日，頁 5。

25《德臣西報》於 1872 年 4 月 2 日宣佈《華字日報》即將出版，並稱陳言作為報紙主編的卓越能力早已獲得認同。《德臣西報》，1872 年 4 月 2 日，頁 3。

26《中外新聞七日報》，1871 年 5 月 6 日。

27「清議」傳統上是指官員或民間人士對政府發表的言論，動機多為揭發時弊、批評官員及建議政策等，參林榮佳：〈論光緒年間的清議〉，香港中文大學碩士論文，1988 年，頁 5-7。

28《中外新聞七日報》，1871 年 7 月 8 日。

29 轉手消息見《德臣西報》，1872 年 4 月 2 日，頁 3。

30 *Europe in China, the History of Hong Kong from the Beginning to the Year 1882*, p. 516.

31 1873 年 10 月，丹尼斯提到友人陳言曾協助他翻譯研究中國樂器的資料。見 Nicholas B. Dennys, "Short Notes on Chinese Instruments of Music" , *Journal of the North China Branch of The Royal Asiatic Society*, New Series, No.VIII (1874), pp. 93-132。

32《德臣西報》，1872 年 3 月 30 日，頁 3。

33 見《中外新聞七日報》，1872 年 3 月 30 日、4 月 6 日；相同告白亦刊在 1872 年 4 月 13 日《德臣西報》第 8 頁及《華字日報》1872 年 5 月 6 日第 9 號。

34《華字日報》首刊原件不存，現時最早出版日期的原件為 1872 年 5 月 6 日第 9 號。

35 見《德臣西報》，1872 年 4 月 2 日，頁 3。

36 *HKGG*, 1 December 1860, "No.16 of 1860 - An Ordinance to amend the Law relating to Newspapers in Hong Kong", pp. 258-259.

37 參陳止瀾：〈本報創造以來〉，載於《華字日報》編輯部：《華字日報七十一周年紀念刊》（香港：華字日報，1934），頁 1-2；戈公振：《中國報學史》（北京：中國文史出版社，2015），頁 74；李家園：《香港報業雜談》（香港：三聯書店〔香港〕有限公司，1989），頁 10。以上論著對《華字日報》襄助者的身份未有定論，陳止瀾及戈公振提到伍廷芳和何啟，李家園則認為是伍廷芳和黃勝，三者皆無提供資料來源。有關何啟之說顯然不實，他 1872 年時只得 13 歲，尚未踏足社會。

38《中外新聞七日報》，1872 年 4 月 6 日。

39《華字日報》首刊失佚，現存最早一期為 1872 年 5 月 6 日第 9 號，該報逢周一、三、五出版，從 5 月 6 日向上推算，首刊日期應該在 4 月 17 日。

40《德臣西報》，1872 年 4 月 19 日，頁 3。

41《華字日報》，1872 年 5 月 6 日。該報新聞主要刊在第 2 頁，本文引錄時一律省略頁數。

42《華字日報》，1872 年 5 月 6 日，〈本館告白〉。

43 方漢奇提到：「第一篇論述報紙作用和辦報思想的專文，據目前所見，是陳藹廷的〈創設《華字日報》說略〉。其後，王韜、鄭觀應、馬建忠（1845-1900）、何啟、胡禮垣、陳虬（1851-1904）、陳熾（1855-1900）等人，紛紛撰文，闡述他們的新聞觀念和辦報思想。」見《中國新聞事業通史》，第 1 卷，頁 527。

44《中外新聞七日報》，1871 年 3 月 25 日，〈告白〉。

45 同上，1872年3月30日，〈本館告白〉。

46 同上，1871年5月6日，〈本館告白〉。

47 同上，1871年3月25日，〈告白〉、1872年3月30日，〈本館告白〉。

48 同上，1871年7月8日，〈創設《香港華字日報》說略〉、1872年3月30日，〈本館告白〉。

49《中外新聞七日報》，1872年3月30日，〈本館告白〉；《華字日報》，1872年5月6日，〈本館告白〉。

50《中外新聞七日報》，1872年3月30日，〈本館告白〉。

51《德臣西報》，1872年4月19日，頁3；《中外新聞七日報》1872年3月30日，〈本館告白〉。

52《中外新聞七日報》，1871年7月8日，〈創設《香港華字日報》說略〉。

53《華字日報》，1873年2月10日。

54《中外新聞七日報》，1871年7月8日，〈創設《香港華字日報》說略〉。

55《華字日報》，1872年8月19日，〈本館告白〉。

56《中外新聞七日報》，1872年3月23日。

57 爹倫早年在政府任職田土廳期間，已因為指控署理總督威廉．堅貪污瀆職而被撤職處分。1850年，爹倫轉任《中國之友》主筆，更不斷揭發一眾高官的貪腐行為。1859年，爹倫被政府控以誹謗罪，入獄一年，出獄後離開香港。參 George B. Endacott, *A Biographical Sketch-book of Early Hong Kong* (Singapore: Eastern University, 1963), pp. 93-94, 130-134。

58《華字日報》，1873年2月10日。1880年7月28日的《循環日報》再以〈紀西國日報之盛〉為題重新刊載該文，文章應該由王韜所撰。

59《華字日報》，1872年5月6日，〈本館告白〉。

60 參《中國報學史》，頁73-74;〈本報創造以來〉，頁1-2; 方漢奇 :《中國近代報刊史》(太原：山西人民出版社，1981)，頁60-61;《中國新聞事業通史》，頁468-469；卓南生：〈《香港華字日報》創刊日期考〉，載於《新聞研究資料》，總第43輯(1988年9月)，頁184-190；*Chinese Christians, Elites, Middlemen, and the Church in Hong Kong*, pp. 132-134；Roswell S. Britton, *The Chinese Periodical Press* (Shanghai: Kelley & Walsh Ltd., 1933), pp. 46-47。

61《中外新聞七日報》1872年3月30日及4月6日告白的發出者為「德臣新聞紙館」及「德臣館」。《德臣西報》1872年4月20日英文告白的發出者則為 " China Mail Office Hongkong"，見頁8。

62《中外新聞七日報》，1872年3月30日，〈本創告白〉、4月6日；《德臣西報》，1872年4月20日，頁8。

63 陳言從1871年3月至1878年3月的七年間一直受僱於德臣報館，只是職銜上稍有變動。他初入職時的職銜為「副主筆」，3 月 25 日聖地稱他為「司理繙譯事務並英文日報副主筆」。1872 年 4 月 2 日，《德臣西報》說他全權負責《華字日報》的編輯工作。1873 年的職銜是德臣報館「主筆及中文編輯」（Reporter and Chinese editor）。1874 年改稱為「德臣報館經理」（Manager, China Mail Office）。1875-1878 年的職銜則是《德臣西報》主筆及中文報經理（Manager, Chinese department）。1878 年 3 月底，陳言離開德臣報館，《孖剌日報》稱他為《德臣西報》總主筆。見《德臣西報》，1871 年 3 月 1 日，頁 2；《中外新聞七日報》，1871 年 3 月 25 日，〈告白〉；《德臣西報》，1872 年 4 月 2 日，頁 3；The China Mail, *China Directory for the Year 1873* (Hong Kong: The China Mail Office), p. 29；《德臣西報》，1874 年 2 月 17 日，頁 2；The Daily Press Office, *The Chronicle & Directory for China, Japan and the Philippines etc. for the Year 1875-1878* (Hong Kong: The Daily Press Office), 1875, p. 203; 1876, p. 205; 1877, p. 210; 1878, p. 214；《孖剌日報》，1878 年 4 月 1 日，頁 2。

64 〈《香港華字日報》創刊日期考〉，頁 184-190；〈《香港華字日報》創刊初期大量原件的發掘和意義〉，載於《國際新聞界》，2014 年第 10 期（2014 年 10 月），頁 45-61。

65 見《孖剌日報》，1872 年 1 月 3 日，頁 4；《德臣西報》，1874 年 2 月 20 日，頁 2；《中外新報》，1872 年 5 月 4 日，影印本見《中國近代報業發展史，1815-1874（增訂新版）》，頁 102、131-133；《中外新聞七日報》，1871 年 7 月 1 日。

66 1844 年第 2 號條例《香港印刷法》(*An Ordinance to regulate the printing of books and papers and the keeping of printing press within the Colony of Hong Kong*)，見 *The Friend of China and Hong Kong Government Gazette*, 2 March 1844, pp. 264-265；1860 年第 16 號條例《重新修訂香港報紙法例》(*An Ordinance to amend the law relating to Newspaper in Hong Kong*)，見 *HKGG*, 1 December 1860, pp. 258-259。

67 事件經過如下：1885 年 6 月，華民政務司控告《循環日報》「黃紫畦」在未經登記的情況下，出任《循環日報》的承印人。6 月 25 日的《德臣西報》以〈對一份中文報紙出版人的嚴重指控〉為題報導相關官司，反映案件的嚴重性。6 月 27 日，《循環日報》發文辯稱，報館因不曉英例，未為新上任的黃紫畦按法例註冊。6 月 29 日，該報將出版聲明由原來的「此新聞紙由香港歌賦第五約門牌第三十九號中華印務總局刊印」改成「此新聞紙由香港歌賦第五約門牌第三十九號中華印務總局黃澍棠（按：即黃紫畦）刊印」，重新符合法例要求。見《德臣西報》1885 年 6 月 25 日，頁 3；《循環日報》，1885 年 6 月 27，頁 4、29 日，頁 4。

68 該告白在 1879 年 5 月 13 日的《德臣西報》再次刊登，但刪除了「but Debts prior to that Date will be received and paid by him」的一段。可能當時轉讓手續已經完成，陳言亦已付清所有欠款。見《德臣西報》，1878 年 4 月 6 日，頁 4、1879 年 5 月 13 日，頁 2。

69《德臣西報》，1878 年 4 月 8 日，頁 3。

70《華字日報》，1872 年 5 月 6 日，〈本館告白〉。

71《德臣西報》，1872 年 3 月 30 日，頁 3。

72《中國報學史》，頁 73-74。

73〈本報創造以來〉，頁 1-2。

74 參林友蘭：〈陳靄庭與《香港華字日報》〉，載於《報學》，第 5 卷 10 期（1978 年 6 月），頁 131-133；《中國近代報刊史》，上冊，頁 60-61；曾虛白：《中國新聞史》（台北：政治大學新聞研究所，1966），頁 145。

75《中外新聞七日報》，1871 年 3 月 11 日。

76 官司見《孖剌日報》，1886 年 9 月 11 日，頁 2、29 日，頁 3。

77 1886 年，貝恩將《華字日報》的經營權租給何仲生，合約於 1889 年 8 月 31 日約滿。見《德臣西報》，1889 年 9 月 3 日，頁 1。

78《京報》資料參《中國新聞事業通史》，頁 203-218。所謂「宮門抄」是記載皇帝起居、大臣陛見，以及禮賓祭祀賞賜等活動的文告。

79 現時僅存的《中外新報》為 1872 年 5 月 4 日的一期，其時《華字日報》已然面世，未能完全確定兩者在版式設計上的承襲關係。《中外新報》影印本見《中國近代報業發展史，1815-1874（增訂新版）》，頁 102、131-133。

80《德臣西報》，1872 年 7 月 1 日、6 月 29 日。

81《華字日報》，1872 年 7 月 1 日、3 日、5 日；《德臣西報》1872 年 6 月 29 日、7 月 1 日、3 日、4 日、5 日。

82《中外新聞七日報》1872 年 3 月 30 日，〈本館告白〉。

83《德臣西報》，1872 年 4 月 2 日，頁 3。

84 見《德臣西報》，1872 年 4 月 20 日，頁 8；《華字日報》，1872 年 5 月 6 日、6 月 19 日、1873 年 3 月 19 日、1874 年 2 月 24 日。

85 1872 年 5 月 4 日的《中外新報》刊有「本館謹啟」，列出該報在香港、廣州和澳門的分銷處，對於其他銷售處的資料只概稱：「並有外埠，初行光顧者亦祈札示本館」。《中外新報》影印本見《中國近代報業發展史，1815-1874（增訂新版）》，頁 133。

86《香港藍皮書》間中列出香港報刊的印刷數量，如：1874 年《孖剌日報》每天平均印 400 多份、《近事編錄》1876-1878 年間每天印 800 份、同期《循環日報》印派 710 份等。《華字日報》與《中外新報》的銷量則一直闕如。1874 年 2 月 17 日，陳言在《德臣西報》宣佈《華字日報》將改為每天派發，他提到報紙最終能達到每日印派 1,000 份的目標，可見其時印數當少於此數。見 *HKBB*, 1874, p. 138; 1876, p. 142; 1878, p. 146；《德臣西報》，1874 年 2 月 17 日，頁 2。

87《中外新聞七日報》，1872 年 3 月 30 日，〈本館告白〉。

88 由於原件不全，實際統計的報紙期數只有 48 期。

89《華字日報》廣告價格見陳言於 1874 年 2 月 17 日在《德臣西報》刊登的告白。未改版時的廣告價格暫不可考。其廣告收費以逐星期計算。第一星期的廣告首 100 個字每字收兩仙；100 個字之後，每字一仙。第二個星期重覆刊登者，可享半價。半年連續刊登者，再有 25% 的折扣。見《德臣西報》，1874 年 2 月 17 日，頁 3、2 月 23 日，頁 2。

90 見《中國近代報業發展史，1815-1874（增訂新版）》，頁 102、131-133。

91 見《華字日報》，1873 年 5 月 14 日至 7 月 23 日各期、1872 年 12 月 6 日、9 日、1873 年 2 月 3 日。

92 同上，1872 年 7 月 24 日。

93 同上，1872 年 9 月 9 日。

94 除《申報》外，其他上海報紙亦有轉錄《華字日報》的重要消息，例如《教會新報》及《匯報》分別於 1874 年 7 月 6 日及 1874 年 7 月 11 日轉載《華字日報》關於台灣戰事的消息。

95《華字日報》，1872 年 8 月 21 日。

96 *HKBB*, 1873, p. 138.

97 中華印務總局的告白發出日期為癸酉年正月初四，即 1873 年 2 月 1 日，該告白現見於 1873 年 2 月 3 日的《華字日報》。陳言與中華印務總局的關係詳見本書「陳言被通緝經過」一節。

98 見《德臣西報》，1874 年 2 月 17 日，頁 2；《華字日報》，1874 年 2 月 21 日。

99 *HKBB*, 1878, p. 146 b.

100《中外新報》在 1874 年轉為一周六刊，見 HKBB, 1874, p. 138。

101《中國近代報業發展史，1815-1874（增訂新版）》，頁 233。

03

為香港華人發聲

中外新聞

本港議設經
午兩點半鐘
○月之二十
讀雖名爲新
也本館鄙意
法紀實非在
督憲堅大人
唐人之事論
答曰無之堅

香港政府不熟悉華人文化及習俗，立法及行政機構亦不容許華人參與，華人民意得不到上達的機會，中外社會誤解及衝突頻仍，在治安、司法和民生事務上產生不少問題。陳言自加入報界開始，便密切追訪相關議題，發揮報紙在監察政府施政上的功能。他在爭取改善華人權益上的努力，得到華商領袖及港府高層官員的認同，令他成為具影響力的年輕報人。

香港治安問題

陳言於 1871 年初加入報界，正值港督麥當奴因病休假，其間由駐港英軍司令威菲路（H.W. Whitfield, 1814-1877）任署理港督。當時香港面對嚴重治安問題，罪案幾乎無日無之，社會人士將治安問題歸咎於港府的賭牌制度及警察貪腐，港府如何處理這兩大問題備受全城關注。陳言雖是報界的初生之犢，但他密切追訪，讓華人社會緊貼事態發展，同時提出多項改善建議，希望幫助政府提振施政。

廢除賭牌

賭牌制度是港督麥當奴的重要政策之一，他上任後發現賭場與警隊勾結，包庇各種不當行為，賭博問題成為社會治安敗壞的根源。1867 年 4 月，麥當奴向英國殖民地部提出設立賭牌制度，將賭業納入規管，藉此杜絕警察收賄的歪風。同年 7 月，港府正式發牌給 11 間賭館，香港進入合法賭博時期。[1] 1869 年 3 月，麥當奴向殖民地部匯報，自賭牌制度實施後，警隊貪污情況已然受控，罪案率亦大幅下降。[2] 1870 年 4 月，麥當奴離港休假，治安情況驟變，罪惡率飆升。署理港督威菲路認為賭牌制度引發各種罪案問題，他在立法局的支持下，準備廢除賭牌條例。然而，英國殖民地部認為威菲路只是署理港督，不應在未徵求英國政府同意下取消賭牌條例，因此推翻相關方案的落實。[3]

威菲路未能成功廢除賭牌制度，社會人士對賭博問題關注日甚。1871 年初，香港華人團體向英國政府發起請願行動，要求廢除賭牌條例。請願信經由撫華道史密夫（C.C. Smith, 1840-1916）傳遞，但他向殖民地部指出，華人請願行動實際上受到傳教士的煽動，[4] 請願信中所列支持禁賭人士亦有持牌賭館東主在內，可見支持者不過是人云亦云。陳言得悉史密夫信件內容後，在 9 月 30 日的《中外新聞七日報》上呼籲說：

> 若各紳商但置不理，則彼以臆度華人意向，以「香港賭館設有牌照，皆心所大欲」一語列諸彈章，而英京理藩院將決實其事，是各紳商以欲與人同樂，一縷苦心，附之東流矣。[5]

陳言憂慮殖民地部受到史密夫的影響，特意提醒紳商必須堅持禁賭的訴求，不能「但置不理」，可見他不滿足記者單純記錄事實的角色，敢於仗義執言。事實上，史密夫的指控並非失實，華商與賭博的關係千絲萬縷，例如建南行的何錫（即何斐然，1823-1877），即從賭館生意中賺取大量財富，一年繳納超過 180,000 元的賭餉，社會上的西人暗諷他壟斷香港財富，諢稱：「香江是否建南行？」[6] 何錫貴為東華醫院創院總理，卻從賭博中獲取巨利，華商與賭業之間的利益瓜葛，可見一斑。

麥當奴 1871 年 12 月 8 日返回香港，隨即展開禁賭的工作。陳言八天後在《中外新聞七日報》報導說，得悉港府將於翌年 1 月取消所有賭牌，華人不用再被賭風戕害，居民定會額手稱慶。報導又說，麥當奴甫抵香港，席不暇暖，便着手廢除賭牌條例，香港治安將得以改善，賭徒們亦可以洗心革面，重新做人。[7] 陳言所據消息基本無訛，惟當時政府尚未正式公佈。他關注事態發展，分別於 12 月 23 日及翌年 1 月 6 日再跟進報導。1 月 6 日的報導說，報社已收到確實消息，港府將於 1 月 15 日正式廢除賭例。7 日後，港府終於在憲報上公佈即日起廢除賭牌條例。[8] 1 月 20 日，陳言詳細翻譯憲報的公告，並指出禁賭措施將涵蓋番攤、白鴿票、字花和圍姓等賭博，並非如外界訛稱的，圍姓和白鴿票將於明年復辦。陳言回顧近月來採訪禁賭的工作說：

> 且此耗本館於前月已有實聞錄出，於時有謂本館所採訪未真者，今而知本館採之聞時事，必非謬以一己臆決，以見貽於大雅也，識者諒之。[9]

從此段澄清可見，陳言在採訪禁賭消息上領先同儕，致外間誤會他是弄虛作假，如今終於真相大白。這段聲明同時反映陳言追訪真確新聞的決心，亟欲令報紙成為具公信力的媒體。

港府雖然實施禁賭，但過去幾年所收賭餉，累積達 60 餘萬元，港府如何處理賭餉，受到外界關注。陳言在 1 月 20 日的《中外新聞七日報》透露，麥當奴已開始與華商代表商討如何妥善運用該筆賭餉。華商建議利用款項設立義學、興建痲瘋院和窮人院等設施，希望能幫助貧苦大眾。[10] 自禁賭條例生效後，所有領牌賭館停止營業，惟華人賭風不息，賭場仍以不同形式運作。陳言經常留意非法賭檔的情況，予以適時通報，例如 1872 年 2 月 10 日，他報導太平山的大街內有人開設地攤，招徠人群聚賭，他留意到有警察巡邏至地攤，卻無採取拘捕行動，遂呼籲說：「安知後日博風盛行，非即今日之機所伏，杜漸防微，是所望於自官守者」。[11] 可見陳言並未因為禁賭令實施而有所鬆懈，仍然戮力監察賭風，為改善社會治安出力。

整頓警隊

整頓警隊是麥當奴另一施政重點，他除了藉着規管賭業阻斷警察的收賄來源外，更多管齊下改革警隊，包括辭退操守有問題的督察、撤換警察首長、招聘錫克族（Sikhs）警察代替孟買警察、擴大水警編制和成立警察學校等。[12] 麥當奴的行動帶來一時的成效，1870 年 4 月他向殖民地部報告說，香港去年罪案率下降 20%，改善幅度為殖民統治的地區之冠。[13] 可是，當麥當奴離港休假後，警隊問題死灰復燃，惹來社會民眾強烈不滿，西商的批評尤為激烈，揭起一場要求改革警隊的風潮。陳言從各種途徑訪查事件發展，讓社會監察港府如何落實相關措施。

首席大法官斯梅爾在 1870 年 8 月的立法局會議上率先發難，他嚴厲批評警隊組織散漫，權責不清。[14] 翌年，警察首長迪安（Walter M. Deane, 1840-1906）在年報上更揭露警隊內部多項問題，包括警員國籍混雜，團隊間溝通困難，令管理上阻礙重重；人員流失嚴重，長期人手短缺；警員質素參差，不少英國警官皆患上酗酒陋習；大部分印度警員頑愚無用，錫克族警察則不懂英語等。[15] 政府內部對警隊的指責，益發激化西商的反應。自 1871 年中起，西商多番發動針對警隊的投訴。值得留意的是，帶頭的西商領袖同時為立法局議員，[16] 他們糾集民間力量，對港英政府加強施壓。

1871 年 9 月 2 日，西商代表約見威菲路討論警隊問題，9 月 9 日的《中外新聞七日報》報導說，西商首席代表隨利向威菲路投訴，香港治安情況失控，盜賊橫行，原因是警隊辦事不力，疏忽職守。他建議，港府從紳商中選派數名代表，成立專案小組，專門調查警隊問題。[17] 陳言一直監察事件發展，他在 9 月 16 日的《中外新聞七日報》中跟進說，威菲路正式回覆西商，表示他曾向英國殖民地部要求另立小組核察警隊表現，但不獲接受。現時他正與立法局研究兩項改善措施，其一是增加警隊人手，其二是恢復 1870 年驅逐罪犯出境的命令。[18] 威菲路相信，該兩項措施有助恢復社會治安。陳言為讓讀者掌握相關措施的詳情，他同時翻譯立法局 9 月 11 日的會議紀錄。會上威菲路提出招募 200 名輔警作為後備，遇有警員缺勤，則由輔警補上。律政司班士佛（Julian Pauncefote, 1828-1902）、隨利及其士域等皆表示支持。威菲路在會上再補充，他已外向英國申請，額外調派 40 名警官來港協助管理警隊。[19]

西商代表就威菲路的回覆進行討論，決定如何跟進。9 月 16 日的《中外新聞七日報》報導說：西商代表認為，港府的回應未能滿足他們的訴求。事實上，現時香港治安情況每下愈況，罪惡無日無之。西商堅持要另立人員調查警隊，方能有效解決問題。他們會後決定上書殖民地部，要求英國政府介入。當時香港的治安情況，是否真的如西商所形容？陳言同日報導了三單偷竊案：首先是怡和洋行的大屋被盜賊以游繩入屋，損失近 400 元的銀器，而該處已設七名守衛，附近另有四名警員巡撫，仍然無法阻止罪案發生。其次是英國孖近底銀行（Mercantile Bank，即有利銀行）的總司理住所亦被賊人進入偷竊，損失不菲。最後是聖保羅書院的多宗失竊案，學校連續數晚受到小偷光顧，可謂禍不單行。報導最後說：「此數款尤偷兒中之名手者也，舍此亦不勝屈指矣。」[20] 怡和洋行和有利銀行的大班皆是名流紳商，已得到特別的照顧和保護，他們的住所仍遭受爆竊，治安情況之敗壞可想而知。

西商面對嚴峻治安問題，港府的回應卻未能令他們安心，於是於 9 月 25 日在大會堂發起大型集會，其間共有 300 多名商民參加。西商代表在會上宣讀他們準備上呈殖民地部的請願信。陳言分別在 9 月 25 日及 10 月 7 號的《中外新聞七日報》譯述其中內容，以下撮錄大要：

請願信首先指出，警隊近年開支激增，人員編制由 1861 年的 363 人增至 1871 年的 628 人，支出亦由 75,413 元增加至 172,395 元，開支升幅逾倍，卻無助制止罪惡發生，治安情況比 1858 年中英戰爭時更為惡劣。據警察首長最新的年度報告，去年嚴重罪案共有 456 宗，僅有 47 宗能夠結案。信中認為，麥當奴原來推行的鞭笞刑罰，本可震懾罪犯，但受到殖民地部反對，條例取消後盜賊無所忌憚，更為猖獗。英國法律審判時寧枉無縱，對懲治華人罪犯效果不彰，港府應該採用不同的法律對待華人。信中最後表示，他們曾向港府反映警隊問題，並提出進行獨立調查，惟不獲接納，因而聯署殖民地部要求介入幫助。[21] 西商的訴求引起英國政府關注，殖民地部未幾便發信回覆。1872 年 1 月 27 日的《中外新聞七日報》透露公函內容。殖民地部大臣表示已責成麥當奴休假回港後馬上進行整頓警隊的工作，全力恢復地方安寧。信中同時婉拒西商成立專門核察警隊小組的請求，指麥當奴任期將滿，不宜在他離任前作出重大變動，恐防有礙下任港督工作。[22]

陳言自麥當奴回港後，緊貼追訪他在整頓警隊上的實際行動。1871 年 12 月 22 日，麥當奴宣佈成立警察調查委員會。陳言在翌日的《中外新聞七日報》報導說，警察調查委員會將由三名官員及四名西商代表組成，正式展開對警隊績效及表現的調查。他更認為「麥督憲此舉特議速成，將見官民同樂，可歌道不拾遺之慶矣」，對社會治安將復舊觀感到雀躍。[23] 翌年 1 月 6 日，陳言再跟進調查委員會的工作進展。麥當奴向委員會提出幾項調查方向，包括檢視過去罪案紀錄，分析罪案率特低年份，找出影響治亂的因素；檢閱警察首長及副首長提交的報告，研究報告中建議是否可行；審視警隊的晉升制度，探討可否讓印籍及華籍警員管理英國警員；討論應否繼續僱用錫克族人，比較東印度及西印度籍警員的優劣，提出日後招募警隊的方向；重新評估華人更練的效用，考慮是否保留華人更練制度。報導最後提到，委員會已舉行多次會議，工作認真，社會「將見其同濟和衷，港中不難收道不拾遺之效矣」。[24] 1872 年 7 月 26 日，陳言在《華字日報》特別提到委員會對華警問題的討論，其中夏拉、蔑祖、其士域等贊成擴大華籍警員的編制，史都活、勞覺和廉慢等則表示反對，霍近那取態中立。夏拉等認為，華籍警員薪金較印度人低，熟悉風土人情，關心地方治安，辦事遠較印度警察優勝。他們甚至認為，政府應該解僱全部印度差人，並以華人警員代替。反對的委員則批評，華人辦事苟且不認真，不能委以管理治安的重任，恐防他們有乖職守。[25] 委員會對擴大華警編制的態度分歧，未有一致共識。

上述的報導揭示香港的政治本質，西商領袖和英國官員操控社會的管治，不少重大公共議題，皆囿於西人圈子的討論，一般華人礙於言語、文化及階級差異等限制，無從參與議事。然而，香港治安問題主要涉及華人，港府如果無法得到華人的參與和支持，治安問題便難以根治。陳言旁觀者清，明白治理香港始終需要借助華人的力量。他在《中外新聞七日報》曾提到，外籍警員不諳華人習俗，難以有效偵緝和預防罪案，提議政府「既知犯法者即為唐人，更須以唐人治之」，更呼籲港府盡快恢復華人更練制度，強調從前有更練巡邏時，地方較為安寧，後來政府認為更練與警察職責重疊，遂放棄相關制度，結果地方治安日差。[26] 陳言「以唐人治唐人」的主張亦體現在議會政治方面，他在 1872 年 1 月 6 日的《中外新聞七日報》提到：「議政局之設，所以上關風化，下達民情，挽斯土之陋習，成此地之純風」，認為立法局有助溝通社會不同階層，減少官民隔閡。他接着提到，新加坡和蘊門埠（即馬來西亞納閩）的立法局皆設有華人議席。以蘊門埠為例，華人議員曹馬修原是地方富商，後來得到英國官員器重，獲選入立法局。當地華人對英國官員不分種族、知人善任的態度交口稱譽，因而樂於支持政府施政。[27] 報導雖然沒有直接提到香港，但陳言為華人爭取進入立法局議事的心思，可謂不言而喻。

從《中外新聞七日報》及《華字日報》對香港治安問題的報導可見，陳言非常關注政府的整頓治安工作，透過不斷的追訪報導，讓社會掌握政府工作的最新發展，提高公眾的知情權。另方面，他鼓勵華人為本身權益發聲，不要讓英國官員操縱輿論，同時積極向港府提供施政意見，發揮報紙在監察政府和改善社會問題上的功能。

司法問題

傳統上香港西報特別注重法庭新聞，早期的《中國之友》和《德臣西報》經常藉法庭新聞揭露司法問題。在編輯的筆下，香港司法制度百弊叢生，作姦犯科者逍遙法外，無辜百姓卻身陷囹圄。[28] 報紙亦經常揭露法官判處不公，同一項罪名判以不同的刑期，對華人罪犯嚴刑峻法、對外國犯人則網開一面。[29] 法庭新聞成為報人監察司法制度的平台，陳言亦承繼西報傳統，將法庭消息置於重要篇幅，他特別關注香港司法制度能否實現公平及公正等法律精神。

引渡逃犯條例

陳言踏入報界未幾，便有機會採訪一宗轟動香港的官司——郭勝殺人案，官司涉及複雜的中英法律問題，最後更上訴至英國樞密院，以下先概述官司始末。[30]

1870 年 9 月間，一艘接載華工前往秘魯的法國船被郭勝率眾劫持，船長及船員遭到殺害，郭勝逃脫上岸後匿藏香港。翌年 1 月，他被香港警方以《維持治安條例》拘捕。兩廣總督要求將其引渡回內地受審。郭勝的律師法蘭西（John Francis）向最高法院申請人身保護令，阻止引渡行動。首席大法官斯梅爾（John J. Smale, 1805-1882）頒下判詞，認為郭勝為求逃生被迫殺人，不構成殺人罪。他同時指出，中英涉及引渡逃犯的相關條例已然過時，不同意遣返郭勝，並下令將其釋放。郭勝獲釋後再被拘捕，事緣法國領事要求港府將他解送往法國領事署受審。署任港督威菲路（Henry W. Whitfield, 1814-1877）正要召開引渡聆訊之時，法國領事突然取消要求，[31] 郭勝再次獲釋。但他甫出牢門，又遭律政司班士佛以「海盜罪」拘捕。法蘭西反對律政司以同一罪名再次控告郭勝，斯梅爾同意法蘭西觀點，頒下第二張人身保護令。律政司不服判決，上訴至英國樞密院。樞密院於 1873 年 6 月頒下判決，認為斯梅爾第一次釋放郭勝的裁決合理，第二次判決則不符合法律原則，予以推翻。官司終於告一段落，案件亦成為香港法律史的經典案例。[32]

郭勝案轟動香港社會，吸引大眾注視，陳言在《中外新聞七日報》中多期報導及評論有關消息，以下幾篇文章較能代表他對案件的看法。

1871 年 4 月 22 日的《中外新聞七日報》報導斯梅爾第一次釋放郭勝的經過。斯梅爾要求班士佛釋放郭勝，班士佛表示，他已向立法局（報紙稱為議政局）請示法律意見，要等待其回覆，暫時不會讓郭勝保釋。斯梅爾斷言說：「在衙言衙，幾見有在衙中言及議政局之規矩乎？」並馬上下令釋放郭勝。[33] 陳言的報導，一方面反映斯梅爾秉持司法獨立的原則，另方面展現英國法律制度中司法、行政和立法機構之間的分工及制衡關係，代表行政機構的律政司亦不能抗拒大法官的裁決。

郭勝後來被班士佛以另一罪名「海盜罪」拘捕，斯梅爾頒下第二張人身保護令時警告執法部門，若再拘捕郭勝，會被視作藐視法庭論。陳言在報上讚稱斯梅爾說：「按律原情，兩無所憾，民無冤獄、獄絕冤民，非臯憲其孰能當此。」[34] 陳言在巡理府工作多年，目睹不少華人得不到公平審訊、沉冤莫白的例子。[35] 對他而言，法律的最大目的是做到「民無冤獄、獄絕冤民」。斯梅爾在郭勝案的裁決，展示出不偏不倚的精神，並沒有因為郭勝是華人，甚或是中國內地逃犯而有所偏頗，令陳言心悅誠服。

郭勝案在香港審訊期間，引發司法和行政機關的矛盾，哄動一時，社會人士對案件議論紛紜。6 月 10 日，陳言特意在報上發表〈郭勝論〉一文，[36] 讓讀者了解案件涉及的複雜中西方法律問題。文章指，社會上有意見認為，法庭對郭勝案的裁決有助警惕拐帶犯子，但亦有人表示，郭勝糾眾以武力奪船，殺死船長及船員，如今法庭判他無罪，日後船長如何自處。再有人提出，根據香港條例 1850 年第 2 號《履行中英條約切實執行引渡華人刑事犯條例》及 1858 年《中英天津條約》第 21 款的規定，[37] 港府有責任將干犯中國內地罪案的犯人移交中國內地辦理，斯梅爾卻以 1850 年第 2 號條例過時為由，拒絕執行相關規定，[38] 他的判斷是否恰當？亦有意見指出，立法局已於 1871 年 5 月推出第 2 號《解釋引渡華人刑事犯條例》，宣佈 1850 年第 2 號條例重新適用於《中英天津條約》第 21 款，再次確立兩者的關連。[39] 經此釋法程序後，案件應否重審？陳言最後總結說，目前社會對郭勝案仍未有一致定論，他歡迎讀者繼續發表意見。[40]

從陳言對郭勝案的報導可見，他關注香港的司法制度能否讓華人享有公平審訊的權利，達到「民無冤獄、獄絕冤民」的公義原則。斯梅爾在郭勝案件的審理上，展現出他維護個人權利和司法獨立上的決心，令陳言肅然起敬。

越境執法

香港與廣州毗連，越境執法之事時有發生，往往演變成陸港兩地糾紛，當中較哄動的是一宗中國內地官員在香港水域執法的事件。

1874 年 4 月中，漁民鄭枝發在香港海域捕漁期間，被另一艘船上之人開鎗射擊，鄭氏上岸後向警署報案。翌日警察截獲一艘可疑船隻，並拘捕中國內地官員文通等三人。5 月 7 日，文通等被押解至巡理府受審，法官以案情嚴重，拒絕其保釋申請。及後，兩廣總督瑞麟照會英國廣州領事，表示文通確為中國內地官員，請港府先行釋放，並承諾必會嚴肅處理。港督隨後指示律政司撤銷控訴，並將文通遣返內地。[41]

陳言在 5-6 月期間多次報導文通被審訊的經過。5 月 15 日的《華字日報》評說：「不知英例森嚴，彼疆此界之分最關吃緊，煌煌國例，恪守維嚴，斷不敢不認真分明，亦不可稍為犯越。」[42] 批評文通身為中國內地官員，對國際規例卻毫無認識，妄自越境執法，有機會損害中英和約的永睦精神，後果嚴重。[43] 5 月 21 日的報導再提到，社會上有意見認為，港府在拘捕中國內地官員之前，應該根據和約規定照會中方。文章反駁說，凡被拘捕之人欲自辯是某國官員身份，需要主動提供證據。況且，文通被審訊之時，大法官已對其解釋有關規定，但文通未有提供確實證據，結果身陷囹圄。陳言最後評說：「為大憲者，應可知持國體而分界疆，斷不可使不諳時務者膺此重任，以貽羞外國也。」[44] 5 月 25 日，《華字日報》再引述某西人意見說，港府在辦理文通一事上處理不善，令外界產生英國受到中國脅迫的錯覺。陳言表示同意，認為港府應該在香港完成相關的法律程序後，再將文通送交中國內地審訊，如此才能展現香港司法獨立的精神，不會被指為懼怕中國政府，有失英國體面。[45]

陳言在文通案件的報導上，一再強調「國家疆界」的重要，並向瑞麟直言進諫，希望他訓誡官員嚴守相關法律的要求。陳言評論中英交涉，動中窾要，展現對國際法律及外交事務的識見，他的外務才能吸引洋務派官員黎兆棠（1827-1894）和陳蘭彬等的注目，成為日後事業發展的契機。

中英司法制度比較

陳言除重視香港法庭新聞外，對中國內地的法律新聞亦時有跟進，他更借此機會比較香港和內地司法制度的分別。

1872 年 3 月 16 日，《中外新聞七日報》引述上海某英文報說，英國在香港實行英國法律制度的決定相當恰當，自制度施行後，華人遇有糾紛，寧願在香港法院進行訴訟，亦不願在中國內地公堂申訴。其中的原因是，中國內地官員在審訊時任意用刑，人民縱有冤情，亦不敢輕易興訴，有違法律維護個人權利和自由的原則。反之，英籍法官待民仁厚，法律人情兩兼顧，得到人民的信任。[46] 陳言特意選錄這篇文章，讓讀者明白西方人對中國司法制度缺乏公義原則的印象。

1873 年 6 月 20 日，《華字日報》一篇文章提到，中國四民以士為尊，擁有官職的士紳享有「抱告」的特權，可由家人代表出席審訊。西方社會的觀念則不同，即使是高官貴胄，遇有訟案亦會親自出庭應審。中國人稱經常出入公堂者為「黃綠竿牘」，認為大部分官司皆屬鼠牙雀角的糾紛，對被捲入訴訟感到羞恥。[47] 陳言的文章，暗諷中國司法制度容許特權階級，未能做到法律之前一律平等的精神。

1873 年 7 月 4 日《華字日報》的一篇報導更凸顯出中國司法制度的問題。事情發生在北京，刑部主事慶吉在看戲期間，與綠營遊擊劉得勝發生衝突，慶吉當場被毆傷。事後他向省級官府告狀，更一併控告綠營統帶張德祿指使劉氏率人將他毆傷。京城知情人士透露，為慶吉撰寫狀紙的官代書顛倒是非，[48] 誣陷張德祿。陳言評說：

> 中國風俗之最敝者，莫如用刀筆之吏，其所入衙門狀詞無一字真者，鬼蜮臟腑，變幻百出。…… 一入吏胥，則愚者為黠，賢者為不肖矣，攀誣陷害，展轉葛藤，不可勝言，聽訟者雖有十目十手亦不能窮之矣。

陳言形容胥吏是破壞司法公義的最大元凶，令與訟者有冤無路訴，造成大量冤假錯案。他提出應該由主理審訊的官員直接質詢與訟者，待掌握事實真相後才作出裁決，杜絕胥吏對司法程序的操控。[49]

以上三篇報導反映陳言對中國司法制度在維護人權、平等及公義原則上的質疑。雖然，他明白西方司法制度亦有其缺陷，《華字日報》1873 年 7 月 4 日的一篇法庭消息正好說明問題所在。官司原告為陳瑞南，被告人黃基，陳瑞南聘請律師代為上庭，黃基則選擇自辯。黃基在控方律師盤問下被揭發在庭上說謊，結果被罰十元。社會人士對案件議論不一，有人批評法官處事不公，認為應該重罰黃基。亦有意見認為，黃基不過秉公辦事，若在罰款之外再將其重罰，似乎有失公允。文章最後說：「被告能倩律師代為訴辨，以豐於貲也。惟基則不然，既慳於財，安能請狀師代伸其枉歟。財可通神一語然哉！」[50] 陳言的評論一針見血，揭示西方司法制度的弊病，它雖無胥吏的問題，但律師可藉個人才智，取得辯論上的優勢，審判結果仍是偏向有財力的一方。

《華字日報》的法庭新聞細緻詳盡，解說透徹，令讀者眼界大開。《申報》編輯對其報導亦是印象深刻，他在〈狀師論〉一文中評說：

> 吾閱《香港華字日報》，每見中西諸人，彼此搆訟提審時，往往延請西國狀師以為公堂論辯，曲直愬說案情之助。……及官訊案之時，不迫犯人自認其罪，因犯人未有不諱罪者，故任兩造延請狀師，各為其造研質各証，于是互相辯駁，案情各申例義。[51]

《華字日報》的法庭新聞領先同儕，有助增進國人對西方法律精神的認知，同時讓部分有識之士反思中國司法制度的問題。

為民生議題發聲

堅尼地上任後，對華人採取較為安綏的管治作風，他定期與代表華人社會的東華醫院紳董會面，商談民生事務。為增加對民情的了解，堅尼地甚至派人翻譯中文報紙讓他閱讀。影響之下，陳言的工作有更大的發揮空間，他一方面在報上為東華醫院發聲，維護其公益形象；另方面透過評論政府政策，讓下情上達，上令下佈；最後，他更協助華商與港督議事，使到華人的需求得到充分關注和回應。

對東華醫院的支持

陳言及其弟陳猷與東華醫院素有淵源，陳猷於 1869 年任醫院倡建值事，陳言 1872 年亦出任協理之職。[52] 東華醫院的成立緣於廣福義祠的醜聞。[53] 1869 年署理總登記官李思達（Alfred Lister, 1843-1890）巡視義祠時，驚覺內裏衛生情況惡劣，垂死者與屍體共處，環境猶如人間地獄。李思達的發現引起香港和英國社會重大關注，英國政府要求麥當奴解決華人醫療和殮葬的問題。是年 5 月，麥當奴成立一個醫院委員會，準備籌建一所中醫院，並委任何錫為主席。[54] 1870 年 3 月，立法局通過《中醫院公司條例 1870 年》（*The Chinese Hospital Incorporation ordinance, 1870*），令東華醫院正式成為法定組織。[55] 1869 年的倡建總理共有 13 人，除黃勝外，餘皆為富商巨賈和洋行買辦，[56] 儼然華人領袖總部，代表香港華人社會的尊嚴和權益。

東華醫院正式啟用後，陳言經常藉報紙宣揚醫院慈善為懷的形象，儼然醫院公關代表。1872 年 12 月 4 日，《華字日報》介紹醫院的營運情況說，是年 10 月共有 3,750 名病人到醫院求診，其中 77 名病人獲安排留院治療。除提供醫療外，醫院更施贈 34 具棺木供死者殮葬，當中八具給予曝屍街頭者。文章讚說：「在生既得其情，死則盡其常矣，為善最樂於醫院。」[57] 東華醫院的工作除照顧香港社會外，更惠及海外華人。1874 年初，橫濱附近發生沉船意外，數百名華人遇害，當地華商運送屍首到東華義莊待領。東華醫院為死者的家屬提供路費，讓他們到香港領取遺體回鄉安葬。陳言評說：「此真善舉也，…… 昔西伯澤及枯骨之遺風，不圖於今日再見之也。」[58] 對東華醫院不分畛域、服務華人的精神推崇不已。

東華醫院成立後，董事局逐漸成為華人排難解紛的中心，華人遇有爭執，一般先向東華紳董尋求協助，令醫院成為港府以外的權力中心。這種情況引起西人不滿，詰難東華紳董借醫療為名，實質插手政府管治。[59] 西報更群起響應，多番發文抨擊紳董有心干預港府管治。1871 年 10 月，東華醫院某值事揭發一宗豬仔罪行，隨即通知政務司安排警察處理。《孖剌日報》指摘該名值事冒犯官權，陳言在《中外新聞七日報》反駁說：

> 諸值事可否之權，仍在官施設令。官憲不推白以虛心執之曰：「可」，值事非敢抗曰：「必不可」也；執之曰：「不然」，值事非敢抗曰：「必然也」。[60]

陳言強調香港的治權操在官憲，該名值事只是關心社會治安，認為《孖剌日報》的批評有欠公允。

港督堅尼地上任後，經常與東華紳董直接會面，討論民生事務。港督優禮華人之舉，惹來西人嫉妬，《孖剌日報》屢屢批評港督不應接見東華紳董。有華人讀者不滿西報言論，發信至《孖剌日報》提出反駁。陳言在《華字日報》翻譯該讀者信函，並回應雙方的爭論說：「故香港得昇平之象，或謂此非唐人所助而致；然唐人之有益於捕務，誠非淺鮮」。[61] 希望外國社群客觀看待華人在改善治安上的角色。1872 年 12 月，東華紳董與港督會面，討論興建東華醫院灣仔分院之事。《德臣西報》發文抨擊，批評興建分院只是「徒耗有用之財，置諸無用地而已」。陳言刊文為紳董辯解，認為《德臣西報》編輯可能誤解紳商要求，他們提議興建分院只為幫助更多病人，並無其他目的。[62] 香港西報針對東華醫院的批評愈演愈烈。1875 年 10 月，荷蘭在香港開設招工館，東華紳董要求港督介入協助，禁止其在港招工。[63]《德臣西報》連續兩日發文批評，認為華紳董不應僭越官權，窒礙荷蘭的招工工作。[64] 該報言論引來華人社會極大反應，陳言、陳瑞南和數位海外讀者，分別致函《德臣西報》駁斥有關指控，雙方針鋒相對，掀起一場輿論風波。[65]

陳言同時作為《德臣西報》的主筆，在東華醫院受到攻擊時挺身而出，敢於與西報報人斡旋，展現他對醫院的堅定支持，同時印證《華字日報》編採不受西人干預的辦報宗旨。

評論堅尼地施政

陳言針對港府施政的改善意見，在麥當奴主政時代得不到重視，但隨着堅尼地的上任，情況發生變化。堅尼地銳意改善政府運作及民生事務。陳言經常就其施政措施作出評論及建議，他的意見中肯客觀，得到堅尼地的注意及認同。

1872 年 7 月 3 日，《華字日報》引述政府消息說，堅尼地有感於警員一般不善理財，部分人更遭到詐騙，以致血本無歸。他計劃為警員開設專門銀行，代為儲蓄薪金，讓警員日後生活得到保障。陳言讚賞堅尼地說：「督憲之便於民也，真所謂無微不至哉。」[66] 1872 年 7 月 24 日，《華字日報》報導立法局有關《經紀牌照條例》草案的討論。堅尼地擬重新委派非官守議員威多（James Whittall）和祁力（James Greig）諮詢經紀業界，聽取他們的真正意見。陳言認為，堅尼地真心「關心民事」。[67] 8 月 2 日，港府在《華字日報》刊登告白，邀請在港的經紀商行參加《經紀牌照條例》草案的諮詢會。陳言借機呼籲說：「唐人之為經紀者，宜趁此機會抒明己見，不可失大憲體恤民隱之深心。果能法美意良，自可行之永久而無弊矣。」[68]

1872 年 7 月間，香港發生苦力罷工事件。事緣政府對苦力宿館開徵新稅項，苦力不滿措施影響生計，於是發動罷工。罷工行動嚴重影響社會正常運作，華人領袖從中斡旋，事件終於在 8 月初得到解決。[69] 陳言事後評說：

> 姑厘因要領牌歇業，今已遵諭開工，其坐獄者業蒙釋放亦幸矣哉。若非督憲俯順輿情，紳董同為出力，此事斷不能完結，未知伊於何底也。[70]

堅尼地在苦力罷工期間表現克制，並無採取嚴厲執法，及後亦願意釋放帶頭罷工的工頭，所以陳言形容他「俯順輿情」。

堅尼地到港履新不久，便與華人領袖展開溝通。陳言在 8 月 2 日的《華字日報》引述堅尼地對華商的說話：

> 本部堂到港歷時無幾，未免不能稔熟，俟候本部堂居港日久，周知風土人情，自然設立章程，俾有體面唐人得所聯絡，凡事易於上達下聞，協助皇家辦理公務。

堅尼地向華人領袖保證，華人凡有冤情，可以向他直接提出，他必定秉公處理。陳言評說：「堅大人真可謂禮賢下士，保民若赤者矣。」[71]

陳言對堅尼地的評價正面，形容他「無微不至」、「關心民事」、「俯順輿情」、「禮賢下士」、「保民若赤」，[72] 其評語皆有事例可援，並非盲目奉承。陳言的言論令堅尼地留下良好印象，1872 年 8 月 2 日，他在與華人領袖的會議上說：

> 《華字日報》所論差役事務，本部堂見其翻譯，極留心讀

之，因議論甚公。所言設立公局一事，更為妥當，另有許多偉論，可以依行。[73]

堅尼地所謂「差役事務」，實指《華字日報》7 月 31 日一篇關於新加坡立法局會議的報導。會上議員批評警隊內部出現溝通問題，外籍警察與華人警察語言不通，無法協調合作，影響執法成效。陳言最後提出：「然西差之與唐差雖曰語言不能相通，惟擇其善者而用之，將其協力勷襄，自足收臂指之效而捕獲無虞乎？」[74] 認為新加坡政府在選拔警察上應該因才施用，不宜因受僱者的國籍問題而削足就履。當時堅尼地正在審視警察調查委員會的報告，其中一項議題涉及增加華人警察比例，[75] 他可能因此特別留意陳言的評論。堅尼地在華人領袖聚首一堂的場合，特別表揚陳言在報上發表的施政建議，意義甚大。作為港府最高領袖，若然以《華字日報》的言論作為施政參考，陳言不啻為民意代表。堅尼地政務經驗豐富，[76] 明白治理香港必須要借助華人的力量。他需要一些對社會事務有廣泛認識，能夠助他掌握民情的華人。陳言的報人背景、中英雙語能力、在政府的工作經驗，以及與華商的關係，令他成為適合人選。

陳言得到堅尼地的公開稱讚後，在議論政策的工作上更為進取，對政府的利民德政予以表揚，甚至主動向華人解說；對擾民或不利社會發展的措施，則直言不諱，促請政府三思而行。

1872 年 12 月，港府頒佈來年的差餉收費。陳言在報上指出，港府徵收差餉的標準是「舍節用而廉取」、「衛民身家，便民生產」，不會胡亂收費。例如警察差餉是「招幹役以清強暴，庶幾路有善政，道不拾遺」、消防差餉則用於「置水車水龍等器」，防止祝融肆虐等。[77] 陳言的解說，有助市民理解政府公共開支的用處，減少對抗情緒。1873 年 7 月 14 日，堅尼地向華人領袖提出擴建中央書院

中外新聞

本港議設經紀例則督憲恐有不合乎輿情是以特立稽察經紀新例人員三位主席者爲皇家律政司夏剌也今刊告白於本館日報中特邀各行經紀舖行公舉一人於七月初十日下午兩點半鐘在臬憲衙門皇家律政司署會商斯例合意與否不妨直說唐人之爲經紀者宜趁此機會抒明已見不可失大憲體恤民隱之深心果能法美意良自可行之永久而無弊矣○月之二十六日東華醫院紳董謁見督憲堅大人因交代後未曾詣署稟知故也謁見時督憲曰舊總理已全卸任今之肩任者盡是新受之人恐作事生疎未免有棘手處也新總理答謂雖名爲新總理向者曾經同辦現在凡事頗熟且舊總理皆退爲協理新者每事與舊者相酌然後舉行督憲謂舊者業經退職行事似乎無權不若選同幾位以勝總理之任尤爲妥善也本館鄙意亦然之○姑厘因娶領牌歇業今已遵諭開工其坐獄者業蒙釋放亦幸矣哉若非督憲俯順輿情紳董同爲出力此事斷不能完結未知伊於何底也蓋姑厘挾詐官長干犯法紀實罪在不赦官有萬鈞之勢以一介小民豈能與之相待官不用刑以鞭笞是仁慈也爲姑厘者須知自省倘不回心再以下逆上大憲決不寬宥矣先是念六日下午港中紳董謁見督憲堅大人爲再求釋放姑厘一事也督憲邀紳董入客廳賜坐優禮待之督憲云本部堂曾約師大人到同商酌俟師大人蒞臨然後以此事裁奪乃督憲于大人未到之時先將星架波唐人之事論及謂該處唐人結黨者多常有械鬥亦有極體面唐人甚多在此貿易官憲甚得其力有唐人一位爲議政局員居審事官者三人後問香港曾有唐人爲英國官員者否紳董答曰無之堅大人又云華字日報所論差役事務本部堂見其紬繹極留心讀之因議論甚公所言設立公局一事更爲妥當另有許多偉論可以依行本部堂到港歷時無幾未免不能盡

《華字日報》1872 年 8 月 2 日上有港督堅尼地對陳言及《華字日報》的評價（藏於日本國立國會圖書館）

中外新聞

東華醫院諸紳士於十八日進謁督憲衆紳爲梁鶴巢李玉衡陳瑞南莫仕揚余如馨黃筠堂馮明珊[illegible]孔卓雲陳[illegible]芝軒代衆爾傳與督憲對答者陳瑞南也爲繙西國語者陳靄廷也時督憲[illegible]甚爲欣悅謂現備下兩諸人步履爲艱諸紳曾論及灣仔增醫分院求憲恩助計需建造之費四千每歲度支之費二千擬大英國家出其半而街坊亦出其半今東華醫院歲費萬三千金年中存貯銀行所入之息僅有五千而街坊所捐簽者八千甚難籌畫督憲云香港商賈衆多不宜許多辨析此皆爲助唐人事耳醫院之設不惟十分從儉因爲病人所需凡物皆務取其美紳曰所費不得不廉因銀不敷用也督憲謂建造灣仔醫院須議政局商酌乃可本部堂及國家必欲爲醫院助成之昔天下大英屬土香港人民犯罪觸法者爲至少港中唐人如此其衆而身干法律者尠足見唐人之易治也現禁於監獄者止四百人而此四百人中多有因小故至於囚繫以前時計之至少約五六百人今得觀此昇平頗汝曹有以鼓勵之耳紳謂凡街上刀傷等外症多舁往西人醫館然唐人犯此症者以往西人醫館爲忌諱防刀割也凡遇此等症其人情願治者求督憲俯准東華醫院收留否則有時受傷者以恐舁往西醫之故不敢報知而顧甘於一死督憲謂此事殊難設務司日強唐人必往西醫館雖無是例所舁往者皆貧乏之人無可依倚且從時已

《華字日報》1863 年 5 月 16 日上有香港總督堅尼地與東華醫院紳董會議的報導（藏於日本國立國會圖書館）

（Central School，亦稱大書院）的計劃。由於擴建工程涉資龐大，港府並無足夠財力應付，堅尼地希望華商能夠踴躍捐輸。當時華商唯唯諾諾，似乎不太熱心。陳言明白華人對西式書院的印象，他在 16 日的《華字日報》刊文說，香港過往罪惡頻生，全靠近年教化風行，社會風俗才漸歸淳樸。中央書院之設，有助「作成俊秀、化導愚頑，將挽頹風，以存厚俗」，對改善社會風氣作用非淺。他呼籲華人以社會風氣為重，積極回應堅尼地的要求。[78] 陳言的勸說，從華人利益的角度出發，強調教育與社會安定之間的關係，顯見他巧妙地協調華人社會與殖民政府的需求，希望令雙方皆能得益。

陳言評論港府施政時以華人利益為依歸，對擾民或不合理的政策直言無隱，如實反映問題所在。

港府不少法律條例針對華人而設，對外籍居民卻無相同的約束，最具代表性的是宵禁條例。1842 年伊始，港府已禁止華人晚上 11 時後外出，翌年再加入攜燈的規定，並以通行證（Pass）控制外出人數。[79] 1871 年社會治安惡化，9 月間，港府將攜燈的時間提前至晚上 7 時，[80] 對居民生活造成極大不便。街坊代表向港府請求將攜燈時間延至晚上 9 時。陳言在 9 月 23 日的《中外新聞七日報》和應說，夜行攜燈的原意是防止晚上罪惡發生，近年盜賊橫行，措施已無實效。他建議港府恢復街坊更練制度。[81] 堅尼地上任後蕭規曹隨，攜燈措施維持不變。1873 年 9 月 3 日，陳言再刊文提醒政府說，攜燈夜行措施實行已久，罪案仍時有發生，可見它對防止罪案並無幫助。況且，香港街道燈火通明，晚上行人照面可見，提燈實在多此一舉。[82] 1873 年 10 月 30 日，華人領袖再向港督提到夜行條例的問題，強調治安已大為改善，並非麥當奴時代的盜賊橫行，港府應該檢討有關規定。[83] 堅尼地在會上承諾，他將會同立法局檢視相關法則。1874 年 1 月初，街坊代表再次向撫華道提出取消夜行攜燈的規定，堅尼地令撫華道將其要求轉交東華紳董商議。陳言在報上表示：「而督憲體察輿情，所以不即俯允者，特待諸將來，所謂慎之又慎也。」[84] 他已預料夜行攜燈措施不會在短期內得到改變。香港分族而治的政策根深蒂固，堅尼地雖然較為開明，亦不願逾越。港府實際到 1897 年才宣佈暫緩執行夜行條例，條例前後維持逾 50 年。[85]

陳言發現港府不斷推出加強控制華人的措施，他在一篇評論日本變革過急的文章中，借機勸諫港府官員說：

> 香港官憲於立例安民而外，又復頒行各律，種種不一，且日增月積之科。竊謂條例之設，固足以便民生，或有時亦反為窒民計。蓋益而不已必損，剝而不已必復，然必之理也。夫然許其得失均兼，孰若與民休息生息之為愈。[86]

陳言強調，港府的諸多新例不但無助改善社會氣氛，效果「反為窒民」，反映他一貫為華人發聲，爭取關注的心思，對港府的擾民措施直言不諱，不懼得罪當權者。

從以上事例可見，陳言在評論政府施政時執兩用中，一方面讓華人民情上達，俾港府在制訂政策時有所參考和警惕；另方面協助華人理解港府政策，疏導民情，希望藉此調和華人與政府之間的分歧。

協助華商與港督議事

香港華人領袖與總督議事之風，可說是由堅尼地一手帶動。他履新後一改麥當奴的管治作風，不時與華人領袖會面，討論彼此關心的問題。下表列舉堅尼地與華人領袖於 1872 年 5 月至 1876 年 1 月間的會面紀錄：[87]

報紙報導日期／（雙方會面日期）	會議性質	與會代表	陳言出席情況
1872年5月6日／（5月4日）	堅尼地1872年4月16日上任後首度與華人會面	與會者為「港中華商」，共有21人，14人曾任職東華醫院，其中十人為倡建總理。	列明出席
1872年8月2日／（7月31日）	討論民生議題	與會者為「東華醫院紳董」，無列出席人士名稱。	無／未列明
1872年12月20日及23日／（11月18日）	討論港中要務	與會者為「香港紳商暨東華醫院紳董」，無列出席人士名稱。	無／未列明
1873年5月16日／（5月14日）	討論民生議題	與會者為「東華醫院紳士」，共11人，其中九位為前任或現任東華主席或總理。「陳靄廷、張芝軒代眾傳與督憲，對答者陳瑞南，為譯西國語者陳靄廷。」	列明出席
1873年5月26日／（5月24日）	慶祝英女皇壽宴	「預招者為梁君鶴巢、陳君瑞南、韋君廷甫（即韋光，1828-1878）、莫君彥臣（即莫仕揚，1820-1879）、李君玉衡、何君斐然、陳君藹廷、郭君青山（即郭甘章，?-1880）」	列明出席
1873年7月11日及14日／（7月10日）	東華醫院新舊理事會見港督	與會者為東華醫院新舊理事	無／未列明
1873年10月31日／（10月30日）	討論民生議題	與會者為「港中紳董」，共22人，其中19位為前任或現任東華主席或總理。陳言負責「通宣事務」	列明出席
1874年4月9日／（4月7日）	紳董向堅尼地請求赦免罪犯馮德義的死罪	與會者為「華人紳董」，無列出席人士名稱。	無／未列明
1874年4月14日／無會議日期	討論民生議題	與會者為「港中紳董」，無列出席人士名稱。	無／未列明

《申報》，1875 年 10 月 30 日，頁 2，轉載《循環日報》/（1875 年 10 月 18 日）	要求堅尼地禁止荷蘭在香港招華工	與會者為「港中華人紳董」，共 22 人，其中 19 位為前任或現任東華主席或總理。宣事者為陳瑞南，「代為傳譯英語」者為陳言。	列明出席
《申報》，1876 年 1 月 3 日，頁 3，轉載《華字日報》/（1875 年 12 月 17 日）	與堅尼地討論香港華工在外國工作，能否得英國領事保護	與會者為「東華醫院紳董」，共 14 人，其中 13 人為前任或現任東華主席或總理。「代眾宣言者為陳君瑞南」。	列明出席

從上表可見，陳言自 1872 年 5 月 4 日起開始參加華人領袖與堅尼地的會議。當時堅尼地上任不足兩月，與會者 21 人，主要為洋行買辦及富商，不少人同時是東華醫院的倡建總理如梁鶴巢、何錫、李陞、陳瑞南、高滿華、鄧鑑之（?-1915）、黃勝等，[88] 陳言獲邀與會，反映他在香港上層華人社會已嶄露頭角。[89] 1872-1875 年的三年間，港督與華人領袖最少會面 11 次，[90] 平均每季一次。華人領袖中以陳瑞南、梁鶴巢、李陞和莫仕揚（1820-1879）出席次數最多。報紙有列明陳言出席的有六次，其餘雖未列明，但《華字日報》俱有詳細報導，相信他亦有列席。陳言在會上的主要作用是「代眾傳與督憲」、「通宣事務」、「譯西國語」和「代為傳譯英語」等，[91] 可見他的工作是協助華人領袖與官員溝通。

華人領袖與堅尼地的議事範圍廣泛，涉及城市建設、社會治安、苦力貿易、學校教育、法律實施，以及東華醫院營運等問題。雙方互有交流，並不是華人領袖單方面的投訴施壓，又或者港督展示官威，強迫就範。在城市建設方面，華人領袖曾向政府提出包括興建東華醫院灣仔分院、修築燈籠洲避風船塢及太平山街道等多項建議。堅尼地同意增設醫院分院的建議，但要求華人負擔部分成本；至於其他兩項建設，他表示港府暫無財力承擔。華人領袖對治安問題尤其關心，曾向港督提出禁止拐帶婦女出埠當娼、打擊豬仔頭誘騙華工、僱用華人偵查拐帶罪行，以及立法防止父母棄養女童等請求。堅尼地亦承諾跟進，他同時透露，已與瑞麟討論拐帶問題，廣東政府正着手加強打擊拐犯的行動。[92]

1873 年 7 月，堅尼地親自主持東華醫院新舊總理的交接儀式。總理向堅尼地反映，醫院現時兼任街坊更練的工作，混淆本身功能，請求另立善法處理。堅尼地回應指，港府將重新推出街坊更練制度，日後將由更練負責維持坊眾秩序，讓東華醫院可以專注於醫療服務。[93] 堅尼地亦善用議事的機會促進與華商的關係，例如他在 1873 年 5 月 16 日的會上提到，香港是英國殖民統治地區中罪案率最低的城市，可見「唐人之易治也」，更稱讚華商說：「今得睹此昇平賴汝曹。」[94]

陳言參與華商領袖與港督議事期間，對雙方的表現印象甚佳，認為華商「首欲利民事便民生，與士庶共沐昇平耳」，[95] 形容堅尼地「博採勤求，協濟和衷，藹然仁愛」。[96] 反映當時社會展現出官民共濟的氛圍，華人有機會參與議事，影響施政，政府亦善用華人勢力幫助管治。

小結

從陳言對香港治安、司法及民生政策方面的言論可見，他心繫香港華人的整體利益，積極透過報紙言論，為華人尊嚴及權益發聲，《華字日報》亦逐漸成為華人社會爭取關注的輿論平台。陳言的工作得到華人社會及港府高層的認同，其事業更上一層樓，成為華人領袖的重要夥伴，甚至是公關及民意代表。陳言的事業發展同時反映香港政治生態的形成，英國官員與華人領袖在共同利益的前提下，逐步走向融和合作，在不斷衝突與調和之間互相倚賴，成為香港社會發展的獨特模式。

註釋

1 *Europe in China, The History of Hong Kong from the Beginning to the Year 1882*, pp. 428-433.

2 *British Parliamentary Papers (China)* (Shannon: Irish University Press, 1971), Vol.25, “MacDonnell to Granville”, 6 March 1869, pp. 207-209.

3 *Europe in China, The History of Hong Kong from the Beginning to the Year 1882*, pp. 438-439.

4 Ibid, p. 434.

5 《中外新聞七日報》，1871 年 9 月 30 日。時人稱英國殖民地部為「理藩院」。

6 同上，1871 年 5 月 13 日。

7 《中外新聞七日報》，1871 年 12 月 16 日。

8 即 1867 年第 9 號《維持秩序清潔條例》第 18 款，麥當奴公告見 *HKGG*, 13 Jan 1872, p.15。

9 《中外新聞七日報》，1872 年 1 月 20 日。

10 同上，1872 年 1 月 20 日。

11 同上，1872 年 2 月 10 日。

12 參吳志華：〈香港警察制度的建立和早期發展〉，香港中文大學博士論文，1999 年，頁 105-119。

13 *Anglo-China: China People and British Rule in Hong Kong 1841-1880*, pp. 341-354.

14 Norton Kyshe, *The History of the Laws and Courts of Hong Kong: from the earliest period to 1989*, (Hong Kong: Vtech and Lee Limited, 1971), vol 2, p.179.

15 *HKGG*, 24 Jun 1871, pp. 281-282.

16 1871 年香港立法局有四名非官守議員，包括丹拿行（Messrs Turner & Co.,）蘊利（Phineas Ryrie, 1829-1892）、義記洋行（Holliday, Wise & Co., ）勞逸（Richard Rowett, 1837-1901）、怡和洋行（Jardine Matheson & Co.,）其士域（William Keswick, 1834-1912）和曾任法官的波爾（Henry J. Ball, 1820-1874）。蘊利同時是香港總商會主席。見 *HKGG*, 16 Sep 1871, p.397。

17《中外新聞七日報》，1871 年 9 月 9 日。

18 港府於 1871 年 4 月 21 日廢除 1870 年第 7 號《遞解未滿期回港治罪條例》，見 *HKGG*, 22 Apr 1871, p. 1。

19《中外新聞七日報》，1871 年 9 月 16 日。

20 同上。

21《中外新聞七日報》，1871 年 9 月 25 日、10 月 7 日。

22 同上，1872 年 1 月 27 日。

23 警察調查委員會成員包括：署理律政司（Acting Attorney General）夏拉（T. C. Haylar, 1935-1918）、書信官（Collector of Stamp Duty）蔑祖（F. W. Mitchell）、大書院掌院（Headmaster of Central School）史都活（Frederick Stewart，亦有譯作史釗活，1836-1889）、渣顛公司其士域（William Keswick, 1834-1912）、劫行勞閣（前譯勞覺）、機利文行（Gilman & Co.,）廉慢（William Lemann）和霍近那（George Falconer）等。以上所列官銜為報紙的翻譯，括弧內是正式英文稱謂。見《中外新聞七日報》，1871 年 12 月 23 日；HKGG, 30 Dec 1871。

24《中外新聞七日報》，1872 年 1 月 6 日。

25《華字日報》，1872 年 7 月 26 日。委員會報告見 C.O. 129/164, Report of the Police Commission。

26《中外新聞七日報》，1871 年 9 月 23 日。

27 同上，1872 年 3 月 16 日。

28 參 Christopher Munn, "The Criminal Trial Under Early Colonial Rule" in Tak Wing Ngo, *Hong Kong's History: State and Society Under Colonial Rule*, (London: Rout ledge, 1999), p.58。

29 例如以下二例：1855 年 2 月 1 日，《德臣西報》報導一宗兩名外籍男子打劫華人住宅的案件，法官只判二人三年監禁，報紙批評說，干犯同樣罪行的華人一般被判 15 年的流放。1856 年 1 月 3 日，《德臣西報》報導另一則案件，案中華人被告因勒索罪成被判 15 年流放，報紙質疑，假如犯事的是外國人，判刑會否有別。

30 郭勝官司經過參《中外新聞七日報》，1871 年 4 月 22 日、7 月 22 日；《華字日報》，1873 年 8 月 4 日。首席大法官斯梅爾的判詞見《孖剌日報》，1871 年 4 月 1 日，頁 2、3 日，頁 2、5 月 23 日，頁 2。案件上訴情況參 *The Times*, 20 June 1873, p. 12。

31 法國領事向威菲路表示，香港最高法院已頒下郭勝的人身保護令，就算他們再提控訴，亦會被同一理由拒絕。見《孖剌日報》，1871 年 4 月 27 日，頁 2。

32 郭勝案例成為香港大學法律課程教材，見 Peter Weseley-Smith, "Kwok A-Sing, Sir John Smale, and the Macao Coolie Trade", *Law Lecturers for Practitioners 1993* (Hong Kong: publisher unknown, 1993), pp. 124-134。

33《中外新聞七日報》，1871 年 4 月 22 日。

34 同上，1871 年 5 月 27 日。

35 參文基賢關於早期香港法庭審訊的研究，"The Criminal Trial Under Early Colonial Rule", pp. 46-47。

36《中外新聞七日報》，1871 年 6 月 10 日。

37 1850 年第 2 號《履行中英條約切實執行引渡華人刑事犯條例》見 The Hong Kong Government, *The Ordinances of the Legislative Council of the Colony of Hong Kong commencing with the year 1844* (Hong Kong: Noronha & Sons Government Printer, 1890-1891), Vol.1. pp. 240-241；《中英天津條約》第 21 款見王鐵崖（1913-2003）編：《中外舊約章彙編》（北京：生活．讀書．新知三聯書店，1982），頁 99。

38 斯梅爾認為《中英天津條約》內涉及移交中國逃犯的規定，原本與香港 1850 年第 2 號條例連繫，但該條例已不適用於香港實際情況，所以港府無責任遵從《中英天津條約》對引渡逃犯的要求。見《孖剌日報》，1871 年 4 月 1 日，頁 2。

39 *HKGG*, 3 June 1871, p.236.

40《中外新聞七日報》，1871 年 6 月 10 日。

41 事件見《華字日報》，1874 年 5 月 9 日、15 日、19 日、21 日、25 日、6 月 2 日。

42 同上，1874 年 5 月 15 日。

43《南京條約》前言說：「茲因大清皇帝、大英君主，欲以近來不和之端解釋，息止肇衅，為此議定設立永久和約。」時人因而稱這些條約為永睦和約。見《中外舊約章彙編》，頁 30。

44《華字日報》，1874 年 5 月 21 日。

45 同上，1874 年 5 月 25 日。

46 同上，1872 年 3 月 16 日。

47《華字日報》，1873 年 6 月 20 日。

48 清朝的地方衙門設有官代書一職，控辯雙方皆由官代書撰寫狀紙，蓋上戳記，官府才會受理。官代書並非正式官職，收入來自提供狀紙及戳記，他們熟悉訴訟程序，雖然不直接參與審訊，但對案件審理舉足輕重，兩造皆依賴官代書的狀紙進行訴訟。參鄭小春：〈清朝代書制度與基層司法〉，載於《史學月刊》，2010 年第 6 期（2010 年 6 月），頁 34-43。

49《華字日報》，1873 年 7 月 4 日。

50《華字日報》，1873 年 7 月 4 日。報導並未說明二人因何事起訟。

51《申報》，1873 年 9 月 16 日。

52 東華醫院：《徵信錄》（香港：東華醫院，1874），1873 年，〈倡建值事〉、1874 年，〈壬申年協理〉。

53 東華醫院創建經過參 Elizabeth Sinn, *Power and Charity: A Chinese Merchant Elite in Colonial Hong Kong (with a new preface)* (Hong Kong: Hong Kong University Press, 2003), pp. 30-49。

54 何錫，又名何斐然，建南米行東主，他除了出任醫院籌備委員會主席，亦是領牌賭館的主人，以賭博致富。見《德臣西報》，1869 年 6 月 1 日，頁 2。

55 *HKGG*, 2 April 1870, pp. 151-153。法例又稱為《東華醫院公司條例 1870 年》（*Tung Wa*

Hospital Incorporation Ordinance, 1870）。

56《徵信錄》，1874 年，〈同治己巳八年倡建總理〉。

57《華字日報》，1872 年 12 月 4 日。

58 同上，1874 年 1 月 12 日。文中所謂「西伯澤及枯骨」出自周文王埋葬枯骨的典故。見劉向：《新序》（上海：商務印書館，1937），卷 5，〈雜事五〉，頁 73。

59 梁鶴巢在〈承辦東華醫院一年述錄〉中提到，香港西人對東華醫院插手非醫療事務非常不滿，為避免西人的詰難，華商領袖向港府建議，另外成立一所華人會館，專職處理華人事務。見《華字日報》，1873 年 7 月 2 日。

60《中外新聞七日報》，1871 年 10 月 14 日。

61《華字日報》，1873 年 7 月 28 日。

62 陳言在《華字日報》轉錄《德臣西報》針對興建灣仔醫院的批評，再就批評發出回應。見《華字日報》，1872 年 12 月 27 日。

63 東華紳董會見港督討論荷蘭在港招工事，見《申報》，1875 年 10 月 30 日，頁 2、1876 年 1 月 3 日，頁 3。

64《德臣西報》，1875 年 11 月 8 日，頁 2、11 月 10 日，頁 2。

65 見《申報》，1875 年 11 月 27 日。當日報紙以〈香港醫院受誣〉為題報導事件。陳言、陳瑞南等發給德臣報館的信函見《德臣西報》，1875 年 11 月 14 日，頁 3，下款為 "A member of the Chinese Community"，並無發出者名字，相信《申報》的消息另有源頭。

66《華字日報》，1872 年 7 月 3 日。

67 同上，1872 年 7 月 24 日。

68 同上，1872 年 8 月 2 日。

69 同上，1872 年 7 月 31 日。

70 同上，1872 年 8 月 2 日。

71 同上，1872 年 8 月 2 日。

72 同上，1872 年 7 月 3 日、7 月 24 日、8 月 2 日。排序按評語出現日期。

73 同上，1872 年 8 月 2 日。

74 同上，1872 年 7 月 31 日。

75 同上，1872 年 7 月 26 日。當日報紙提到警察調查委員會討論增聘華人警察的問題，夏拉、蔑祖及其士域等贊成增加華人警員數目；史都活、勞覺及廉慢表示反對；霍近那則持中立態度，委員之間並無一致定論。

76 堅尼地來香港就任總督前，曾出任英國在非洲、澳洲及加拿大等地的總督。參 *Europe in China, The History of Hong Kong from the Beginning to the Year 1882*, p. 477。

77《華字日報》，1872 年 12 月 18 日。

78 同上，1873 年 7 月 16 日。

79 *HKGG*, 10 October 1842, p. 117, 21 September 1843, p. 1.

80 Ibid, 23 September 1871, p. 415.

81《中外新聞七日報》，1871 年 9 月 23 日。

82《華字日報》，1873 年 9 月 3 日。

83 同上，1873 年 10 月 31 日。

84 同上，1874 年 1 月 5 日。

85 *HKGG*, 29 May 1897, pp. 423-424.

86《華字日報》，1873 年 1 月 6 日。

87 除特別標示外，會議紀錄引自《華字日報》。

88 倡建總理名單見 *HKGG*, 2 April 1870, p. 153。

89 5 月 4 日會議報導見《華字日報》，1872 年 5 月 6 日。

90 現存《華字日報》在 1872-1875 年之間有大量缺件，未能反映全部會議數目。

91《華字日報》，1873 年 5 月 16 日、10 月 31 日；《申報》，1875 年 10 月 30 日，頁 2，內容轉載自《循環日報》。

92《華字日報》，1872 年 12 月 20 日、23 日、1873 年 5 月 16 日、10 月 31 日、1874 年 4 月 14 日。

93 東華醫院新舊總理交接會見同上，1873 年 7 月 11 日、14 日。

94 同上，1873 年 5 月 16 日。

95 同上，1872 年 12 月 20 日。

96 同上，1873 年 7 月 16 日。

04

陳言對中外時事的關注

中外新聞

海旁泰來客
開陳順於前
此案押候至
雙輪駛動忽
事耳詎料一
者無不失笑
震動轟轉之
皇上茲得上
路之築百年

陳言辦報的目的是為華人爭取權益，他關心的不僅是香港，而是整體民族和國家的福祉。在當時的中外時事中，他特別關注中國自強運動、日本明治維新，以及苦力貿易問題。這些時事背後俱涉及重大華人利益——自強運動關係民族未來，明治維新對清廷的改革運動有借鑒作用，苦力貿易影響無數海外華人的生命及自由。陳言藉香港的獨特政治地位，不用顧忌清廷的言論控制，可以大膽在報上針砭時弊，一舒己見。

自強運動

有學者認為，1861-1872 年之間是自強運動的第一階段，清廷實行「師夷長技以制夷」的政策，藉吸收外國的軍事技術增強國防能力。這一段時期中國內地的政治局勢較為穩定，清廷已解決太平天國的動亂，西方列強亦採取所謂「合作政策」，外部威脅得以舒緩，史家稱之為「同治中興」。[1] 陳言關注國家局勢，對自強運動在軍事和經濟上的改革尤其留心，不時作出報導及評論。

軍事建設

清廷於兩次鴉片戰爭中敗於列強海軍之手，外國戰船直達天津，威脅京師，中國水師形同虛設。為重振國防實力，更新水師武備成為自強運動的重點。早期清廷以購買外國輪船和武器為主，後來開始尋求自製輪船之法。時任閩浙總督左宗棠（1812-1885）多次上奏，請求在福建自設船廠，強調：「欲防海之害而收其利，非整理水師不可；欲整理水師，非設局監造輪船不可」。[2] 清廷接納左氏意見，委任沈葆楨（1820-1879）為船政大臣，負責建造福州船政局。船政局於 1868 年 1 月 18 日正式運作，第一艘自製的「萬年清」號於 1869 年 6 月 21 日下水。[3]

福州船政局被視為中國軍事改革的重要舉措，中外傳媒對其動向皆甚關注，陳言亦經常追蹤相關消息。1872 年 12 月 18 日，他引述美國《紐約時報》一篇文章說，中國人其實善於創新，他們籌建的福州船政局，已成功自製「鐵夾船」(iron-clad steamer)。隨着鐵夾船正式服役，舊式的巡邏船將陸續被淘汰，中國海軍的戰鬥力得以大大增強。中國亦開始整頓陸軍，將來水陸兩師完成更新，將可無敵於天下。[4] 從此篇文章可見，福州船政局自製船隻的發展，令外國人刮目相看。

福州船政局令外國人印象深刻，內地官員對局方的批評聲音卻是此起彼落。[5] 1874 年 2 月 13 日，《華字日報》一篇報導指，有廷臣批評船政局大量僱用外籍人員，使費巨大，開局至今已耗費數百萬兩銀，要求船政局節省開支。陳言反駁說，船政局之設，乃是「師長技致實用，足為自強計，雖費何害」。而且，船政局的華人員工已能掌握西方造船之法，大部分外籍人員即將約滿離任，未來的經費應可大幅縮減。陳言同日另一篇文章再引述某西人對船政局的觀察說，中國近年仿效西法，積極提升軍備，福州船政局已成功自製戰福州自開砲局以來皆延西人爲之教授而一切主裁悉由指示此由左爵督創局之始已然歲靡帑金幾百萬故廷臣或以爲過費言之於朝然師長技致實用足爲自强計雖費何害今聞局中所延西人已滿合約之期故局憲已辭其職現在局中華人皆於西國之法有所深造工精於藝製造裕如且能變通盡善可無藉乎西人以收指臂之助聞昨有西匠十有八人已由福州至港附輪船而言旋英國矣○中國福州砲局近日製造戰艦一艘皆出華人之手船中上下人役自舟師至舵工悉以華人爲之亦可謂邇來所傑出也西人嘗論是事謂中國於數年間大有進益駸駸然日臻上理誠足以覘郅治之休風而見昇平之氣象矣於此日見強盛豈前時之可比哉即以十五年以前論之西人足跡不許及乎內地今通商港口既多闢至於臺灣而遼至於牛庄帆檣所至幾半中國長江之險出入自如昔時西人衣西裝而往游內地者動多性命虞今則不然如西人不自啟禍端斷無他慮西裝更勝於華粧以民既知長而官吏又加敬也比之華人以華粧而游於西國者更覺高出數籌中國此時雖無輪車鐵路電氣通標因官憲知此二端實於彼官場有所大礙恐一旦有不可告人之隱不能爲掩飾彌縫計也中國之官賄賂公行苞苴是愛多以此爲致富之要圖自古相沿以至今日雖有英豪不能遽革矣至事之無礙於官場彼亦肯仿行西法如用鎗砲而棄弓矢以及器械藥彈無不思媲美於西人至於水師更爲詳備其仿行西法幾於無微不至昨有新造戰船所有布置機器安放巨砲整頓一切皆出華人手其中舟師舵工悉華人也今日之戰船將以與向時之巡船較之大相逕庭傳聞唐人海船之作其法仿自

《華字日報》1874 年 2 月 13 日
上有支持福州炮局自製武器的評論
（藏於日本國立國會圖書館）

艦，艦上所有機器及武器配置，皆由華人製造及裝配，證明華人學員表現出色。該名西人認為，從船政局成功自製武器的例子可見，中國「富強之效，未必不基於此」。[6] 陳言兩篇文章互相呼應，廷臣口中使費過度的船政局，在外國人看來卻是極為成功的軍事革新，反映廷臣眼光狹隘。

其實早於 1874 年初，掌握軍政大權的奕訢已下令福州船政局減少生產船隻，他更要求輪船招商局接收船政局的輪船，但計劃遭到李鴻章（1823-1901）反對。船政局在得不到朝廷撥款之下，資金已近枯竭，沈葆楨唯有下令暫時停工。[7] 陳言關心船政局的發展，繼續在報上為其發聲。

1874 年 3 月 4 日，《華字日報》特別譯錄船政局法籍僱員日意格（Prosper M. Giquel, 1835-1886）新書中有關船政局的記載。日意格表示，[8] 福州船政局自投產以來，已生產 14 艘 150 匹馬力的輪船，各自配置三至十五門巨砲，其中六艘為砲船，餘下為運輸船。日意格認為船政局耗費雖多，但對中國軍事發展作用極大，甚至「將創不世之利、收平定之功」。[9] 1874 年 5 月 27 日，陳言再轉譯英國《波摩吉詩報》（*Pall Mall Gazette*）的報導指，福州船政局外籍僱員的工作已完全由華人代替，局方歷年生產出 14 艘船隻，其中一艘的排水量重達 2,000 噸，另外 13 艘亦有 900 多噸，最近又另行建造一艘 2,000 噸的大船。船隊整體戰鬥力強大，在戰爭中已近乎攻無不克。該文作者更提議，對中國軍事有興趣人士可以到訪福州船政局，相信他們會感到「一見駭然，嘆為天助」。[10] 陳言鍥而不捨地為福州船政局發聲，希望當權者不要為短期財務問題而功虧一簣，斷送得來不易的成果。

陳言支持自製武器的主張，深得魏源（1794-1857）和馮桂芬（1809-1874）等晚清思想家的精萃。魏源在《海國圖志》中提出「師夷長技以制夷」的主張，呼籲清廷在廣東自設船廠及火器局，聘請外國工匠及柁師，教授國人自製船艘、火器及駕駛船隻，讓「中國水師可以駛樓船於海外，可以戰洋夷於海中」。[11] 馮桂芬更進一步說：「始則師而法之，繼則比而齊之，終則駕而上之。自強之道，實在乎是。」認為中國「能造、能修、能用，則我之利器也；不能造、不能修、不能用，則仍人之利器也」。[12] 勸諫清廷必須掌握製造、維修及使用輪船火砲的技術，方能與外國爭鋒。福州船政局的華人學員成功習得造船的技術，其成就得到外國傳媒的重視，正好印證馮桂芬所謂「中華之聰明智巧，必在諸夷之上，往時特不之用耳」的看法。[13] 可惜的是，清廷不顧沈葆楨等人的辛苦經營，反映其改革決心不足，陳言對中國軍事發展的憂慮，可謂揮之不去。

經濟發展

自強運動遇到的最大問題是財力不足，福州船政局的財務困局正是典型例子。陳言發現中國的財力問題，可以從西方的經濟發展模式中找到解決方法。西方國家透過興辦製造業、礦務、電報、鐵路和輪船等現代實業，創造及累積巨大財富，支持軍事建設。他藉報導及評論相關新聞，呼籲清廷積極發展現代實業。

礦產開發

中國礦藏豐富，西方列強早已垂涎。[14] 清廷亦曾僱用外國專家勘探內地礦源，1863 年美國地質學家奔卑來（Raphael Pumpelly, 1837-1923）受僱於北京、直隸及內蒙古等地進行勘察，但勘探過後，清廷並未採取任何實際行動。1868 年，另一位德國地質學家李希霍芬（Ferdinand Richthofen）亦在中國內地展開探礦活動，曾勘察不同省份的礦產藏量，並製成詳盡報告。[15] 1871 年，英國報紙

《倫敦及中國快訊》(*The London and China Express Newspaper*)登錄奔卑來和李希霍芬的勘探報告。同年 6 月 3 日,《德臣西報》以〈中國財富〉("The Wealth of China")為題節錄該報內容。[16]

兩位地質學家的勘探報告吸引到陳言的注意,自 6 月 10 日開始,他在《中外新聞七日報》連續四期闡述該報告內容。首期的〈開煤礦論〉說:「天下至寶之物足以富國強兵者,煤而已矣。英國不過蕞爾三島而富甲於天下,其所恃者惟煤、鐵二物而已。」文章指,煤炭用途廣泛,輪船火車、鑄煉鎗砲和機器製造皆需要煤炭之助。據外國地質學家勘探所得,中國的煤礦藏量比歐洲還要豐富,單是湖南一省的潛在煤田面積,已比整個歐洲的煤田還要大,發展潛力驚人。而且,產煤之地亦同時出產鐵礦,中國鐵礦的純淨度高,極為適合鑄煉鋼材之用。文章最後評說,中國的煤礦和鐵礦藏量豐富,只要開發得宜,國家便可走上富強之路,朝廷卻「有利而不知興、有財而不知用」,就如人置身於金穴而嘆窮困。[17]

6 月 17 日的〈金銀礦論〉指出,中國的金礦和銀礦遍佈各省,但中國人卻只知黃金白銀是貴重財產,卻不懂如何開採,甚至視開礦為畏途。反之,新舊金山(澳洲墨爾本和美國三藩市)自開闢以來,吸引大量中國人前往淘金,他們對內地的寶藏反而置之不理,徒然浪費地下寶藏。文章再次強調,中國礦藏豐富,本可富甲天下,官員們卻以不欲擾民為借口,遺棄地寶,只知增加釐金稅捐,實在不懂時務。[18]

6 月 24 日的一期則介紹黃銅和白鐵的礦藏。文章指,人們一般忽略黃銅和白鐵的實用價值,其實自古以來,兩者皆有廣泛用途。中國以山西省的銅礦最為豐盛,該省十個地區之中七個皆有產銅。中國的鹽和鐵皆有專司管理,黃銅和白鐵卻無專責官員,制度有欠完善。況且,外國地質學家現在列出的地點,只是部分礦藏所在,未被發現的礦藏可能更多，黃銅白鐵的發展潛力實不容少覷。[19]

7 月 1 日的一期提到中國其他各種礦藏，例如陝西的玉石礦，浙江、山西的青金石礦，山西、陝西、廣東的琥珀礦，四川的石油礦等。文章表示，中國的各種礦藏本可帶給人民無窮財富，奈何國人對西方的地質學缺乏認識，以致採礦不得其法，誤將無礦苗者以為有，有者卻以為無。中國要發展礦業，必須學習西方的先進技術，進行有系統的勘探和採礦，方可地盡其利。[20]

奔卑來和李希霍芬的勘礦報告撼動陳言的心靈，令他認識到中國坐擁豐富礦源，只要善用西方的技術開採，便可創造巨大財富。陳言對中國礦業的關注，並非流於報紙言論，機緣巧合下，他於 1892 年出任開平礦務局會辦，承繼該局創辦者唐廷樞的遺志，為國家經濟發展出力。

電報

自 1862 年伊始，俄、英、法、美等列強先後向總理衙門提出興辦電報的要求，總理衙門以「失我險阻、害我田廬、妨礙我風水」為由拒絕。[21] 列強不甘放棄，多年來不斷施壓，清廷在壓力下終於作出改變。1870 年，總理衙門批准英國公司鋪設由廣州至上海的電報海線，接受電報業進入內地。[22] 陳言在編撰報紙時經常採用電報訊息，對其功能有深切體會，他曾多次發表對電報技術的看法。

1874 年 2 月 23 日，《華字日報》提到英國電報公司的經營情況說，該公司在英國的電報生意盈利可觀，1874 年首月便賺取 20,000 多鎊的利潤，發展前景理想。文章形容電報的功效說：「電報之用以傳消息，誠有補闕天地生成之憾。西人之業貿遷術者，莫不恃為資財之捷徑，即如軍情重事，則又以是而助其百戰不殆之功。」[23] 電報突破空間和時間的限制，只要有電線架設的地方，通訊便可無遠弗屆，相比傳統的郵政，訊息的收發時間大為縮短，因此陳言稱之為「補闕天地生成之憾」。

1874 年 5 月 27 日，陳言在《華字日報》刊登〈擬設省城電報〉一文，說有西人向兩廣總督瑞麟（1809-1874）提出鋪設廣東至香港的電報線，瑞麟似乎欣然意悅，但未知他會否真的接受該計劃。文章表示：「時勢之遷流無定，若人堅守一偏之見，不與時為變通，將所謂識時務者為俊傑之謂何，想當軸者亦人中傑也。」[24] 陳言顧慮瑞麟因循守舊，可能錯過引進電報設施的機會，在報上婉言進諫，希望他能與時並進。從以上兩例可見，陳言非常支持國家建設電報設施，認為朝廷官員應該開放心胸，學習如何以西方科技造福國家。

火車鐵路

相對於電報而言，清廷對興辦鐵路的抗拒更為強烈。1867 年，奕訢曾主持「銅線鐵路」之議，要求各疆臣妥籌對策，[25] 當時一眾大臣如左宗棠、丁寶楨（1821-1886）、沈葆楨、李福泰（1806-1871）、曾國藩（1811-1872）及李鴻章等皆表示反對，例如曾國藩說：「聽其創辦銅線、鐵路，則車驢、任輦、旅店、腳夫之生路窮矣。」認為中國若要開辦鐵路，只能倚賴外國技術及管理，國家利權勢必落入外國人手上，嚴重影響經濟利益。[26] 李鴻章後來態度有所改變，他曾於 1874 年謁見奕訢，請求在內地試辦鐵路，惟不獲奕訢支持，只好作罷。[27]

陳言雖然不曾在外國居住，對鐵路的功效卻有相當認識。1873 年 3 月 24 日，他在《華字日報》刊文說，清廷動輒以風水及民怨作為藉口，抗拒鐵路發展，「其愚實可笑也」。文章再比較日本和中國在改革上的不同取態，指前者在實行變革上勇猛精進，以舉國之力，一心追求富強。中國政府則「拘文牽義、膠柱鼓瑟，一切成見，牢不可破」。因此中國與外國通商 30 餘年，只得其損而未見其益，他呼籲清廷「誠能與日本相為調劑，則中國之強，當未可量也」。[28]

1873 年 8 月 25 日，陳言在《華字日報》引述外國消息說，英國富商沙大蘭公爵計劃籌款 60,000 英鎊，用作在中國內地興建一段鐵路獻給清廷，讓清帝和官員親身體驗現代鐵路的便利，希望能促成清廷發展鐵路的決心。陳言稱讚說：「竊謂兩國輯睦如是，合君民為一心，有利皆興、無弊不革，則民間得以養生休息，何其幸也。」[29] 對公爵的計劃感到雀躍。然而，沙大蘭的熱情慷慨未能打動清廷，官員正式拒絕其送贈。陳言得聞消息後大感失望，10 月 17 日在報上批評說：

> 噫，此舉未免有辜西商踴躍之盛心矣。要之，鐵路之築，百年後事在必行，第此時則猶未耳。況乎鐵路輪車於中國大為有益，他日中國不作，則近中國各地必有作之者，與其人為而為，何如今日自我而先為之乎？[30]

他認為興建鐵路乃是大勢所趨，清廷應該積極面對。

陳言同時留意到列強覬覦中國鐵路利益的野心。1874 年 1 月 28 日，他在《華字日報》刊文說，緬甸及安南（即越南）的邊境已分別為英法兩國所據。英國有意建造一條由印度經緬甸直達雲南和四川的鐵路，日後工程完成，印度貨物可運送至雲南及四川，中國西南部的商業利益將盡為列強所有。同樣地，法國亦有計劃打通安南至雲南的運輸，曾嘗試開通兩地的水路交通，但工程複雜，結果無功而返，所以對英國倡議的緬甸鐵路更為重視，意欲借此拓展安南至雲南的運輸。陳言提出，雲南將來必成興盛商埠，眾督臣宜預設關口徵稅，利用鐵路帶來的機會，促進地方經濟發展。[31]

中外新聞

海旁泰來客棧行商貯貨駐足之所也行李往來賴以停頓故旅人無不稱便焉中有一客陳順者貿易場中人也於二十三日晚間竊餌阿芙蓉膏遂致赴蓉城之召因報於聞陳順於前日曾自港往省於輪船啟行之際欲躍身自投於水以畢命於洪濤幸爲人所阻而止二十四日經官驗尸惟值英國郵船揚帆之期陪審公正人員特與於官請此案押候至二十五日再行覆核夫人當困迫無聊之際不得已而出於死此亦落魄窮途之最爲可矜者矣錢財關於性命斯言豈妄哉〇二十四日省城火船啟行之時正雙輪駛動忽有一華人攜包裹一事匆匆而至其情形急欲下船奈已弗及遂由岸向船遙擲其包以爲相距尋丈必得至焉庶冀船上之人見而拾之以寄于省則或不至於事耳詎料一擲弗中竟墮於水隨波逐流由泛而沉聞包中有銀五十兩是日偏人鈎取者紛紛不絕有一人覺所鈎甚重以爲獲之必矣鈎起而物現視之乃大魚一尾而已者無不失笑〇保安夜火船前日駛往船澳修葺機器今已竣工昨二十四晚已由港啟行往省矣所修機器乃暗車之機原機則有三葉今重建之機則有四葉故行船之際震動轟轉之聲不比前時之厲矣附搭夜火船者自此可以夜眠貼席高枕而作華胥之游竟入黑甜鄉裏矣〇前英國商人有倡議糾衆集貲購買輪車鐵路一區進獻於中皇上茲得上海電報消息云此西商等業已奉齎於中國朝廷謂此鐵路之饋其可開誠見納否中國已有覆函婉辭却之弗受噫此舉也未免有辜西商踴躍之盛心矣要之路之築百年後事在必行第此時則猶未耳況乎鐵路輪車於中國亦大爲有益他日中國不作則近中國各地必有作之者與其人爲而爲何如今日自我而先爲之乎

《華字日報》1873 年 10 月 17 日上有倡議清政府興建鐵路的評論（藏於日本國立國會圖書館）

同日，陳言再引述英國某日報的消息指，有英國人擬獻贈火輪車路給中國，送贈者用心良苦，此舉或可成為日後中國鐵路盛行的契機。該英國報紙更分析說，中國北方城市眾多，人口密集，物產豐富，鐵路運輸能夠加速貨物流轉，互通有無。反之，南方城市的通商口岸一向依賴水路運輸，並無急切興建鐵路之需。此外，山西省的煤礦藏量豐富，原可惠及全國，卻因缺乏鐵路運輸而未能物盡其利。中國若能接受興建鐵路的提議，本身亦可享受巨大的經濟利益。陳言總結說：「要之，中國火車路之興，必有自矣。」[32] 以上提到英國人獻贈小型輪車路之事，最終由英商於 1876 年在上海建成，當時稱為吳淞鐵路。清廷卻未因此而改變反對鐵路的成見，最後更以 285,000 兩銀購回鐵路，並於 1877 年 12 月將其拆除。[33]

陳言多篇文章，反覆強調興辦鐵路對發展中國經濟的重要性，無奈人微言輕，得不到清廷的回應。陳言的抱負並未因時而逝，他在多年後獲得參與建設鐵路的機會，先後出任淞滬鐵路、粵漢鐵路及滬寧鐵路總辦，實現年輕時的主張。

輪船運輸

清廷對輪船運輸的取態較為開放，中國自辦的輪船事業在 70 年代初開始萌芽。1872 年 12 月，李鴻章向清廷奏請設立輪船招商局（以下簡稱招商局），提出以「官督商辦」的原則經營，即「由官總其大綱，察其利病，而聽該商董等自立條議，悅服眾商」。[34] 清廷批准李氏所奏，招商局於 1873 年 1 月開局，最初由朱其昂（1837-1878）出任總辦，後朱氏辭任，李鴻章於同年 6 月另委唐廷樞為總辦。[35] 陳言家族與招商局素有淵源，四兄陳棟燦與唐廷樞相交莫逆，[36] 其潮連同鄉陳瑞南更為招商局的董事，[37] 陳言對招商局的運作情況並不陌生，曾多期刊文談到他對局方問題的意見。

1873年10月29日，《華字日報》的報導提到，招商局擬以20,000多兩銀購入一艘舊式輪船。文章認為，招商局在購置局產時不宜只着眼於價格，舊船行駛遲鈍，耗費煤火較大，間接推高成本，不符合長遠經濟利益。以香港德忌利士洋行兩艘現役輪船為例，一艘僅燒煤六噸，另一艘則需要14噸，兩者燃料成本相差極大。文章續說：

> 特近今輪船之法屢變，與其購也，毋庸自製，或在局中，或在西國，皆無不可。近今輪船以機器愈少為愈妙，用煤愈省為愈精，機器少則修葺之功不繁，用煤省則費用所餘，其益不可勝言。[38]

陳言清楚道出輪船製造、維修費用，以及營運成本三者之間的關係，對招商局購買舊船的批評亦屬中肯。事實上，朱其昂在購置船隻上屢出問題，首隻購入的「福星」號容量小，載貨能力不足；其後買的「伊敦」號則無故多付20,000兩，最後問題曝光，朱氏要向局方賠償損失。[39]

招商局開業後，受到外國輪船公司的排擠，旗昌、怡和、太古等採取聯合行動，大幅降低運費搶奪客源，部分航線的減幅更達一半以上，實行以本傷人。1873年10月31日，《華字日報》引述上海某西報的讀者來函說，招商局與外國輪船公司競逐減價爭客，由寧波至上海的船費最近減至每程半元，讀者擔心，來年的運載生意會盡歸招商局所有。陳言評說：「此言也，我儕深恐其億逆之中而應其言，蓋局之費廉且能曲己以從人，西人必有所不可者，其勝於西人之處亦在斯。」[41]認為招商局經營成本較低，不懼減價戰，外國輪船公司聯合排擠招商局的行動，未必湊效。

1874年3月6日，《華字日報》登載一封由「特識之士」上呈李鴻章的信函。信中提到，外國政府為保護本身航運業的利益，特意限制其他國家船隻在其海域內行駛，中國政府卻無此規限，對保護內地輪船業意識薄弱。另外，外國政府對國內輪船業每有補貼，例如英國政府每年支付500,000英鎊給鐵行輪船公司。該公司在昇平無事之時，可自由營運，遇有戰事則需要為政府運送軍械餉糈。作者建議，中國亦可仿照英國做法，以保護政策及實際補貼，支持本土輪船業的發展。[42] 陳言刊登以上文章，實際上是為招商局提供應對減價戰的辦法，用意深遠。中國輪船業甫起步便遭到外國洋行的排斥，極需政府支持，方能有力抗衡外商的競爭。

陳言對中國經濟的主張，與鄭觀應及王韜等變法倡議者有不少共通之處。鄭觀應在1874年撰的《易言》中專論西方商務、開礦、電報、火車及輪船等對中國經濟發展的重要性。其〈論商務〉中提出「凡中西可共之利，思何以籌之；中國自有之利，思何以擴之；西人獨攬之利，思何以分之」，突出其商戰思想。〈論開礦〉中說：「居今日而策國家之富強，資民生之利賴，因地之利，取無盡而用不竭者，其惟開礦一事乎。」〈論火車〉形容鐵路的功效：「大則轉餉調軍，有裨於國計；小則商賈貿易，有便於民生。而已郵傳訊息，不慮稽遲；警報調徵，無慮舛悞。」〈論電報〉則高舉電報在支援軍事及商業上的巨大作用，認為國家「強富之功基於此」。[43] 王韜在1864年上呈丁日昌的信中亦提到當今「興大利者」有兩端，一是使用西方先進機器生產棉布，直接與進口洋貨競爭；二是效法英國，大舉開發煤礦及鐵礦，認為「礦利既興，煤鐵之源自裕，然後電線鐵路可以自我徐為佈置」。[44] 由此而見，陳言、鄭觀應與王韜的經濟主張如出一轍，皆希望藉西方的良法美意為中國創造財富，重振國力。

綜言之，陳言對自強運動的評論，發揮現代報紙的「清議」功能。他指出自強運動有兩大問題，其一是清廷欠缺實行改革的決心，福州船政局在自製輪船上已漸有成效，官員卻以經費為由令計劃無以為繼；其二是改革不得其法，官員們只聚焦於增加軍事實力，抗拒引進開礦、電報及鐵路等現代實業，以致無法創造能支持軍事改革的財力。事實上，陳言的意見並非紙上談兵，而是從觀察日本維新運動得到的覺悟。

明治維新

陳言對中國改革自強的關注，令他特別留意日本明治維新的進展。[45] 日本與中國同屬歷史悠久的東方國家，兩國在西方列強的挑戰下，不約而同地走上改革之路。中國自強運動的發展令陳言憂心忡忡，日本的明治維新卻帶給他截然不同的視野。隨着日本國力增強，陳言更察覺到它對中國以至東亞政治局勢的影響。

軍事與國力

1873 年 4 月 4 日，《華字日報》一篇報導說，日本仿效西方國家的徵兵制度，全國 17-40 歲的男子皆要服兵役。軍隊的編制分為步兵、砲兵、水師炮兵、機器兵、督管火藥和隨營人員等，非戰時國內軍隊有 31,000 人，戰時則可增至 46,000 人，另有 4,800 名御林軍。文章評說，日本的軍力雖然不及歐洲大國，但已足以與葡萄牙、意大利、瑞士等國抗衡，實力不容忽視。陳言在同日的報上再揭示日本政府的財務狀況：1872 年全年收入 65,830,000 日圓，支出 62,370,000 日圓，全年盈餘 3,460,000 日圓，外債則有 2,630,000 日圓。文章總結道，日本歲有盈餘，國家富足，加上全民徵兵，實行西法操練，軍事力量強大，國力「非他國所能頡頏也」。[46]

同年 8 月 15 日，《華字日報》再有一文提到日本的國力說：

> 國之強弱，不在土地廣狹，在乎所居形勢之雄壯，探扼之要害而已。日本東瀛一島國也，大小各島羅列海中，棋布星羅，互相聯絡，虎視東南，稱為上國，然按其幅員，不過抵中國兩省地耳。

文章表示，有論者更將日本與英國相提並論，指英國在歐洲富庶強大，但國土比日本還要少，天時地利亦不如日本，可見日本發展潛力不容忽視。與外國通商以來，日本矢志力求自強，成為「近時之興國」，若能在改革上持之以恆，未來國勢必定可以與英國比肩。[47] 以上報導可見，陳言已意識到日本在維新運動後國力大振，不容忽視。

經濟改革

陳言留意日本的經濟改革情況，經常在報上報導相關消息，以下作一整理：

一、鐵路

日本鐵路開辦初期格價高昂，令到商旅裹足不前，後來加以變通，價格變得相宜，現時商旅皆樂意使用，大大促進運輸和貿易的發展。

二、採礦

日本薩蘇痲地方鉛礦豐富，日皇打算借助外國資本，發展國內礦業，增加財政收入。報紙稱讚日本政府「不禁其取，不遏其用」，善於物盡其用。

三、煤氣

日本蟹阿哥埠倡設煤氣公司，公司招股文件內強調煤氣對公眾之利。當地的報紙亦積極發文和應，表示民眾投資煤氣公司必能賺取豐厚利潤。[48]

四、電報

早前日皇提出在國內設立由京都經海底直達歐洲電報線。工程最近告成，日皇親自出席開通儀式，充分顯示他對發展電報技術的支持。[49]

五、銀行

日本開始在國內設立西式銀行，總行設在京都，分行遍佈各大城市，銀行間的匯票往來由驛館寄遞處理。商民的巨額交易，皆經由銀行票據匯寄，省去運送現金的風險，商民咸稱便利。文章建議，中國亦應考慮仿行日本之法，設立銀行和驛館，方便貿易流通，促進國家經濟。[50]

日本在建設現代實業的工作上不遺餘力，日皇更身體力行，鼓勵國民接受西方事物。它的經濟改革，表現陳言所謂「今日自我而先為之」的進取態度，[51] 令他讚嘆不已。

日本政府投入各項現代建設，需要大量資本支持，陳言特別注意它的財政情況。1874 年 6 月 6 日的《華字日報》報導說，日本政府去歲再次錄得盈餘，全國收入 88,860,000 日圓，支出 62,160,000 日圓，盈餘 26,700,000 日圓，外債則由 2,630,000 日圓增加至 17,080,000 日圓，增幅雖多，但只佔全年盈餘的 60%，財政狀況仍然穩健。陳言認為：「如是可冀其國債驟清而庫藏日稔矣」。[52]

陳言發現，日本政府積極引進西方新式實業，亦敢於藉向外借貸發展經濟，表現出果敢的改革精神。相對而言，自己國家對發展現代實業卻是顧慮重重，缺乏遠見和改革決心。

外交改革

外交改革亦是日本明治維新的重要一環。1868 年 1 月，日本政府發佈「開國國是」詔敕文，向各國宣佈它將根據《萬國公法》處理所有外交問題。1869 年 8 月，日本設置外務省專門負責對外事務，並開始建立駐外使節制度。[53]

陳言對日本外交改革的動向特感興趣。1872 年 7 月 5 日的《華字日報》引述消息指，日本「理藩院」（即外務省）最近派出兩位「權理欽差事務大臣」駐紮英國及法國，任期三年，如其表現理想，可再獲續任三年。文章評說：「經理政治於其國，更遣官講信修睦於鄰邦，真大有振興之志。」[54] 日本的駐外領事館，不僅設在外國的首都地區，還遍及商業繁盛的城市。1874 年 2 月 2 日《華字日報》另一篇報導說，日本駐紐約領事館最近開幕，各國領事皆有蒞臨祝賀，場面熱鬧。又說駐外領事為國家外交政策的重要一環，除了有助保護僑民不受欺負外，當兩國有事啟釁，領事亦可以折衝尊俎，緩解兩國衝突。文章稱讚日本推行駐外領事制度，「其志趣規模亦殊可法矣」，建議清廷參考相關做法。[55]

日本政府另一項重要外交政策是廢除治外法權。1858 年，日本幕府與美、英、荷、俄、法等五國簽訂《安政條約》，開放五個海港和兩個城市作為通商地點，外國人在這些城市享有包括治外法權等的條約優待。[56] 明治維新後，日本政府決心廢除治外法權，恢復國家治權。1873 年 3 月 7 日，《華字日報》報導說，日本與西方國家通商十餘年，國內一切制度法規無不仿效西方。現時日本政府有意容許外國人自由居住，條件是要遵守日本當地法律。有意見認為，日本法律現已與西方法律相近，相信外國人不會抗拒有關安排。陳言評道，假如日本政府的措施取得成功，中國亦可仿效，但實行時必須讓外國政府參與法律條文的審訂，令其放心讓國人歸於中國治下，屆時「中國於一切交涉之事，必無所制肘，睦鄰修好，以相恆久」。[57]

陳言在 1874 年 7 月 16 日的報導中再提到治外法權的問題。文章表示，日本與外國訂立的條約正屆修訂之期，負責議約的欽使已準備提出取消治外法權的提案。但有西報評論說，日本雖然積極改革國內法律，欲使居住在日本的外國人歸於治下，但他們絕不肯接受日本或中國的法律制度。以中國法律為例，官吏對人民動輒嚴刑拷問，甚而導致屈打成招，有違西方法治精神。陳言分析說：

> 前中西立約時，中國所最虧者，惟許西人不在地方官治下一款，而百端從此生矣。按此款殊非與萬國公法相吻合，若既知之，亡羊補牢未為晚也，在當道者亟宜講求之。

陳言批評治外法權剝削國家治權，對政治民生造成各種困擾，它本身亦有違《萬國公法》。他建議：「中國宜立新例，專管西人之居中土者，必其例與各國公評妥論，庶足以得國體而協公心。」[58] 呼籲清廷着手解決這重大管治問題。

陳言提出廢除治外法權的訴求，並未引起清廷的注意，後來雖有其他官員提出類似建議，卻仍無產生實質改變。[59] 雖則如此，陳言始終秉持取消治外法權的主張，1902 年，他有緣參與《中英商約》談判，並藉談判之機推動相關議案的落實。

教育與文化

日本的軍事、經濟和外交改革令陳言眼界大開，當地教育和文化的轉變更令他嘖嘖稱奇，甚至認為日本政府改革過急，容易惹起民怨，甚至影響社會穩定。

1872 年 11 月 11 日，《華字日報》介紹日本的教育措施說，政府於全國各地設置 55,000 間書館，當中分為八大學區，每學區設大書院一間、中館 32 間、講解館 210 間，另再設蒙館教導六歲以下兒童。政府更設有補送學生出國的計劃，中館每年選 150 名學生，大書院選 30 名學生，由政府資助往外國學習。學生獲得的生活資助十分豐厚，有論者更認為資助計劃造成留學生奢侈的習慣。日本政府重視國內學校人才，每年在中館選取 1,100 名才藝出眾的學生，委入政府機構辦事。講解館在教學上亦仿效西方教育的課程，聘請通曉西文的日籍教師出任，並以外國的翻譯書籍為教材。

日本天皇對推動教育改革非常熱心，不時親臨學校視察。1874 年 6 月 6 日的《華字日報》引述消息說，日本於京城設置學校，揀選國內資優學子教授西方知識，近日天皇聯同數名大臣親臨考核，學生於面試中表現出色，天皇甚為高興，即場評核其等級，更賜予國史及其他書籍予優秀學生，以作鼓勵。陳言贊同日本政府的教育措施，認為可為該國培養大量有用人才。[60]

日本政府除了大舉辦學外，更積極改革民間傳統文化。《華字日報》在 1873 年間曾多期報導相關措施的實行，包括：一、嚴厲查封娼館，並將娼婦遣返回家；二、取消人民崇拜耶穌教的限制；三、改變中國曆法為西方曆法；四、驅逐寺廟的薙髮皈依者；五、規定市民的衣着禮儀；六、不准在公眾地方赤身露體；七、禁止市民剃髮；八、管制民間紥作紙鳶；九、禁止隨地吐痰等。陳言對日本各種整頓文化的措施評論道：「日本國邇來大有振興，整飭陋習之志，⋯⋯有關乎敗常亂俗者，悉事革除，一新其國體。」[61]

陳言旁觀日本國內的改革情況，感覺政府推行過急。1873 年 1 月 6 日的《華字日報》提到，日本改革措施罔顧人民感受，恐怕會激發民怨，步中國古代暴秦的下場。文章主張：「蓋平易近民，民必歸之，如此則上易知而下易達」，認為日本政府應該理順民意，才可令政令上行下效。[62] 明治維新對民間風俗的改革，終於激發激烈反抗。1873 年 7 月 11 日的《華字日報》記載兩宗分別發生在長崎及北海道的暴動。長崎的暴動源自稻米失收，農民求官府按舊風俗向天祈雨，官府以施行新政為由拒絕，農民於是衝擊官署，雙方發生衝突，結果多名官員被殺。北海道的動亂，則由於政府對漁民推出新的徵稅措施，漁民不滿生計受迫，聚眾佔據官署，引發大規模騷亂。文章評說：

> 日本專尚西人藝學，所費不貲，計不得不取於民間，重其稅斂，乃民不堪，故亂由是生。…… 求治過急，操政太釁，未有不致此弊者也。[63]

陳言批評日本政府「求治過急，操政太釁」，不無見地。事實上，日本在 1869-1879 年間發生多次嚴重動亂，例如 1870 年的「奇兵隊」暴動、1873 年的「佐賀之亂」、1875 年的「大一揆」農民大暴動，以及 1876 年的「西南戰爭」等。[64]

日本的維新改革，吸引到中國內地一些有識之士的目光，例如馮桂芳在〈制洋器議〉中提到，日本自與外國通商以後，積極學習西方製造船砲之法，認為「日本蕞爾國耳，尚知發憤為雄，獨我大國，將納污含垢以終古哉？」[65] 李鴻章亦表示「聞該國自與西人定約，廣購機器兵船，仿製鎗礮鐵路，又派人往西國學習各色技業」，以為日本是「欲自強以禦侮」。[66] 馮、李二人對日本的觀察側重於其軍事改革。陳言則發覺日本改革決心和規模遠非中國自強運動可比；它向世界展示西方的政治、經濟、軍事、外交、文化和教育等制度，如何在傳統的東方國家植根。改革後的日本已一躍成為東亞強國，勢將影響中國區內的地位。事實上，中國內地官員對日本的發展情況掌握不多，直到 1874 年發生日軍侵台事件，才猛然醒覺其威脅。

苦力貿易

在各項時事議題中，陳言對苦力貿易最為深惡痛絕。他在報上不斷揭發苦力貿易的黑幕，令苦力販子的惡行無所遁形；為解救華工的困苦，他竭力呼籲清廷取締苦力貿易及派遣使節保護海外華民。

澳門豬仔活動

中國苦力貿易涉及出洋華工的招募、運輸和販賣等活動。[67] 華工成為可供買賣的貨物，因而被稱為豬仔。[68] 19 世紀中葉，古巴和及秘魯兩國受到解放非洲奴隸運動的影響，國內勞工短缺，中國工人成為被招攬的對象。兩國對華工需求龐大，令販運苦力利潤極高，[69] 吸引國際苦力販子的參與。苦力貿易早期以廈門為中心，後來遷移到澳門。澳門在葡國政府的縱容下，當地豬仔館由 1856 年的五間增加至 1872 年的 300 間。豬仔館以種種非法手段誘拐及脅迫華人出洋，情況嚴重。陳言自加入報界伊始，便密切關注澳門豬仔館的消息，利用報紙為受害華工發聲。

1871 年 10 月 14 日，《中外新聞七日報》刊出一宗駭人聽聞的豬仔新聞。香港青年區茂因被拐至澳門豬仔館囚禁，區父前往澳門報案，官府竟要求他繳付 100 元贖金。區父無力支付贖款，逕向所屬教會傳教士丹拿求助。丹拿請求港府官員協助，港府修函澳門政府要求釋放區氏，不幸信件送達澳門之時，運送區氏的豬仔船已出發到秘魯。區父再懇求丹拿設法營救，丹拿致函美國駐秘魯領事求助，領事於豬仔船泊岸後上船調查，發現區茂因已於途中死去。陳言斥責澳門官員說：「為民父母，顧忍視其下父子不相見、兄弟妻子離散如此耶！」[70] 對官員麻木不仁、徇私枉法的行為感到悲憤。

葡萄牙縱容苦力買賣的態度，引起國際間的關注，英國政府曾經多次提出投訴。[71] 為緩解國際輿論壓力，葡國政府嘗試推出一些改善出洋華工的措施。1872 年 6 月，澳門政府宣佈成立特別察核隊，負責監管出洋華工船隻的活動。陳言在 6 月 19 日的《華字日報》揭露，察核隊的收入原來與出洋船隻的稅收掛鈎，過程明顯涉及利益衝突，察核隊在執行任務上必然偏向出洋船隻東主。文章批評，澳門政府所謂改善措施不過是虛應故事，對改善華工問題毫無幫助。[72]

澳門政府在監管出洋華工的工作上亦是漏洞百出。7 月 8 日的《華字日報》報導說，中國招工章程規定僱工合同以八年為期，[73] 工人約滿後可回復自由身，東主不得干預。但有西班牙商人違反相關規定，擅自與華工訂立條款，令到工人約滿後無法轉換工作。文章質疑澳門總督說：「西洋督憲仍不設法禁止，是使出外傭工者委其身於陷阱，終無已時。所謂善立章程者何在也？」[74]

1873 年 2 月，澳門政府再推出新的出洋華工措施，並將公告交予《華字日報》刊登。措施規定，出洋華工合同期滿後，無論工人返回中國與否，東主皆要發放旅費給工人。陳言提出，華工在外國工作，勢孤力弱，若東主不守承諾，華工亦無可奈何。況且，華人工作之地，不屬葡國管轄，葡國政府又怎能迫使當地東主信守合同？澳門政府所謂善政「所言盡屬空談」，並無實質意義。[75] 澳門政府將公告交予《華字日報》刊登，原意是宣揚該項新措施的好處，不料陳言直言不諱，落得弄巧反拙。

澳門豬仔犯子拐人出洋之事日趨猖獗，無數家庭深受其害，激發華人義憤。有僑居日本橫濱的中國人發起籌款，出版《夜半鐘聲》一書，專門記述無辜市民被豬仔頭誘騙的經過。出版者將書寄到《華字日報》，希望報館協助推廣。陳言介紹說：

> 《夜半鐘聲》，所論戒拐販人口出洋為傭，備切時要，誠能使入斯局者作渡迷之寶筏。……讀之能令人慄然而警，免墮拐誘者之術中，斯真濟世之良規也。[76]

報紙更轉載該書部分內容，讓讀者先睹為快。書中詳列豬仔犯子拐騙華工的各種詭計，有被相熟朋友或親戚接至澳門然後被拐；有被訛稱招聘為水手，上船後即被鎖禁；亦有被誘騙至普通家庭再被擄走等。《夜半鐘聲》的內容掀動社會迴響，有讀者致函《華字日報》說：「今讀日本所刊《夜半鐘聲》，指陳弊竇，歷歷如見鬼域，情形不啻繪之於紙上，其淒涼慘刻，言之傷心，聞之酸鼻」。[77] 陳言的熱心推介，令該書流傳更廣，提高社會大眾對豬仔犯子的警覺，不致誤墜圈套。

陳言對澳門政府縱容豬仔貿易的行為口誅筆伐，凸顯出報人在監察當權者不義行為上的角色，大有當年《中國之友》主筆爹倫不懼強權加身、為民請命的勇氣。

苦力船的問題

華工被拐騙上出洋船隻後，馬上面對一場生關死劫。陳言悉心搜羅苦力船的消息，讓社會得知華工的可怕經歷。

1871 年 3 月 25 日，《中外新聞七日報》報導一宗苦力船的消息。該船原本只可搭載 160 名乘客，最後竟裝載 300 多名華工。華工全部被驅入艙底，船長為防其反抗，更在船艙外面加上欄柵，只餘一扇小窗通氣。艙內擠迫不堪，加上天氣悶熱，華工呼吸困難、苦不堪言。文章評說，華工離鄉別井，出外謀生，已是境況堪憐，招工之人對待華工「遇之如犬豕，待如寇讎，駕馭之如牛馬，鞭策之如木石」，實在不仁之至。[78] 陳言對苦力船上的華工寄予無限同情。

1872 年 10 月間，一艘苦力船在航行途中被中國內地官府截查，官員指示船隻開到上海虹口碼頭，事件吸引大量市民圍觀。11 月 11 日，《華字日報》引述《申報》相關報導說，苦力船上華工「有三分非人，七分是鬼者，兼其人皆瘡痍偏身，膿血污穢，幾不可近」。《申報》痛罵豬仔頭為「首惡之首惡」。[79] 陳言特意選錄《申報》的報導，讓讀者感受華工在苦力船上受到的非人待遇。

苦力船問題震驚社會，陳言為讓讀者掌握全面事實，特別整理歷年苦力船的事故紀錄，下表撮錄《華字日報》1873 年 12 月 31 日及 1874 年 1 月 2 日的報導：

年份	出發地	目的地	上船人數	有紀錄的華工死亡人數	備註
1850	香港	秘魯	450	300	
1852	廈門	舊金山	410		華工殺死船長及船員後逃走
1852	廈門	夏灣拿	不詳	不詳	工人染病，大部分人死亡。
1853	香港	秘魯	200		華工殺死船長及船員後逃走
1853	廈門	夏灣拿	300		華工殺死船長及船員後逃走
1855	廈門	夏灣拿	440	252	另外 40 人失蹤
1856	香港	秘魯	146		華工殺死船長及船員後逃走
1856	香港	秘魯	355		華工殺死船長及船員後逃走
1856	廈門	夏灣拿	266	不詳	大部分華工死亡

1856	廈門	悉尼	254		華工殺死船長及船員後逃走
1856	廈門	西印度	110	45	
1856	廈門	夏灣拿	不詳		華工反抗逃走
1856	廈門	夏灣拿	350		華工反抗，傷船員數名。
1857	汕頭	夏灣拿	不詳		華工殺死船長及船員後逃走
1857	澳門	夏灣拿	不詳	不詳	船隻被發現漂浮海面，全部人失蹤，
1857	香港	夏灣拿	不詳	111	
1857	香港	夏灣拿	332	132	
1857	香港	夏灣拿	不詳		華工殺死船長及船員後逃走
1859	澳門	夏灣拿	850	850	船隻遇大風觸礁，全部華工失蹤。
1861	澳門	不詳	不詳		船隻未開出，遭工人奪去。
1861	澳門	印度	不詳		工人反抗，船隻駛回香港。
1865	澳門	秘魯	550	不詳	僅存百餘人
1866	澳門	秘魯	不詳		華工放火燒船
1866	澳門	秘魯	不詳		華工反抗，30 人下海逃走。
1867	廈門	西印度	不詳	200	華工放火燒船
1868	澳門	秘魯	290		華工殺死船長及船員後逃走
1868	澳門	秘魯	380	238	
1870	澳門	秘魯	548		華工放火燒船，365 名華工被救。
1870	香港	秘魯	379		華工放火燒船後逃走
1870	澳門	夏灣拿	235		華工殺死船長及船員後逃走
1870	澳門	秘魯	300		華工殺死船長及船員後逃走
1871	澳門	秘魯	650	60	華工放火燒船後逃走
1872	澳門	秘魯	不詳		船隻遇意外，停泊日本待修。

據《華字日報》的紀錄，從1850-1872年間，一共有33艘苦力船從中國出發，其中13艘發生華工死亡事故。最嚴重的發生在1859年，一艘從澳門前往夏灣拿的苦力船途中觸礁，船長與船員乘小艇逃生，船上850名華工全部罹難。《華字日報》的紀錄同時反映華工的反抗情況，歷年有11艘苦力船的船長及船員遭華工殺害、另外五艘被華工以武力挾持後縱火焚燒。陳言收集的紀錄，將苦力船上彷如煉獄、慘絕人寰的境況表現無遺，希望引起公眾更大的關注。

在古巴和秘魯的華工

古巴及秘魯為華工的主要輸入國，兩國距離中國萬里之遙，通訊不易。陳言關心兩地華工狀況，設法查探消息加以報導，提醒社會不要忽略這些海外同胞。

1872年10月4日，《華字日報》報導古巴夏灣拿的消息說，當地有900多名華工最近合同期滿，原應可以自由去留，但古巴政府要求約滿華工前往官署登記。官員在登記過程中，逼使華工再簽訂六年新約，其中400人被迫屈服，再度失去自由。報紙嘆說：「人亦何樂乎出洋傭工，而為人作牛馬，甘於陷於機阱而不自恤也！」[80]對華工被古巴政府剝削自由的苦況，慨嘆不已。

1873年初，美國《紐約先驅報》派記者到夏灣拿採訪華工情況，事後撰成專題報導，陳言在5月2日的《華字日報》譯錄相關文章。該名記者指出，古巴有所謂匿名公司，專門經營苦力生意，利潤比買賣黑奴高數倍。中國商埠則設有豬仔頭，每招攬一名豬仔可得50元。豬仔被押到船上後便遭禁錮，若然華工們聚眾謀變，船長必然以武力鎮壓，甚至會殺一儆百。據記者了解，夏灣拿的種植園東主對待華工苛刻暴戾，華工在烈日曝曬下每天工作14小時，更經常被黑人管工鞭打。華工辛勤工作，只賺得微薄薪酬，生活比當地的赤貧居民更差。他們的合同長達八年，大量華工因工作過勞致死。華工完成合約後，東主迫使他們再簽新約，華工如不應允，更會被政府徵為官工。記者更親自登上一艘停泊在夏灣拿的豬仔船，發現船上有 800 多名華工，大部分皆被拐騙上船。據他查探，該艘船的運輸成本約為 50,000 元，販賣華工所得卻高達 450,000 元，利錢豐厚。[81]

《紐約先驅報》聞名中外，陳言轉錄該報的專題報導，公信力比一般消息更高。《申報》於 5 月 21 日轉錄《華字日報》的譯文，事件引起社會更廣泛的關注。連遠在北京總理衙門的奕訢，亦從報章上得知夏灣拿華工被虐的消息，可見相關新聞之備受注目。[82] 相信奕訢的發現與《華字日報》及《申報》的轉載不無關係。

秘魯同樣是中國苦力的輸入國，國內東主對華工的剝削亦不遑多讓。1871 年 4 月 8 日的《中外新聞七日報》報導說，秘魯華工的合同一般為期五年，合同雖然規定每天工作六小時，但秘魯天氣炎熱，工人在曝曬下勞動，苦不堪言，就算身體壯健者，亦每因工作過勞而生病。東主對待華工亦極其刻薄，只提供粗衣糲食及簡陋居所，華工們的健康每況愈下，真正能完成五年合同的百中無一。陳言借報導秘魯華工消息之餘，勸諭打算出洋謀生者格外小心，慎防被豬仔頭欺騙。[83]

1873 年 11 月 19 日，陳言再報導一宗聳人聽聞的秘魯華工新聞，文章為一位旅居秘魯的讀者提供。某日他在路上遇見一群華工，面如菜色，憔悴不堪。他們抬着一具東主屍體，打算報官自首。原來華工受到東主虐待，三天不予飲食，更施加鞭打，工人群起反抗，東主遭到殺害。相隔不久後，該讀者閱報再發現，秘魯警察指控該批華工為暴亂分子，法庭亦加以定罪，無視他們被東主虐待的事實。讀者嘆說，秘魯如此苛待華人，中國不應容許他們繼續在華招工，他更希望清廷可以派遣領事到秘魯保護當地華工。[84]

對清廷的呼籲

清廷對苦力貿易的政策可分為兩個階段。在 1860 之前，清廷堅持嚴禁移民，不承認移民的合法性。其後在外國壓力下作出改變，1860 年遂有「廣州制度」之設，開始容許所謂自由移民。1866 年，清廷與英國及法國公使草擬招工章程條約 22 條，正式承認國人有移民外國的權利。[85] 然而，出洋華工仍然受到各種不人道的對待。陳言認為清廷責無旁貸，在報上再三提出廢止苦力貿易和派遣領事保護僑民。

1871 年 6 月 3 日，《中外新聞七日報》刊出〈保民說〉一文，指中國自與外國通商後，吸引不少外國人來華經商，他們所屬國家在中國內地設置領事館，部分國家更派遣公使級官員來華，說明西方國家對保護僑民的重視。反之，中國卻無此等措施，近年華人移居外國者甚眾，幾乎遍及世界各大商埠，其中以新舊金山、秘魯、古巴、檀香山和西印度等地的華民數量最多。華民長期飄零在外，自己國家卻無所支援，任由他們被外國人欺凌。文章呼籲說：「竊願中國朝廷念此蒸民實為邦本，雖已出版章之外，仍當存胞與之懷，毋謂已適異域，遂可膜外置之也」，促請清廷盡快實行領事保護制度，令海外華民得到保障。[86]〈保民說〉一文，最能展現陳言對海外華民的關愛，他本身亦是「版章之外」的一員，雖則人微言輕，仍盡力為同胞發聲。

陳言的保民主張涵蓋所有海外華人，古巴和秘魯的華工固然值得關注，舊金山華人同樣面對排華衝擊。1873 年 7 月 2 日的《華字日報》引述消息指，當地議院準備立法禁止華人運送骨殖回鄉，同時強制將犯法華人的髮辮割斷。[87] 1874 年 5 月 14 日的報導說，舊金山有 22,000 多美國人聯署要求政府修改與中國簽署的《蒲安臣條約》，禁止華人移居美國工作。[88] 陳言批評美國政府利用華人開墾舊金山，到地方富庶時則排斥華人，有違美國所謂「各國之民來斯，受之無不接納，殷勤視同氓，庶凡托宇下，即屬隸我版圖」的立國宗旨。[89]

舊金山華人有六大會館等組織支援，古巴和秘魯華工則長期孤苦無依，陳言不放過任何為他們爭取關注的機會。1872 年 6 月間，粵督瑞麟派遣砲艇到澳門附近執行緝私工作，引起澳門總督的激烈反應，警告粵方立刻撤離砲艇，否則會發動攻擊。陳言在《華字日報》刊登〈時事論〉一文，說澳門販賣華人出洋的活動猖獗，遺害鄉里，豬仔船實為最大的幫兇。他建議瑞麟禁止內地人員及船隻出入澳門，既能防範走私漏稅，亦有助遏止豬仔貿易，可謂一舉兩得。[90] 陳言心思靈敏，將瑞麟的緝私行動與豬仔買賣相提並論，希望藉廣東政府的力量，打擊澳門豬仔活動。

陳言發覺苦力貿易問題日益嚴重，清廷並無積極應對，不禁在報上有所宣洩。1873 年 2 月 7 日，《華字日報》引述外國消息指，美國最近移書西班牙政府，投訴其屬地古巴縱容人口販賣，要求西班牙政府正視相關問題。西班牙覆書美國，辭意謙和，表示惟美國是聽。陳言目睹美國為古巴華工發聲，自己國家卻似乎無動於衷，不禁嘆說：「澳門出洋為傭之事，雖不與此同，而亦若相類，中國何以置若罔聞，不贊一詞，夫是之謂棄民」。[91] 陳言對清廷的嚴厲控訴，掀動不少讀者的情緒。同年 5 月 9 日，有讀者〈來札〉說：「《香港華字日報》已屢言之，幾於痛哭流涕，奈當事者置若罔聞，褎如充耳也。」[92] 顯見社會人士認同報紙的工作，視其為輿論代表。

1873 年 5 月 2 日，陳言在報上提出幾項改善招募出洋華工的建議：一、由清廷設立類似中國海關的組織，委任外國人管理出洋華工事務；二、規定來華招工的國家，須於僱工之埠設立專職官員，協助當地華工處理傭僱問題；三、清廷於招工國家設立官署保護國民，官署開銷由招工國家及中國共同承擔；四、在落實以上措施之前，嚴禁外國在澳門進行招工；五、不准外國私自招工，所有招募活動必須遵循新法。文章總結說：「誠能如是以行，則何至委中國之民於洪波巨浸之中、僻壤窮鄉之所耶？當軸者其再三致意於此，為斯民造福也哉。」[93] 陳言關注苦力貿易多時，熟悉招工過程中的種種問題，特意擬出對策，讓當權者有所參考。

陳言對清廷的強烈呼籲，得不到回應，但他的努力並無白費，中外社會逐漸凝聚一股要求廢止苦力貿易的聲音，並且產生實質影響，為解決相關問題帶來一線曙光。

解決苦力貿易的轉機

1872-1873 年間發生兩宗嚴重的豬仔船事故，引起輿論關注，令苦力問題再次提升至國際層次。

1872 年 7 月初，一艘運送華工前往秘魯的商船「馬里亞老士」號（Maria Luz）行駛途中遇上故障，被迫停泊在橫濱港。船上一名華工跳船逃走，隨被附近的英國水兵救起。日本官員聯同當地華人僑領上船調查，發現船上共有 259 名華人，全部遭鐵鍊鎖腳，失去自由。日本政府釋放船上華工後決定起訴船長虐待罪，行動更得到英、美兩國領事的支持。[94] 陳言從 1872 年 8 月 30 日起開始跟進馬里亞老士事件。9 月 9 日的《華字日報》刊出一封橫濱讀者的〈來札〉，提到日本在 1862 年間亦曾發生國民被拐帶出洋事件，當時日本政府對豬仔犯子處以極刑，更將其親屬 180 多人流放，最後所有人餓死於富稽山中，自此以後，豬仔拐賣活動完全絕跡。讀者詰問，中國向以上國自居，為何罔顧國人被販賣出洋的事實，政府若肯推出重賞懸紅，再對犯法者施以重刑，豬仔犯子自然不敢以身試法。[95] 陳言借日本讀者之口，將苦力貿易問題的矛頭再次指向清廷，希望官員感到外國輿論的壓力。

另一宗豬仔船事故涉及德國輪船「發財」號（Fatchoy）。1873 年 1 月間，該船的美籍工程師向美國報館告發船上華工被虐殺事件，引起中外報章的廣泛報導。[96]《德臣西報》及《華字日報》分別於 4 月 7 日及 9 日刊載工程師告密信的內容。信中提到，發財輪船於 1872 年 8 月 29 日從澳門開往夏灣拿，船上載有 1,005 名華工。船隻航行近一個月後，華工發起騷動，船長開鎗射殺數人，鎮壓生事者。翌日船長將 150 人鎖錮及鞭打，工人被打到血肉淋漓，痛楚萬分。工程師形容華工被囚禁在狹小的船艙內，所受待遇極不人道。陳言對德國政府默許其輪船參與豬仔貿易感到失望，他嘆說：「吾獨不解，日耳曼自稱禮義之邦，而於己國之人販人作畜而不禁止，豈未聞之哉耶」。[97]

《德臣西報》刊出以上消息後，發財輪船的香港代理商謙信洋行（Paul Ehlers and Co.）於 4 月 8 日致函該報，投訴工程師指控不實。[98] 4 月 11 日，陳言在《華字日報》記述他親往港督官署跟進謙信洋行投訴的經過：

> 本館於昨接得是耗，訪之於督憲行轅，得悉本港督憲近日得接屬地外部大臣行文一函，內開外部侍郎所來文書，係由廈華拿（按：即夏灣拿）英國總領事所遞寄，論及發財火船拐販人口出洋一事。

堅尼地向陳言展示一封殖民地部大臣的信函，內有英國駐夏灣拿總領事的報告。總領事確認發財輪船有份參與販運人口的非法活動。[99] 陳言憤憤不平說：「噫！此事也，美國、英國皆為之不平，實由於惻隱之心所發，何中國當軸者褎如充耳，熟視若無睹也。」陳言對清廷的再三控訴，凸顯出現代報紙監察政治、為社會公義發聲的功能。

發財輪船的新聞驚動英國政府，殖民地部下令港督堅尼地調查有否英國商人參與其事，令香港成為幫兇。1873 年 4 月，堅尼地完成調查，並建議殖民地部在香港重新立法，加強打擊苦力貿易。[100] 是年 5 月中，港府推出一條名為《整頓華人出洋船隻例則》的條例，對在香港進行補給的船隻實行嚴厲管制。[101] 新例實施以後，所有運送華工出洋的船隻須得到港督批准，方可在香港進行補給。新例嚴重打擊澳門的載人出洋活動，當地豬仔館幾陷於停頓。

5 月 26 日，《華字日報》報導說，有苦力代理行利用條例漏洞，將載有華工的船隻先駛至舊金山，然後轉往古巴及秘魯等地，企圖瞞天過海。幸而美國領事識破苦力代理行的詭計，設法禁止船隻繞道澳門，成功堵塞漏洞。[102] 6 月 6 日，《華字日報》引述讀者來信說，最近澳門開設十多間優伶教習館，招牌寫上粵劇老倌的名號，對來報名人士奉以佳餚美食。學員不知其中蠱惑，失去防範，幾天後竟被迷藥暈倒，再被載去沙瀝販賣，據說每名豬仔可賣得 200 元。[103] 苦力貿易涉及澳門重大利益，陳言擔心相關活動死灰復燃，持續在報上跟進，加強大眾警覺。8 月 29 日，《華字日報》再有一篇報導說，近日澳門豬仔館生意甚為冷淡，整個 8 月份只有兩艘船隻從澳門出發，過往四處林立的豬仔館已相繼倒閉。澳門政府以為英國政府不會決心禁絕苦力貿易，不意對方果真雷厲風行，被殺個措手不及。[104]

受到香港《整頓華人出洋船隻例則》實施後的影響，澳門苦力貿易瀕臨崩潰，葡國政府在別無選擇下，最終於 1873 年 12 月 27 日宣佈全面禁止招工活動，結束長達 30 年的苦力貿易。[105] 與此同時，清廷對出洋華工問題的態度亦有所改變。1873 年 9 月間，奕訢向朝廷奏說：「旋閱新聞紙，內載古巴夏灣拏有陵虐華工情事，並美國使臣暨美國領事照會，均稱該處陵虐華工情形與新聞紙所言，大致相同。」[106] 他下令禁止西班牙設在廣州的招工館運作。西班牙領事否認指控，更要求清廷賠償招工館損失，[107] 事件釀成外交糾紛。雙方經多番交涉後，最終同意由清廷派員前往夏灣拿進行調查，[108] 陳蘭彬獲委總領調查工作。[109] 1874 年 3 月，陳氏在夏灣拿展開訪查，其調查報告促成清廷派遣領事駐紮古巴，為保護當地華人踏出重要一步。[110]

回顧苦力問題的得以解決，中外報人發揮很大的作用，他們凝聚社會輿論，迫使當權者作出實際回應，陳言更是其中的佼佼者。他在對抗苦力貿易問題上的堅持不懈，體現香港華人愛護同胞的情操，同時示範報人如何為社會上的弱勢社群爭取公義，意義重大。

小結

從第三章及本章的討論可見，陳言藉報紙建造一個專為華人爭取關注及未來發展的輿論平台，透過揭示各種社會問題及提出意見，啟發讀者思考，希望為社會及國家帶來改變。他的努力帶來一定的影響，例如他對港府政策的意見，部分獲得港府高層接受；他對廢止苦力貿易的呼籲，得到其他傳媒的響應，迫使清廷作出改變；他對西方法庭審理案件的報導，讓國人理解真正的法律精神。陳言藉報紙爭取改變的工作，印證新聞及言論自由對推動社會進步的重要性，對報業發展影響深遠。

註釋

1 參黃鴻壽：《清史紀事本末》（民國三年〔1914〕石印本），卷 50，〈同治中興〉，頁 1-6；蕭一山：《清史》（台北：華岡出版有限公司，1980），頁 135-138；徐中約：《中國近代史》（香港：香港中文大學出版社，2012），上冊，頁 265、280-282。

2 左宗棠：《左宗棠全集》（長沙：岳麓書社，2009），冊 3，《奏稿 3》，〈擬購機器雇洋匠試造輪船先陳大概情形折〉，同治五年五月十三日（1866 年 6 月 25 日），頁 52。

3 見《籌辦夷務》，卷 57，〈沈葆楨奏造船開工日期陳明船廠情形摺〉，同治七年二月二日（1868 年 2 月 14 日），頁 2310-2313；卷 69，〈崇厚奏遵旨勘驗萬年清輪船摺〉，同治八年十月八日（1869 年 11 月 11 日），頁 2783-2784。

4 《華字日報》，1872 年 12 月 18 日。原文刊於 *New York Times*, 8 October 1872, p. 4。

5 朝廷內部對福州船政局的爭議在 1872 年已然浮現，內閣學士宋晉批評福州自製輪船缺乏效用，建議清廷關閉造船廠。事件引發激烈爭論，最後由軍機大臣奕訢一錘定音，力勸朝廷「不可惑於浮言，淺嘗輒止」，爭議才暫告息止。見《籌辦夷務》，卷 84，〈宋晉奏閩省上海輪船請飭暫行停止奏〉，同治十年十二月十四日（1872 年 1 月 23 日），頁 3407；卷 87，〈奕訢等又船廠不可惑於浮言淺嘗輒止摺〉，同治十一年六月二十八日（1872 年 8 月 2 日），頁 3514-3516。

6 《華字日報》，1874 年 2 月 13 日。

7 參沈傳經：《福州船政局》（成都：四川人民出版社，1987），頁 158-161。

8 Prosper M. Giquel, *La politique française en Chine depuis les traités de 1858 et de 1860* (Paris: Librairie-guillaumin-et-cie,-paris, 1872)。書名可譯為《1858 年及 1860 年中法簽訂條約後的對華政策》。

9 《華字日報》，1874 年 3 月 4 日。

10 同上，1874 年 5 月 27 日。

11 魏源著，魏源全集編輯委員編校：《海國圖志》（長沙：岳麓書社，2004），卷 2，〈籌海篇三〉，頁 27-28。《海國圖志》首發 50 卷本刊於 1844 年，1849 年刊印時增至 60 卷，1867 年的刊本再增至 100 卷。該書在中國及日本流傳甚廣，對自強運動影響巨大，相信陳言亦有所涉獵。

12 馮桂芬：《校邠廬抗議》（上海：上海書店出版社，2002），〈制洋器議〉，頁 48-51。

13 同上，頁 50。

14 英國早在 1850 年已向清廷要求在台灣開採煤礦。見中央研究院近代史研究所編：《道光咸豐兩朝籌辦夷務始末補編》（台北：大通書局有限公司，1984），〈閩浙總督劉韻珂等片〉，道光三十年九月二十六日（1850 年 10 月 30 日），頁 35-36。

15 Raphael Pumpelly, *Geological Researches in China, Mongolia, and Japan, during the years 1862-1865* (Michigan: University of Michigan; New York: Cornell University, 1995), Preface iii & iv. 奔卑來及李希霍芬在中國內地勘礦經過另參章鴻釗：《中國地質學發展小史》

（上海：商務印書館，1935），頁 5-6。

16《德臣西報》，1871 年 6 月 3 日，頁 5。

17《中外新聞七日報》，1871 年 6 月 10 日。〈開煤礦論〉後來收錄在王韜 1875 年出版的《甕牖餘談》之中，文章改稱為〈煤礦論〉。該文的內容主要出自《倫敦及中國快訊》所載的勘探報告，相信是由陳言先作翻譯，再由王韜潤色。見王韜：《甕牖餘談》（上海：大達圖書供應社，1935），〈煤礦論〉，頁 34-35。

18《中外新聞七日報》，1871 年 6 月 17 日。

19 同上，1871 年 6 月 24 日。

20 同上，1871 年 7 月 1 日。

21 見《籌辦夷務》，卷 50，〈總理衙門條說六條〉，同治六年九月十五日（1867 年 10 月 12 日），頁 2126。

22 同上，卷 72，〈奕訢等奏英使威妥瑪請於沿海水底暗設銅線摺〉，同治九年五月八日（1870 年 6 月 6 日），頁 2908-2909。

23《華字日報》，1874 年 2 月 23 日。

24 同上，1874 年 5 月 27 日。

25 1867 年中外修約期近，奕訢恐外國借機要求開辦銅線及鐵路，曾奏請飭令各疆臣妥籌對策。時人稱電報為「銅線」。朝廷商議經過參李國祁：《中國早期的鐵路經營》（台北：中央研究院近代史研究所，1961），頁 18-24。

26 見《籌辦夷務》，卷 54，〈曾國藩奏議覆修約事宜摺〉，同治六年十一月二十三日（1867 年 12 月 18 日），頁 2227。

27 見顧廷龍等編：《李鴻章全集》，冊 32，〈信函四・覆郭筠僊星使〉，光緒三年六月一日（1877 年 7 月 11 日），頁 75-76。李鴻章在信中重提他於 1874 年謁見奕訢請求試辦鐵路之事。

28《華字日報》，1873 年 3 月 24 日。

29 同上，1873 年 8 月 25 日。

30 同上，1873 年 10 月 17 日。

31 同上，1874 年 1 月 28 日（原件第二頁報頭日期錯印為 1874 年 1 月 26 日）。

32 同上，1874 年 1 月 28 日。

33 參金士宣、徐文述編著：《中國鐵路發展史：1876-1949》（北京：中國鐵道出版社，2000），頁 9-10。

34 見《李鴻章全集》，冊 5，〈奏議五・試辦招商輪船折〉，同治十一年十一月二十三日（1872 年 12 月 23 日），頁 257-258；冊 30，〈信函二・致總署：論試辦輪船招商〉，同治十一年十一月二十三日（1872 年 12 月 23 日），頁 484。

35 張後銓主編：《招商局史（近代部分）》（北京：人民交通出版社，1988），頁 49。

36《潮連鄉志》，頁 149。

37《華字日報》，1873 年 10 月 31 日。

38 同上，1873 年 10 月 29 日。

39《招商局史（近代部分）》，頁 42-43。

40 同上，頁 100。

41《華字日報》，1873 年 10 月 31 日

42 同上，1874 年 3 月 6 日。

43 夏東元編：《鄭觀應集・救時揭要（外八種）》（北京：中華書局，2013），《易言》，〈論商務〉、〈論開礦〉、〈論火車〉、〈論電報〉，頁 74-84。

44 王韜：《弢園尺牘》（北京：中華書局，1959），〈上丁中丞〉，頁 107-108。

45 明治維新運動參林明德：《日本近代史》（台北：三民書局，2014），頁 47-75。

46《華字日報》，1873 年 4 月 4 日。日本於 1872 年底發佈「徵兵告諭」，宣佈四民平等，人人皆須服兵役，翌年 1 月正式宣佈全國徵兵令。

47 同上，1873 年 8 月 15 日。

48 鐵路、採礦、煤氣三條見《華字日報》，1872 年 7 月 22 日。

49 同上，1872 年 12 月 20 日。

50 同上，1873 年 4 月 4 日。

51 同上，1873 年 10 月 17 日。當日報章講述中國鐵路發展遇到的問題，陳言指出：「況乎鐵路輪車於中國大為有益，他日中國不作，則近中國各地必有作之者，與其人為而為，何如今日自我而先為之乎？」

52 同上，1874 年 6 月 6 日。

53《日本近代史》，頁 101-102。

54《華字日報》，1872 年 7 月 5 日。

55 同上，1874 年 2 月 2 日。

56《日本近代史》，頁 28-29。

57《華字日報》，1873 年 3 月 7 日。

58 同上，1874 年 7 月 16 日。日本於 1873 年開始着手改革國內法律，藉此要求各國取消領事裁判權，最終在 1894 年 7 月 16 日與英國簽署《日英通商航海條約》，正式取消治外法權，參 James E. Hoare, *Culture, Power & Politics in Treaty Port Japan, 1854-1899: Key Papers, Press and Contemporary Writings* (Folkestone: Renaissance Books, 2018), pp. 361-379。

59 郭嵩燾及曾紀澤曾分別於 1877 年及 1887 年向清廷提出改善治外法權的建議。參 John K. Fairbank, *The Cambridge history of China. Vol.11, Late Ch'ing, 1800-1911* (Cambridge MA:

Cambridge University Press , 1980), Part 2, pp. 194-195。

60《華字日報》，1872 年 11 月 11 日、1874 年 6 月 6 日。

61 同上，1873 年 1 月 6 日、1 月 8 日、4 月 4 日、12 月 20 日。

62 同上，1873 年 1 月 6 日

63 同上，1873 年 7 月 11 日。

64《日本近代史》，頁 62-64。

65〈制洋器議〉，頁 77。

66《李鴻章全集》，冊 4，〈奏議四・遵議日本通商事宜片〉，同治九年十二月一日（1871 年 1 月 21 日），頁 216。

67 除個別標注外，苦力貿易的背景參顏清湟著，粟明鮮、賀躍夫譯：《出國華工與清朝官員：晚清時期中國對海外華人的保護（1851-1911 年）》（北京：中國友誼出版公司，1990 ），頁 35-52；元邦建：《澳門史略》（香港：中流出版社，1988），頁 144-153；Benjamin N. Narvaez, "Chinese Coolies in Cuba and Peru: Race, Labor, and Immigration, 1839-1886", pp. 95-127。

68 時人以豬仔來形容出洋華工，例如有讀者來函說：「拐誘人口出洋傭工，將人作畜名曰豬仔，此其立心之奸險，行事之殘酷，苛刻慘毒所不忍言」，見《華字日報》，1873 年 5 月 9 日。

69 *New York Herald*, 31 January 1873, p. 6.

70《中外新聞七日報》，1871 年 10 月 14 日。

71 *HC Parliamentary Papers*, Correspondence respecting the Macao Coolie Trade and the Steamer "Fatchoy", "The Earl of Kimberley to Governor Sir Kennedy", 9 November 1872, p. 1.

72《華字日報》，1872 年 6 月 19 日。

73《華字日報》指的招工章程是指 1866 年清廷宣佈的《續定招工章程條約》（又稱《北京章程》）。參《出國華工與清朝官員：晚清時期中國對海外華人的保護（1851-1911 年）》，頁 105-114；《續定招工章程條約》見《中外舊約章彙編》，頁 242-246。

74《華字日報》，1872 年 7 月 8 日。

75 同上，1873 年 2 月 3 日。當日報紙說：「澳門西洋督憲現將出洋傭工設立善法告示一則寄付本館刊錄。」

76 同上，1873 年 5 月 7 日。

77 同上，1873 年 5 月 9 日。

78《中外新聞七日報》，1871 年 3 月 25 日。

79《華字日報》，1872 年 11 月 11 日。

80 同上，1872 年 10 月 4 日。

81 同上，1873 年 5 月 2 日。《華字日報》文章譯自 *New York Herald*, 31 January 1873, p. 6。

82 見《籌辦夷務》，卷 91，〈奕訢等奏請派員往查日國有無陵虐華工情事摺〉，同治十二年八月一日（1873 年 9 月 22 日），頁 3679-3681。

83《中外新聞七日報》，1871 年 4 月 8 日。

84《華字日報》，1873 年 11 月 19 日。

85 參《出國華工與清朝官員：晚清時期中國對海外華人的保護（1851-1911 年）》，頁 81-114。

86 當時時人對設置駐外領事的意見不一，例如王韜在其〈設官泰西下〉中說：「是則領事之設，亦惟虛位備員而已，于海外之民曾亦何補？一有齟齬，反足以損國體而失國威」。見王韜：《弢園文錄外編》（北京：中華書局，1959），卷 2，〈設官泰西下〉，頁 54-55。

87《華字日報》，1873 年 7 月 2 日。舊金山六大華人會館分別為岡州、寧陽、合和、三邑、陽和、人和會館，又稱「華人六大公司」（Chinese Six Companies）。參楊國標：《美國華僑史》（廣州：廣東高等教育出版社，1989），頁 130-136。

88《華字日報》，1873 年 7 月 2 日、1874 年 5 月 14 日。1868 年，原任美國公使蒲安臣獲清廷委任出訪歐美諸國，於是年 7 月 28 日與美國政府簽訂《蒲安臣條約》，容許兩國人民互相往來，享有移民、貿易、居住等權利。參王國強：〈華僑史視野下的《蒲安臣條約》〉，載於《歷史教學》，2003 年第 11 期（2003 年 11 月），頁 22-26。

89《華字日報》，1873 年 6 月 23 日、7 月 21 日。

90 同上，1872 年 6 月 24 日。

91 同上，1873 年 2 月 7 日。

92 同上，1873 年 5 月 9 日。

93《華字日報》，1873 年 5 月 2 日。相關建議是陳言在譯錄《紐約先驅報》的報導後提出。文章後來收錄在陳翰笙主編：《華工出國史料匯編》（北京：中華書局，1980-1985），第 6 輯，頁 111。

94 馬里亞老士事件經過參《華字日報》，1872 年 9 月 9 日；胡連成：〈1872 年馬里亞老士號事件研究：近代中日關係史上的一件往事〉，載於《暨南學報》，2004 年第 6 期（2004 年 6 月），頁 108-115。

95《華字日報》，1872 年 9 月 9 日。當日報紙稱 8 月 30 日的一期刊出馬里亞老士號的報導，該期現已不存。

96 報導原刊於美國 *New Orleans Republican*，後被多份中外報章轉載，《德臣西報》於 1873 年 4 月 7 日刊載信件內容，聲稱引自《日本公報》（*Japan Gazette*）。《德臣西報》，1873 年 4 月 7 日，頁 3。

97《華字日報》，1873 年 4 月 9 日。

98 謙信洋行的投訴信見 1873 年 4 月 9 日的《德臣西報》。該報翌日刊登〈發財號真相〉

（“Fatchoy Revelation”）一文，駁斥謙信洋行的論據。《德臣西報》，1873 年 4 月 9 日，頁 3、10 日，頁 2-3。

99《華字日報》，1873 年 4 月 11 日。殖民地部的信函及英國與美國駐夏灣拿領事的通信見 *HC Parliamentary Paper*, Correspondence respecting the Macao Coolie Trade and the steamer “Fatchoy”, “The Earl of Kimerley to Governor Sir A. Kennedy”, 9 November 1872, pp. 1-4。

100 Ibid, “Governor Sir A. Kennedy to the Earl of Kimerley” , 25 April 1873, pp. 7-8.

101《華字日報》，1873 年 5 月 14 日。

102 同上，1873 年 5 月 26 日。

103 同上，1873 年 6 月 6 日。

104 同上，1873 年 8 月 29 日。

105《出國華工與清朝官員：晚清時期中國對海外華人的保護（1851-1911 年）》，頁 120。

106《籌辦夷務》，卷 91，〈奕訢等奏請派員往查日國有無陵虐華工情事摺〉，同治十二年八月一日（1873 年 9 月 22 日），頁 3679-3681。

107 西班牙廣州招工館事參《華工出國史料匯編》，第 1 輯，冊 2，〈廣東稅務司申報西班牙招工案節略〉，同治十一年一月至同治十三年八月（1872 年 2 月至 1874 年 9 月），頁 555、557。

108 參《出國華工與清朝官員：晚清時期中國對海外華人的保護（1851-1911 年）》，頁 121-122。

109《籌辦夷務》，卷 91，〈奕訢等奏請派員往查日國有無陵虐華工情事摺〉，同治十二年八月一日（1873 年 9 月 22 日），頁 3680。

110 調查報告見《華工出國史料匯編》，第 1 輯，冊 2，〈古巴華工事務各節〉，頁 581-650。

05

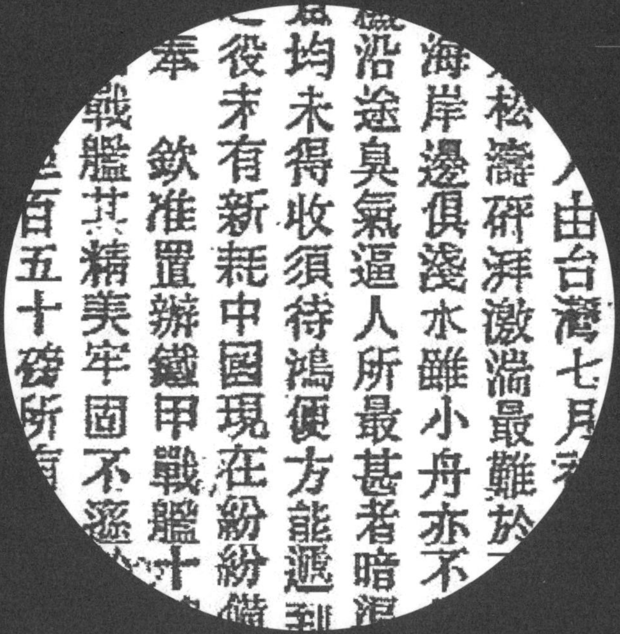

陳言對日軍侵台的報導

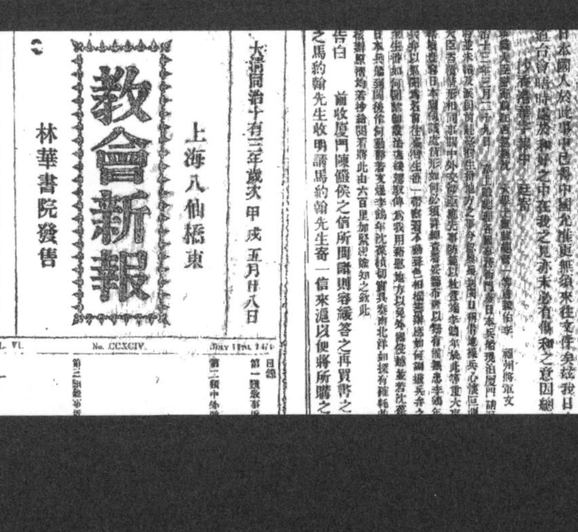

大清同治十有三年歲次甲戌五月廿八日

教會新報

上海八仙橋東

林華書院發售

耶穌降生一千八百七十四年七月十一日

VOL. VI. No. CCXCIV. July 11th 1874.

告白　前收廈門陳儼侯之信所問諸則容緩答之……

之馬約翰先生收明請馬約翰先生寄一信來滬以便將所贈之……

在創辦《華字日報》之初，陳言承諾為讀者提供廣博全面、近時及真確的優質新聞。該報對 1874 年日軍侵佔台灣的報導，最能體現陳言對新聞質素的追求。是次軍事衝突發生於 4 月間，日本政府以代琉球懲治生番為由進攻台灣番社。[1] 事件引起陸港兩地報館爭相報導，激發一場新聞競賽。本章先分析《華字日報》對日軍侵台事件的報導，然後比較它與《申報》的表現，最後交代陳言在戰事期間的特別遭遇。

《華字日報》的報導特色

《華字日報》對日軍侵台的報導呈現三大特色：其一、陳言在日本醞釀出兵初期已有察覺，並在報上作出適時預告；其二、他設法取得內幕資料，讓讀者得知事件的第一手資訊；最後，他親自前往台灣進行採訪，將現場最新消息公諸於世。

1871 年 12 月，一艘琉球船隻因風暴漂流到台灣東南岸，船上 60 名漂民遇上生番，54 人遭殺害，其餘各人獲得當地漢人救助，被送到台灣府後，最後經福州琉球館安排回國。「琉球漂民」事件成為 1874 年日本出兵台灣，懲治生番的借口。下表簡述是次軍事衝突的發生經過：

1874 年	事件
4 月 27 日	日軍首批 270 名士兵正式從日本出發，其餘於 5 月 2 日陸續啟程。[2]
4 月 28 日	日軍中將西鄉從道（1843-1902）向台灣府發出照會，聲稱 54 名琉球船民遭生番殺害，他受日本政府之命對肇事生番「稍示應懲」。
5 月 7 日	兩艘日本火輪船駛至台灣琅璚港口停泊，20 名洋人及 800 多名日軍登岸。[3]
5 月 14 日	總理衙門向清廷匯報日軍侵台消息，清廷命沈葆楨赴台查看。
5 月 22 日	日軍對石門生番發動攻擊，擊斃包括牡丹社頭目在內的 12 名生番。[4]
5 月 29 日	正式委任沈葆楨為「欽差辦理台灣等處海防」，有權節制福建省各官員。
6 月 2 日	日軍集結約 2,400 名士兵分三路進攻番社，生番不敵逃散。日軍焚毀牡丹社、高士佛社、加芝成社和竹仔社等各處，並屯踞於牡丹社。
6 月 3 日	沈葆楨提出聯外交、儲利器、儲人材、通消息等四項措施應對日軍行動。他同時要求清廷調派黎兆棠赴台協助防務。沈氏於 6 月 17 日抵台。[5]
6 月 21 日	沈葆楨派下屬潘霨（1862-1894）和夏獻綸（?-1879）與西鄉會面，並要求日軍退兵，西鄉聲稱要請示日本政府。
7 月 25 日	清廷接納李鴻章建議，決定派出由唐定奎（1833-1889）率領的 6,500 名鐵甲兵赴台，大軍於 9 月 26 日在鳳山縣登岸。[6]
8 月初	台灣發生嚴重疫症，不少日軍受到感染，死者眾多。疫情至 11 月仍未受控，沈葆楨稱日軍歸心似箭。[7]
8 月 19 日	日本全權辦理大臣大久保利通（1830-1878）到達上海，與清廷官員談判如何處理日軍在台問題。[8]
10 月 31 日	中日政府在英國公使威妥瑪（Thomas F. Wade, 1818-1895）調停下達成《互換條約》。中方應允賠償 500,000 兩，日軍承諾於 12 月 20 日前離開台灣。[9]

日軍侵台事件有幾點特別之處。首先，中國一向不承認琉球屬日本藩國，日本代琉球出兵懲治台灣生番，[10] 意欲迫使中國接受其為琉球宗主國。其次，清廷對日軍侵台反應緩慢。香港和內地報章從 4 月開始已陸續報導相關消息，李鴻章亦多次向總理衙門提出日本有攻擊台灣意圖，[11] 但清廷到 5 月 14 日才下令沈葆楨赴台偵查。沈氏認為台灣守軍難以應戰，[12] 需待唐定奎軍隊支援。唐軍至 9 月底才抵達，其時和談已然展開，中日軍隊從未接戰。再其次，日本軍隊

受到疫症困擾，士無鬥志。清廷也缺乏抗衡日本的信心，寧願賠償日本軍費，破財消災。

早着先機的報導

陳言一向關注日本的維新運動，連帶所及，對日軍侵台的舉動亦早有警惕。他在日本醞釀出兵初期，已多番在報上作出預示。

1873 年 3 月 21 日，日本使臣副島種臣（1828-1905）啟程赴華，[13] 準備與清廷互換《中日修好條規》條約。3 月 28 日，陳言引述日本某日報消息說，日本遣使來華，除互換和約外，更打算為琉球追討台灣生番殺人的責任。日本公使的要求可能令清廷陷於兩難，原因是生番居所隱秘，不易追查，但假如清廷拒絕有關要求的話，又不免影響兩國關係。[14] 日本以琉球宗主國自居，欲為琉球船民詰責中國的消息觸動陳言。4 月 2 日的《華字日報》刊文指，琉球自古向中國進貢，[15] 清朝開國之初，琉球率先歸附，無疑為中國藩屬。琉球船民在台灣遇害，應由中國撫恤，不容日本置喙。日本派遣使臣到中國內地相詰，無端生隙，似有欺負中國之嫌。[16] 陳言刊出此文，特意從歷史角度考察中國與琉球的藩屬關係，希望一正外界視聽。

1873 年 5 月 9 日，陳言再提到另一則日使訪華的消息，說日本京都某日報主筆最近致函向美國報館表示，日本政府將派遣使臣到中國大陸索取台灣，令其歸入日本版圖。陳言不太相信該宗新聞，認為「殆好事者之傳聞歟」。[17] 事實上，該名主筆的消息並非空穴來風，據副島種臣所記，他的中國之行是「使清人甘讓生番之地，開疆地、得民心」。[18] 9 月 1 日，陳言再轉錄日本報紙消息指，日本駐中國領事對外表示，琉球雖然長期納貢於中國，但中國政府對琉球事務素不理會，日本才是琉球的真正宗主國。陳言反駁說，若琉球遭外侮而向中國求助，中國必會遣使協助琉球處理問題，日本領事不應散播失實言論。[19]

日本有意向中國尋釁的新聞，時任上海江關道沈葆楨也有所聞，[20]他曾知會李鴻章相關報導，但李氏認為清廷已要求閩省督撫查辦生番殺人之事，不相信日本政府會挑起事端。他更對福建巡撫王凱泰（1823-1875）說：「誠如尊論，新聞紙所刊中外交涉事件，非私意揣度，即虛聲恫喝，大抵皆無識華人為之播弄，固不足深論也。」[21]李鴻章專辦洋務，亦稱辦報者為「無識華人」，可見官員們對當時報紙的印象。副島種臣與李鴻章會面之時，並未談及生番戕害琉球人之事，副島會後卻派隨員柳原前光（1850-1894）到總理衙門詰問。官員毛昶熙（1817-1882）向柳原解釋，生番乃是化外野蠻，極難治理。柳原表示，中方既然不打算採取行動，日本政府會自行處理。[22]毛氏以為日本不過是「擬遣人赴生番處說話各情」、「其意皆非為用兵」，並未意會到日本有出兵之意。[23]總理衙門官員的回應，正中日本政府的下懷，令他們的侵台計劃再無顧忌。

副島種臣回國後，開始籌劃出兵台灣的軍事行動。當時日本國內發生所謂「征韓論」的爭議，事件亦成為日本出兵台灣的導火線。[24]1874年3月23日，陳言在《華字日報》報導說，副島向朝廷提出兩項對外方略，一是進攻台灣生番，二是出兵韓國。朝中官員大多認為，韓國軍備充實，若真正與其開戰，可能難以馬上取勝；反之，台灣防守薄弱，日軍必能迅速制勝，到時軍隊凱旋歸國，既可振奮人心，亦可消弭國內軍民對討伐韓國的躁動。[25]事情發展至此，陳言對日本出兵台灣之舉已然有所警惕。

4月4日，日本政府任西鄉從道為陸軍中將及台灣番地事務都督，準備率兵前赴台灣。8日，陳言在《華字日報》引述消息說，日本宰臣於3月31日召集軍隊，在校場上頒諭，指台灣生番啟釁尋怨、劫掠貨財、戕賊人命，下令軍隊同聲敵愾，為死者洗冤。日本政府準備派出三艘戰艦及 15,000 名軍兵前赴台灣。陳言評論說：

> 且台灣一島，久已逮于中國版圖，便果梗命不化，胡弗先請中國使革其頑蒙，順其性命，亦可見於中國，得盡友誼之誠，而又不失為忠恕之道。[26]

他更認為日本出兵並不理智，徒耗巨大財帛，最後更可能激發內亂。陳言雖然佩服日本的改革措施，但在維護國家主權上表現堅定。

陳言得悉日軍出兵的消息後，轉而留意列強對事件的反應。1874 年 5 月 2 日，他引述日本某報消息指，美國是現時唯一支持日本攻擊台灣的國家，俄國已表態反對，其他列強亦將跟隨俄國的決定。該日本報紙更揭露有美國官員參與日軍行動：

> 且美國不止下民從其效力也，官員尚有從之，前任美國之台灣領事李珍大將軍後見用於日本國，遂至辭職，聞是役之興，是其主謀，今竟為之效命焉。[27]

李珍大（Charles W. L. Gendre, 1830-1899，亦有譯作李仙得）原為美國駐廈門領事，兼管台灣事務。1872 年 11 月伊始，他向日本政府呈交數十份關於台灣的「覺書」（即備忘錄），分析侵略台灣的軍事及外交部署，[28] 實際是事件的幕後軍師。

及後，陳言再連續多期報導李珍大的消息。5 月 4 日的一期說，李珍大已獲日本政府委任為日軍侵台參贊，並得到日皇接見，授予最高榮譽象徵的佩劍。[29] 8 日的報導指，美國公使近日曉諭在日僑民，不准以船隻或其他方式參與日軍攻台行動，矛頭似乎指向李珍大。11 日的報導再跟進說，美國公使已札飭李珍大撤任內調，不准他繼續效力日本政府。[30] 美國政府不支持攻擊台灣的態度，[31] 對日本出兵的行動帶來衝擊。日本政府曾命西鄉暫停出兵，西鄉卻一意孤行。日本政府內部的矛盾，造成對外訊息混亂，《華字日報》及《申報》皆曾報導日本停止出兵的消息，[32] 其實日軍的先頭部隊已於5月初抵達台灣。

從以上報導可見，陳言自1873年初已留意日本政府的對華動向，對日本公使來華、琉球主權言論、「征韓論」、日軍誓師情況，以及李珍大等的消息，皆能作出適時報導，反映其敏銳的新聞觸覺，顯見並非「無識華人」。反之，清廷對事件反應遲緩，總理衙門到5月14日才向軍機處匯報日軍侵台事件，軍機處訓斥閩浙總督李鶴年（1827-1890）「於此等重大事件，至今未見奏報」。[33] 陳言身處香港一隅，所得訊息比福建官方更為迅捷，清廷情報系統的缺陷，可見一斑。

第一手消息

1874年4月後，日本出軍赴台灣的消息傳得沸騰，中外報紙競相報導。其時陸港兩地的報館規模及資源有限，難以派遣記者進行現場採訪，官府亦不會主動發佈新聞，更視內部公文為國家機密。陳言在此場新聞競賽中突圍而出，善用他的個人資源，取得第一手消息，讓公眾得知事態最新發展，體現他所謂「知無不言，言無不盡」的新聞理念。

5月8日的《華字日報》曾報導美國公使對其僑民發出的曉諭，後來陳言得到曉諭的全部內容，並在6月9日的報上譯錄原文：

> 日本近有侵犯台灣之舉，而台灣原屬中國土宇，故特行照會。⋯⋯凡美國人概不得相助日本國，以傷中美兩國和好，而

所為之事，亦當按美國條例以及中美和約恪守而行為。此示諭汝等，若有故違，即非美國子民，我美國斷不保護。

該份曉諭立場清晰，承認台灣屬中國領土，不容許美國人參與攻擊台灣的行動。陳言在翌日的報紙交代文件來源說：「其曉諭本館係由官憲處鈔出，確無疑異」，[34] 可見他借助人脈關係，從官方渠道抄得曉諭內容，讓讀者得窺全豹。

5 月 14 日，總理衙門向清廷提議派員前赴台灣處理日軍事件。軍機處同日發出〈廷寄〉，指「生番地方，本係中國轄境，豈容日本窺伺」，並下旨：

着派沈葆楨帶領輪船兵弁，以巡閱為名，前往台灣生番一帶察看，不動聲色，相機籌辦。應如何調撥兵弁之處，着會商文煜（?-1884）、李鶴年及提督羅大春（1833-1890）等，酌量調撥。[35]

該份〈廷寄〉上諭揭示清廷應對日軍侵台的策略，它不欲開啟戰釁，所以令沈葆楨不動聲色，前往台灣查察。但為防一旦開戰，軍機處同時指示閩省官員作出戒備，準備隨時支援沈氏。在生番問題上，軍機處囑咐沈葆楨聯絡生番頭目，設法撫綏駕馭，令其為朝廷所用，共同捍衛外敵入侵。

〈廷寄〉為軍機處發給外省官員的皇帝密諭，屬高度機密文件，具嚴格的保密程序，外省官員收到〈廷寄〉後，必須在內署封存，不得外傳。[36] 然而，這份 5 月 14 日〈廷寄〉的英文翻譯，卻出現在 6 月 24 日的《德臣西報》之上，報紙指消息來自福州聯絡員。[37] 翌日（6 月 25 日）的《華字日報》隨即刊出〈廷寄〉全文，同樣標示「由

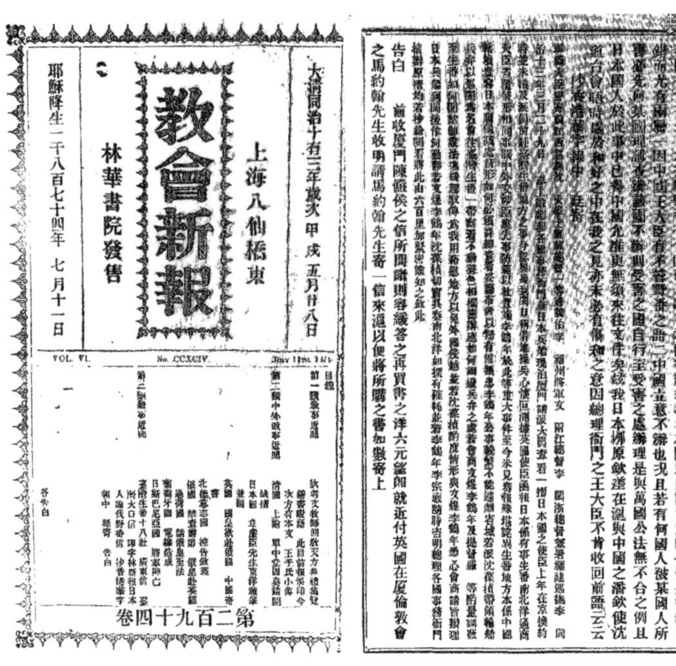

大清同治十有三年歲次甲戌五月廿八日

上海八仙橋東

教會新報

林華書院發售

耶穌降生一千八百七十四年七月十一日

VOL. VI. No. CCXCIV.

第二百九十四卷

告白　前收廈門陳儼侯之信所問識則容緩答之再買書之洋六元鑒角就近付英國在廈倫敦會之馬約翰先生收明請馬約翰先生寄一信來滬以便將所購之書如數寄上

《教會新報》1874 年 7 月 11 日

轉錄《華字日報》洩露的清政府〈廷寄〉

福州寄來消息」。[38] 當日報紙同時刊載沈葆楨 6 月 3 日的奏摺，[39] 內容涉及沈氏防務台灣的整體策略，包括聯外交、儲利器、儲人材和通消息等。為增強海防力量，沈氏同時奏請清廷購賣兩艘鐵甲船。[40] 軍機處的〈廷寄〉展示清廷應對日軍侵台的立場及方針，沈葆楨的奏摺涵蓋具體的防務計劃，兩份文件連繫緊密。7 月初，上海《教會新報》和《匯報》先後轉錄《華字日報》的〈廷寄〉全文，[41] 令清廷的對台防務計劃公諸於世，震動北京官員。

台灣實地報導

陳言在採訪日軍侵台的工作上續有新猷。他於 7 月底離開香港，先赴廈門再到台灣，並把在廈門及台灣的訪聞報告寄回香港，讓《德臣西報》及《華字日報》刊載。

8 月 5 日，《德臣西報》刊出〈台灣戰事〉一條，聲稱消息來自報館的廈門特派記者。[42] 兩日後的《循環日報》透露該名特派記者實為陳言。[43] 陳言的報導說，他從香港出發，經水路兩日後到達廈門，正在當地等待水師提督的兵船接載到台灣。陳言又說，近日有傳清廷已於 6 月 21 日向日本發出最後通牒，要求日軍百日內撤離，但日本要求中國賠贖軍費，方肯撤兵。另據聞日軍最近由琅璠開闢一條道路至台灣東面，沿途派有士兵駐守，似乎有心久戰。朝廷正加緊部署台灣及沿海的防務，措施包括：清廷將撥 800,000 元鋪設由台灣至廈門的電報線；台灣府已集結近萬名精兵，可以隨時開赴戰場；李鴻章計劃調派 7,000-8,000 名軍士赴台支援；廣東和漳州方面亦將調動 5,000-6,000 名士兵到台灣協防；廈門更在沿海炮台設置大炮，隨時可攻擊敵人戰艦。陳言重申，日本聲稱台灣不屬中國領土之說有違《萬國公法》，呼籲日本先處理國內亂事，不要對外妄動干戈。

陳言在廈門獲得的消息大致無訛，李鴻章於 7 月底已準備從徐州調派 6,500 名武毅銘軍前赴台灣，福州將軍文煜亦開始在福州和廈門加建炮台。[44] 陳言在廈門的報導吸引了其他報館注意，《申報》於 8 月 13 日節錄該段新聞，並稱消息來自「香港德臣西字報館近特派西友赴台報事」，[45] 顯然不知道這篇報導出自陳言親訪。

陳言在廈門停留期間，繼續將訪查報告發送至香港。《德臣西報》在 8 月 10-12 日間連續三天刊出陳言在廈門收集的消息。當中提到，李珍大從日本到達廈門後，被美國憲兵拘押至美國領事館接受審訊。當地有傳聞，稱李珍大是被清廷官員設局引誘至廈門。陳言認為有關傳言未必屬實，但他相信美國領事會信守中美條約，不會支持日本侵犯中國主權。[46]

陳言在廈門停留十天後，乘坐官方船隻赴台，並於 8 月 12 日登岸。8 月 20 日 的《華字日報》刊出〈本館主人郵寄消息〉說：

> 現在日兵屯駐於台者，我國官憲仍以懷柔之心，宣佈朝廷寬大恩德，故仍未與之兵刃相見，⋯⋯邇來日人以是亦稍知我軍威，由此而振，特有退兵之意云。[47]

陳言透露中國和日本軍隊並未接仗，但日軍已有撤退之意。他又提到，沈葆楨等到達台灣不久，便與生番頭目陳安生會面，實行「逐漸撫綏，庶不為彼族所劫持」，[48] 不讓日軍有機可乘。

8 月 21 日，《華字日報》再刊載陳言從台灣寄來的消息說：「本館主人由台灣七月初一日（8 月 12 日）付來札云，前由廈門乘炮船抵台郡，由安平地方攏岸，此地波浪甚惡，直豎如山」。陳言對安平的印象甚差，形容該處為一個恐怖的黑洞，市面街燈不足，地上溝渠處處，一不留心便會掉落坑渠。他每次出行，皆會燃起香煙，否則臭氣難當。陳言提到台灣戰事消息說，日軍方面未有動靜，中國則繼續增強軍力，他聞悉朝廷已批准購買十艘鐵甲戰艦，[49] 並打算向外國借貸 30,000,000-40,000,000 兩銀，用作充實軍力之用。據他的了解，中國戰艦的實力已不遜於歐洲各國，大炮艇的火力可以摧堅挫鋭，小炮艇則以速度取勝。上海船局亦已建造好兩艘戰艦，其中一艘將會駛來台灣候命，不日可到。[50]

由於現存《華字日報》在 8-9 月間佚缺甚多，相信以上報導僅是陳言在台灣的部分採訪紀錄，但已反映他在追求新聞質素上的進

本館主人由台灣七月初一日付來札云　前由廈門乘砲船抵臺郡由安平地方攏岸此地波浪患怒直竪如山立振
聲若松濤砰湃激湍最難於下錨輪船至此斷不敢偃熄爐火以備不虞其浪聲直聞於十二里許真有呼吸萬里之勢
沿海岸邊俱淺水雖小舟亦不得泊須用竹排繫木桶於上則人坐桶中即有浪花噴入不致渾身皆濕也臺地潮濕汚
穢沿途臭氣逼人所最甚者暗渠積淤不通若無香水及呂宋烟幾至寸步不可行較之香港不啻有天淵之別付來信
息均未得收須待鴻便方能遞到海龍火船不到台郡而到打狗二十餘日未接音問恐曠日彌久仍不得竹報也日人
之役未有新耗中國現在紛紛備辦軍器設使中國不得已與從事於兵革何難以一勁旅之師直搗日國聞我國朝廷
已奉　欽准置辦鐵甲戰艦十艘而我官憲又欲與外國告貸三四千萬之多以裕兵餉而備軍械想朝廷自必俞允也
我國戰艦甚精美牢固不遜於歐洲各國艦中大砲可以擢堅挫鋭以揚武砲船論有砲十四尊每尊重七墩碼子重為
廿磅至百五十磅所有砲船之小砲均以大者易之即以中等之歸遠砲船而言有六十二個拋打大由尾入藥之格

《華字日報》1874 年 8 月 21 日上有陳言在台灣對日軍侵台戰事的報導（藏於日本國立國會圖書館）

取。他不滿足於翻譯或轉錄其他報章，盡力發掘第一手資料，將他能夠接觸的所有訊息，包括美國領事曉諭、清廷機密文件、廈門和台灣的見聞等，如實呈現讀者面前。

《華字日報》與《申報》對日軍侵台報導的比較

《申報》位處外國使館林立的上海，當地中外人員接觸頻繁，資訊流通，對採訪工作非常有利。該報涉及日軍侵台的報導詳盡全面，當時已被其他報章大量轉錄，日後更被輯錄成書，可見深受學界重視。[51] 本節通過比較《華字日報》及《申報》的相關報導，審視兩者的新聞報導水平。

陳言在報導日本軍事行動上早着先機，1874 年 3 月 23 日的《華字日報》已提到日本國內有關征伐韓國及出兵台灣的爭議，4 月 8 日的報紙更揭示日本將派出 15,000 名士兵和三艘戰艦前赴台灣懲治生番的消息。反觀《申報》，1874 年 1-4 月間對日本出兵之事報導不多。[52] 該報從 4 月 14 日開始，才認真關注事件。當日一則消息〈東洋來報〉提到，東洋元相（報導並無標示名字）於 3 月 31 日檄示水陸將軍出師台灣，並將派 15,000 名軍士及四艘軍艦參與行動，比《華字日報》的相同記載遲了六天。及後，《申報》陸續跟進日軍消息，包括 4 月 16 日刊載的〈論台灣征番事〉，17 日的〈再論東洋將征台灣事〉，20 日再轉錄 4 月 8 日《華字日報》關於日本出兵的報導等。[53]《申報》4 月 16 日的〈論台灣征番事〉一文說，日本進攻台灣，旨在緩解國內人民對韓國的積怨，《華字日報》早在 3 月 23 日及 4 月 8 日的報導已提及有關消息。由此而見，《申報》對日軍醞釀出兵的報導，不若《華字日報》的適時迅捷。

此外，陳言在跟進事件關鍵人物的消息上亦較優勝。5 月 2 日的《華字日報》已出現李珍大的新聞，指他是日軍侵台行動的主謀，4 日再提到日皇授予李珍大佩劍榮譽，11 日則揭露他被美國公使停職的消息。《申報》到 5 月 15 日才出現李珍大的報導，將他的名音譯為「勒納勒」，說他與日本內務大臣一同乘船回俄撤加城（即大阪），並無交代其背景底細。6 月 18 日的報導改稱他為「李尚禮」，說他是「早授東洋官職」，原打算隨日軍前赴台灣，後為美國領事阻撓，未能出發。到 7 月 22 日，《申報》才正式介紹李珍大的背景，但又改稱他為「李央大」，說他是日軍侵台的主謀。[54]《申報》編者可能搞不清楚李珍大的真正身份，以致在報導上使用不同譯名。

至於在採訪方面，《申報》於 7 月 22 日曾宣稱「專派友人赴台郡記錄各事」[55]，當中提到日本兵船「春日」號泊於廈門，李珍大參與日軍行動，以及日軍在琅璠的兵力部署等。[56] 然而，《申報》在登錄該篇新聞後，再沒有出現類似的記載。與《申報》所謂「專派友人」記錄不同，《華字日報》由陳言親自到台灣採訪，並在行程中撰寫多篇報告，涉及清廷的軍事部署、軍艦戰力、軍隊調動以至與日軍交涉等消息，內容較《申報》全面。

《申報》編輯在獲得官方文件方面亦遜於陳言。6 月 2 日，《申報》刊出〈台灣兵事已見公牘〉一文先說：「東洋臨兵台灣一節，先後本館列論至再，或採各路新聞日報，或得之電線音傳，而終未見官場公牘」。繼而稱報館最近才取得一份官府公牘，由李鶴年檄行下屬，然後轉達給上海日本領事公館，隨即節錄該份公牘內容。[57] 當時中外報館皆爭相搜尋官方文件，希望取得台灣戰事的第一手消息，但官府保密程序嚴謹，令報館無計可施。《申報》取得的公文不過是李鶴年所發，其重要性遠遜《華字日報》刊載的〈廷寄〉上諭。至於《申報》是得不到如〈廷寄〉此等機密資料，抑或編輯有所顧忌，不敢刊登，則不得而知。

《申報》在日軍出兵台灣初期的反應較為較緩，後來快馬加鞭，發揮報館位處上海華洋匯萃、消息靈通的優勢。到戰事後期，《華字日報》與《循環日報》亦經常轉錄它的新聞。

陳言被通緝經過

清廷的機密〈廷寄〉與及沈葆楨的奏摺內容，經《德臣西報》、《華字日報》、《教會新報》和《匯報》等先後刊載後，流傳甚廣，[58]最後驚動北京官員。朝廷要求相關官員徹底查辦，令陳言成為首位被清廷通緝的香港報人。

1874 年 8 月 2 日，沈葆楨向總理衙門上奏，說他 6 月 3 日的奏片（即〈文煜等奏遵旨會辦台灣防務情形敬陳管見摺〉）登錄在香港新聞紙上，令他「不勝駭異」。沈氏同時指出，各衙門在處理密諭時，有謄寫原稿後分發給其他官員的習慣，過程可能出現問題，以致機密外洩。他建議日後各衙門在處理機密公文時嚴守保密程序，減少洩密的機會。[59] 9 月 5 日，奕訢再發現軍機處 5 月 14 日發出的〈廷寄〉出現在上海的報紙上，他對朝廷機密文件接連被香港及上海報紙刊載感到「殊堪駭異」。軍機處同日責成兩江總督李宗羲追查洩密源頭，更以 600 里密諭通知李鴻章、沈葆楨及其他閩省官員。[60]

10 月 27 日，李宗羲回報稱，他在六月間（西曆 7-8 月）已發現軍機處 5 月 14 日的〈廷寄〉及閩省擬購鐵甲船的消息刊在《教會新報》，消息標示「係由香港華字報中鈔來」。及後，李宗羲再親自比對《教會新報》、《匯報》及《華字日報》的記載，證實前兩報分別於 7 月 6 日及 11 日轉錄《華字日報》刊於 6 月 25 日的〈廷寄〉，標示消息「來自福州」。李宗羲認為洩密事件不涉及上海，應由福州官員處理。同日清廷再飭令閩省官員繼續追查。[61]

閩浙總督李鶴年接手調查，他購得6月25日的《華字日報》，發現朝廷5月14日的〈廷寄〉及沈葆楨6月3日的奏片皆刊在當日的報上，證實《華字日報》是洩密源頭。他隨即派出同知文紹榮到香港德臣報館進行調查。文氏回報說：

> 續查出主筆陳賢，即陳靄亭，廣東新會縣潮連司人，自幼入天主教。於六月間已到福建，而停留福建何處，當時再三追求，無從得實等情。具稟前來。嗣據該員回省面稱：「訪聞陳賢，即陳靄亭，現在台灣府城」等語。[62]

文紹榮查悉的《華字日報》主編「陳賢」，顯然是「陳言」音訛。他得悉陳言已經離開香港，經福建轉到台灣。李鶴年馬上通知廣東、台灣及福州官員再行跟進。

陳言前赴台灣的目的，本來是協助當時參預台灣防務的黎兆棠進行翻譯工作，[63]採訪戰事新聞不過因利乘便。陳言台灣之行的消息，最早見諸7月31日的《循環日報》，撰文者應該是王韜。文章說黎兆棠從廣州來到香港，將乘搭7月29日的輪船前往廈門，隨行者包括陳言，他是「由我國官憲專行聘往，以任翻譯事宜參贊洋務」。王韜同時透露，《德臣西報》曾對外聲稱，將派陳言前往台灣採訪，他批評該報「其過作誇張之詞」，認為陳言不能身兼兩職。[64]黎兆棠曾任台灣道，沈葆楨甫接任欽差之職，便向朝廷提出調派黎氏到台灣協助防務。[65]黎兆棠聞悉陳言通曉翻譯及熟悉外國事務，遂向德臣報館借用三個月。[66]7月底，黎氏到達香港後帶同陳言前赴廈門，陳言藉此機會沿途採訪台灣戰事消息。

10月31日，中日兩國簽訂《互換條約》三條，日軍準備撤兵，台灣局勢回復平靜，黎兆棠擬於11月初離開台灣。與此同時，沈葆楨收到李鶴年密咨，得悉陳言洩密之事。沈氏下屬夏獻綸向黎兆棠查詢，黎氏表示他在出發之前，並未得閱該份〈廷寄〉，到達台灣以後，上諭內容已刊在報上，可見陳言獲得的消息與他無關。[67] 11 月 22 日，沈葆楨回覆李鶴年說：「德臣館主筆之人陳言，非陳賢也。召民聞其能翻譯，熟洋情，挈之東來」。12 月 5 日，沈氏再發另一信給王凱泰，覆述夏獻綸詢問黎兆棠的經過，並稱陳言已於 9 月 11 日離台，先赴上海為黎氏辦事，隨後返回香港。[68] 李鶴年和王凱泰收到沈葆楨的回覆後，於 1875 年 1 月 12 日向朝廷合奏，指《華字日報》洩密者陳言即陳靄亭，「賢、言，餯、靄，語音相同，其即係一人無疑」。他們估計陳言已返回香港，提議由兩廣總督繼續追查。清廷同日發出上諭，飭令兩廣總督張兆棟（1821-1887）設法將陳言「查拏解訊，從嚴懲辦」，[69] 令他成為首個被清廷通緝的香港報人。

《華字日報》洩密之事撲朔迷離、疑點甚多：陳言刊登朝廷機密〈廷寄〉的動機何在？他如何權衡洩密的後果及風險？所謂福州消息提供者又是何方神聖？為何能夠取得有關公文？最後，陳言有否被引渡回國受審？目前文獻並無提供確實資料，以下就事件的發展試作推測：

陳言在追求日軍侵台的新聞上極為熱切，當時日軍已駐紮牡丹社多時，社會關注清廷如何回應國土被侵事件，官方卻三緘其口。陳言從〈廷寄〉中得悉清廷派遣沈葆楨前赴台灣的安排，認為應該讓公眾了解國家的立場及應對方法，於是決定刊登公文。這決定與他經常強調的「知無不言，言無不盡」理念一致，相信這是他刊登〈廷寄〉的最大動機。陳言顯然沒有考慮到洩密事件對他造成的個人風險，否則亦不會隨黎召民前赴台灣辦事。假如清廷行動較快（清廷於 9 月 5 日才下令李宗羲徹查事件），通緝令早一步下達，陳言可能已被捉拿歸案。另一問題是，他有無考慮洩漏〈廷寄〉機密會令日軍有所防備，影響清廷部署甚至戰事結果。陳言對民族及國家感情甚深，不會做出傷害國家利益的事情，但他可能過於執着新聞事實，以致低估洩密行為的後果。至於福州洩密源頭方面，正如沈葆楨言：「分鈔既廣，百手傳觀，遂至機事不密」，[70]該份〈廷寄〉可能自福州官衙抄錄流出，陳言輾轉獲得公文抄本，造成洩密風波。另外值得關注的是，陳言有否被引渡回國受審？據目前資料所見，他在 1875 年 10 月及 12 月間聯同東華醫院紳董會見港督軒尼詩（John P. Hennessy, 1834-1891，1877-1882 在位），討論荷蘭在香港設招工館事，顯見其人身自由並未受到影響。事實上，陸港兩地在引渡逃犯安排上各行其是，以 1871 年的郭勝案為例，港府並無回應廣東官府的引渡要求，陳言亦可能因為兩地法例不銜接而逃過一劫。

小結

陳言在報導日軍侵台事件上，表現出敏銳的新聞觸覺，所以能早着先機，發現日本侵台的野心。到日本登陸台灣，他不甘摭拾其他報社資訊，設法發掘第一手材料，甚至忽略風險，發佈朝廷機密公文。機緣巧合下，陳言更遠赴台灣進行現場採訪，為讀者提供最新戰事消息。他在追訪相關事件上的工作，充分體現其對新聞質素的追求。戈公振在《中國報學史》中說《華字日報》「其取材亦不外翻譯西報及轉載《京報》而已」，[71]不免有以偏概全之嫌。

註釋

1 「番」是對台灣原住民的通稱，按其接受教化的程度分為「生番」、「熟番」。「番社」即番人居住之地，台灣番社中以牡丹社的勢力最大，他們人多勢眾，又有險可扼，難以進勦。根據非官方的觀察，當時台灣約有生番150,000-200,000人，佔當地人口約10%。參許毓良：《清代台灣軍事與社會》（北京：九州出版社，2008），頁40、74。

2 見李理、趙國輝：〈李仙得與日本第一次侵台〉，載於《近代史研究》，2007年第3期（2007年5月），頁109。

3 4月28日及5月7日紀錄見《籌辦夷務》，卷93，〈李鶴年奏日本兵船欲攻台灣番境相機妥籌摺〉，同治十三年四月十六日（1874年5月31日），頁3747-3748；〈李鶴年奏日本兵船已抵台灣番境密籌防範摺〉，同治十三年四月二十一日（1874年6月5日），頁3749。

4 藤井志津枝：《近代中日關係史源起：1871-74年台灣事件》（台北：金禾出版社，1994），頁119。

5 5月29日、6月2日及6月3日紀錄見《籌辦夷務》，卷93，〈奕訢等奏日本兵船現泊廈門請派員查看摺〉及〈廷寄〉，同治十三年三月二十九日（1874年5月14日），頁3734-3737；〈廷寄〉，同治十三年四月十四日（1874年5月29日），頁3746-3747；卷94，〈文煜等奏據報台灣近日情形摺〉，同治十三年五月十一日（1874年6月24日），頁3762-3763；〈文煜等奏遵旨會辦台灣防務情形敬陳管見摺〉，同治十三年四月十九日（1874年6月3日），頁3757。

6 6月21日及7月25日紀錄見《籌辦夷務》，卷94，〈文煜等奏沈葆楨等到台日期並倭兵情形奏〉，同治十三年五月二十五日（1874年7月8日），頁3774-3775；卷95，〈李鴻章奏遵旨派洋鎗隊航海赴台並請調駐陝武毅銘軍東來摺〉，同治十三年六月十二日（1874年7月25日），頁3800-3801。

7 林慶元、王道成考注：《沈葆楨信札考注》（成都：巴蜀書社，2014），〈致李鶴年〉，同治十三年八月下旬（1874年10-11月），頁279、〈致李鴻章〉，同治十三年八月二十四日（1874年10月4日），頁282。

8 〈李仙得與日本第一次侵台〉，頁112。

9 《籌辦夷務》，卷98，〈奕訢等奏與日使議定退兵卹銀摺〉、〈結案辦法三條〉、〈互換憑單〉，同治十三年九月二十二日（1874年10月31日），頁3944-3949。

10 日本早有吞併琉球的野心，1871年開始進行所謂「琉球處分」，意圖吞併琉球。1874年的牡丹社事件成為「琉球處分」的轉折點，令日本成功將琉球與中國的關係切斷。參《近代中日關係史源起：1871-74年台灣事件》，頁47-53。

11 見《李鴻章全集》，冊31，〈信函三・致總署：論日本派兵赴台灣〉，同治十三年三月十三日（1874年4月28日），頁23、〈致總署：論日本圖攻台灣〉，同治十三年三月二十五日（1874年5月10日），頁27-28、〈致總署：論法界擊斃華人並止美人助倭〉，同治十三年三月二十六日（1874年5月11日），頁29。

12 參《沈葆楨信札考注》，〈致左宗棠〉，同治十三年七月上旬（1874 年 8-9 月），頁 257。

13 副島種臣在赴中國內地之前，已接到日本政府的〈為生蕃問罪委讓全權〉敕旨及〈為生蕃問罪與中國交涉方法四條〉別敕，指示他借生番事件向清廷提出詰難，目的亦在覬覦台灣。參〈李仙得與日本第一次侵台〉，頁 105-106。

14《華字日報》，1873 年 3 月 28 日。

15 琉球在一段相當長的時間內分別向中國及日本朝貢，中日兩國對其藩屬國的地位亦各自表述。參李若愚：〈近百年來東亞歷史中的「琉球問題」〉，載於《史林》，2011 年第 8 期（2011 年 8 月），頁 155-16、191；陳靜靜：〈三次「琉球處分」與近代以來琉球主權歸屬問題研究〉，載於《日本研究》，2019 年第 4 期（2019 年 12 月），頁 75-86。

16《華字日報》，1873 年 4 月 2 日。該文應為王韜所撰，後收入《弢園文錄外編》，卷 5，〈琉球朝貢考〉，頁 145-146。《申報》於 5 月 6 日以〈琉球朝貢考〉為題轉載該文，見該報頁 3。

17 同上，1873 年 5 月 9 日。

18〈李仙得與日本第一次侵台〉，頁 106。

19《華字日報》，1873 年 9 月 1 日。

20 當時陸港報章對日本使臣來華的消息相當留意，例如《申報》1873 年 4 月 21 日刊登〈譯東洋報論欽使來議台灣逞兇事〉，指日本使臣將趁來華之機，向清廷提出追究生番殺害琉球船民。《申報》1873 年 4 月 21 日，頁 1。

21 見《李鴻章全集》，冊 30，〈信函二・致總署：述副島商議外交〉，同治十二年四月七日（1873 年 5 月 3 日），頁 514、〈覆福建撫台王〉，同治十二年五月二十五日（1873 年 6 月 19 日），頁 534。

22〈李仙得與日本第一次侵台〉，頁 107。

23 見《籌辦夷務》，卷 93，〈給日本國外務照會〉，同治十三年三月二十九日（1874 年 5 月 14 日），頁 3737-3738。

24 1868 年伊始，日本政府多次要求韓國開國通商，但不獲其回應，激發部分官員提出以武力征服韓國的主張。參《日本近代史》，頁 103-104。

25《華字日報》，1874 年 3 月 23 日。

26 同上，1874 年 4 月 8 日。

27 同上，1874 年 5 月 2 日

28 李珍大「覺書」參〈李仙得與日本第一次侵台〉，頁 103。

29《華字日報》，1874 年 5 月 4 日。

30 同上，1874 年 5 月 8 日及 11 日。

31 美國駐日本公使賓含（John A. Bingham）於 4 月 18 日致函日本政府，表示美國政府認同中國擁有台灣主權，禁止美國船舶及人員參與日本所有軍事行動。參〈李仙得與日本第一次侵台〉，頁 110。

32 1874 年 5 月 9 日的《申報》報導說，日本領事知會上海道憲，日本征伐台灣一事已行終止。5 月 11 日的《華字日報》亦稱，日本已停止出兵台灣，美國同時將李珍大調職。《申報》，1874 年 5 月 9 日，頁 2；《華字日報》，1874 年 5 月 11 日。

33《籌辦夷務》，卷 93，〈廷寄〉，同治十三年三月二十九日（1874 年 5 月 14 日），頁 3736-3737。

34《華字日報》，1874 年 6 月 9 日及 10 日。

35《籌辦夷務》，卷 93，〈奕訢等奏日本兵船現泊廈門請派員查看摺〉及〈廷寄〉，同治十三年三月二十九日（1874 年 5 月 14 日），頁 3734-3737。

36 同上，卷 98，〈兩江總督李宗羲奏新聞紙刊登密論並非由上海洩漏摺〉，同治十三年九月十八日（1874 年 10 月 27 日），頁 3942。

37《德臣西報》，1874 年 6 月 24 日，頁 3。該報於黃昏派發，對於一些當日截稿前收到的消息，它可以比翌日早上出版的《華字日報》更早刊登相關新聞，相信該篇〈廷寄〉於 6 月 24 日寄到報館。

38 1874 年 6 月 25 日《華字日報》原件不存，該份〈廷寄〉原文現見於 1874 年 7 月 11 日的《教會新報》，當日的標題為〈抄《香港華字報》中廷寄〉。見《教會新報》，第 294 期，1874 年 7 月 6 日，無頁碼。

39 據李鶴年稱，他購得 6 月 25 日的《華字日報》，證實清廷 5 月 14 日的〈廷寄〉及沈葆楨 6 月 3 日的奏片皆刊在同一報上。見《籌辦夷務》，〈福州將軍文煜等奏查辦密論洩漏流播情形摺〉，同治十三年十一月初二日（1874 年 12 月 19 日），頁 3977-3978。

40 同上，卷 94，〈文煜等奏遵旨會辦台灣防務情形敬陳管見摺〉，同治十三年四月十九日（1874 年 6 月 3 日），頁 3757。

41 同上，卷 98，〈兩江總督李宗羲奏〉，同治十三年九月十八日（1874 年 10 月 27 日），頁 3942。

42《德臣西報》，1874 年 8 月 5 日，頁 3。《華字日報》8 月 4-14 日的原件不存，相信陳言從廈門寄來的消息出現在缺期的《華字日報》內。

43 8 月 7 日的《循環日報》轉錄陳言從廈門寄來的消息說：「藹廷陳君從黎召民觀察至台灣，既抵廈門，即致書於德臣西字日報館云：『由港至廈門水程不過兩日，俟水師提督兵船來，方往台灣。廈門街道未甚修整，現寓居茶行中，頗稱寬敞。』」《循環日報》，1874 年 8 月 7 日，頁 2。正文所述陳言在廈門的報導節錄自以上的《循環日報》。

44《籌辦夷務》，卷 95，〈李鴻章奏遵旨派洋鎗隊航海赴台並請調駐陝武毅銘軍東來摺〉，同治十三年六月十二日（1874 年 7 月 25 日），頁 3800-3801；卷 96，〈福州將軍文煜等奏在福建各海口籌防事宜摺〉，同治十三年七月二十二日（1874 年 9 月 2 日），頁 3854-3855。

45《申報》，1874 年 8 月 13 日，頁 2。

46《德臣西報》，1874 年 8 月 10 日，頁 3、11 日，頁 3、12 日，頁 3。現存 8 月的《華字日報》有多份缺期，包括 8 月 5-14 日、16 日、26-31 日等，該三份來自陳言的報導現只見於《德臣西報》。

47《華字日報》，1874 年 8 月 20 日。

48《籌辦夷務》，卷 95，〈沈葆楨等奏倭情叵測續籌防務情形摺〉，同治十三年五月二十五日（1874 年 7 月 8 日），頁 3814。

49 陳言所稱中國購買鐵甲船一事並非完全正確。清廷於 6 月 7 日只批准沈葆楨購買兩艘鐵甲船，後幾經波折，至 10 月間仍未能完成購買。見同上，卷 94，〈廷寄〉，同治十三年四月二十三日（1874 年 6 月 7 日），頁 3760；卷 98，〈奕訢等奏與日使議定退兵卹銀摺〉，同治十三年九月二十二日（1874 年 10 月 21 日），頁 3945。

50《華字日報》，1874 年 8 月 21 日。「上海船局」即江南機器製造總局轄下的造船部門。

51 見台灣文獻叢刊編：《清季申報台灣紀事輯錄》（台北：大通書局，1984）。例如葉綳和劉麗皆認為，《申報》是最早發現日軍動向的報章。葉綳：〈百餘年來 1874 年日本侵台事件研究述評〉，載於《軍事歷史研究》，2008 年第 1 期（2008 年 1 月），頁 168-181；劉麗：〈論 1874 年日本侵台事件中《申報》的輿論動員〉，載於《閩江學刊》，2014 年第 6 期（2014 年 11 月），頁 72-78。

52《申報》於 1874 年 2 月 14 日刊出一則簡短報導說，近日傳聞日本有興戈之舉，及後再無跟進。見《申報》，1874 年 2 月 14 日，頁 3。

53 同上，1874 年 4 月 14 日，頁 3、16 日，頁 3、17 日，頁 3、20 日，頁 3。

54 同上，1874 年 5 月 15 日，頁 2、6 月 18 日，頁 2、7 月 22 日，頁 2。

55《孖剌日報》可能比《申報》更早派員到訪台灣，該報 6 月 2 日已刊登瑯瑀日本軍營特派記者的報導，6 月 6 日再刊出該名特派記者的另一篇報導。

56《申報》，1874 年 7 月 22 日，頁 2。

57 同上，1874 年 6 月 2 日，頁 2。

58 例如英國廣州領事特將 6 月 24 日《德臣西報》刊載〈廷寄〉的內容上呈英國外交部。見 TNA（The National Archives of UK）, FO 17/683, "Despatch Number 32: Japanese Expedition to Formosa", 25 June 1874, p. 274。

59 見《籌辦夷務》，卷 95，〈沈葆貞等又奏：軍務運籌諭旨摺稾宜慎重而防漏洩片〉，同治十三年六月二十日（1874 年 8 月 2 日），頁 3815。沈葆貞未有指明所謂「香港新聞紙」的名稱。

60 同上，卷 96，〈奕訢等奏上海新聞紙刊刻密寄諭旨請飭查究片〉及〈廷寄〉，同治十三年七月二十五日（1874 年 9 月 5 日），頁 3857-3858。

61 見《籌辦夷務》，卷 98，〈兩江總督李宗羲奏新聞紙刊登密諭並非由上海洩漏摺〉及〈廷寄〉，同治十三年九月十八日（1874 年 10 月 27 日），頁 3941-3943。李宗羲的報告與現存文獻並不一致。《教會新報》實際於 1874 年 7 月 11 日轉載《華字日報》〈廷寄〉全文，不是李氏說的 7 月 6 日。當日報章亦無刊載閩省擬購鐵甲船的消息。鐵甲船消息其實刊於《教會新報》7 月 4 日的一期，內容甚為概括，並非直錄奏摺。

62 同上，卷 99，〈福州將軍文煜等奏查辦密諭洩漏流播情形摺〉，同治十三年十一月初二日（1874 年 12 月 10 日），頁 3977-3978。

63 黎兆棠，字召民，廣東順德人，1869-1871 年間任台灣道，在整頓吏治和開山撫藩的工作上表現出色，沈葆楨與他稔熟，推崇他為「當今有數人物」。參《李鴻章全集》，冊 30，〈信函二・覆何中丞〉，同治十二年九月五日（1873 年 10 月 25 日），頁 576-577；《沈葆楨信札考注》，〈致李鴻章〉，同治十三年四月二十八日（1874 年 6 月 12 日），頁 226。

64《循環日報》，1874 年 7 月 31 日，頁 2。

65《籌辦夷務》，卷 94，〈文煜等奏遵旨會辦台灣防務情形敬陳管見摺〉，同治十三年四月十九日（1874 年 6 月 3 日），頁 3757。

66《沈葆楨信札考注》，〈致王凱泰〉，同治十三年十月二十七日（1874 年 12 月 5 日），頁 304。

67 同上，〈致王凱泰〉，同治十三年十月二十七日（1874 年 12 月 5 日），頁 304。

68 同上，〈致李鶴年〉，同治十三年十月十四日（1874 年 11 月 22 日），頁 297-298、〈致王凱泰〉，同治十三年十月二十七日（1874 年 12 月 5 日），頁 304。

69《籌辦夷務》，卷 100，〈福州將軍文煜等奏查明新聞紙刊刻密件之陳言已往香港請飭查拏摺〉及〈廷寄〉，同治十三年十二月五日（1875 年 1 月 12 日），頁 4060-4061。

70 同上，卷 95，〈沈葆貞等又奏：軍務運籌論旨摺稾宜慎重而防漏洩片〉，同治十三年六月二十日（1874 年 8 月 2 日），頁 3815。

71《中國報學史》，頁 74。

06

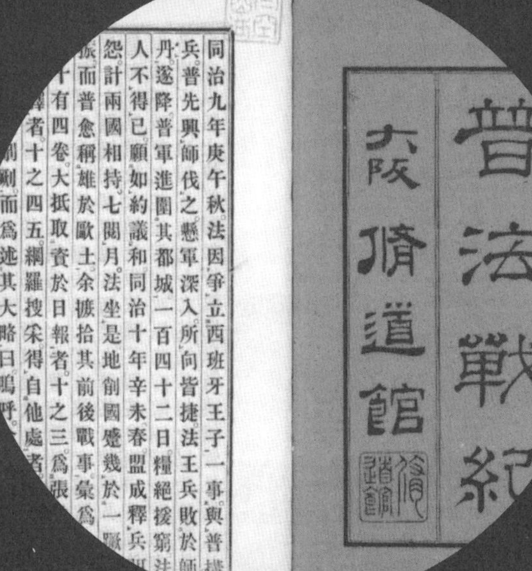

陳言與王韜的交往

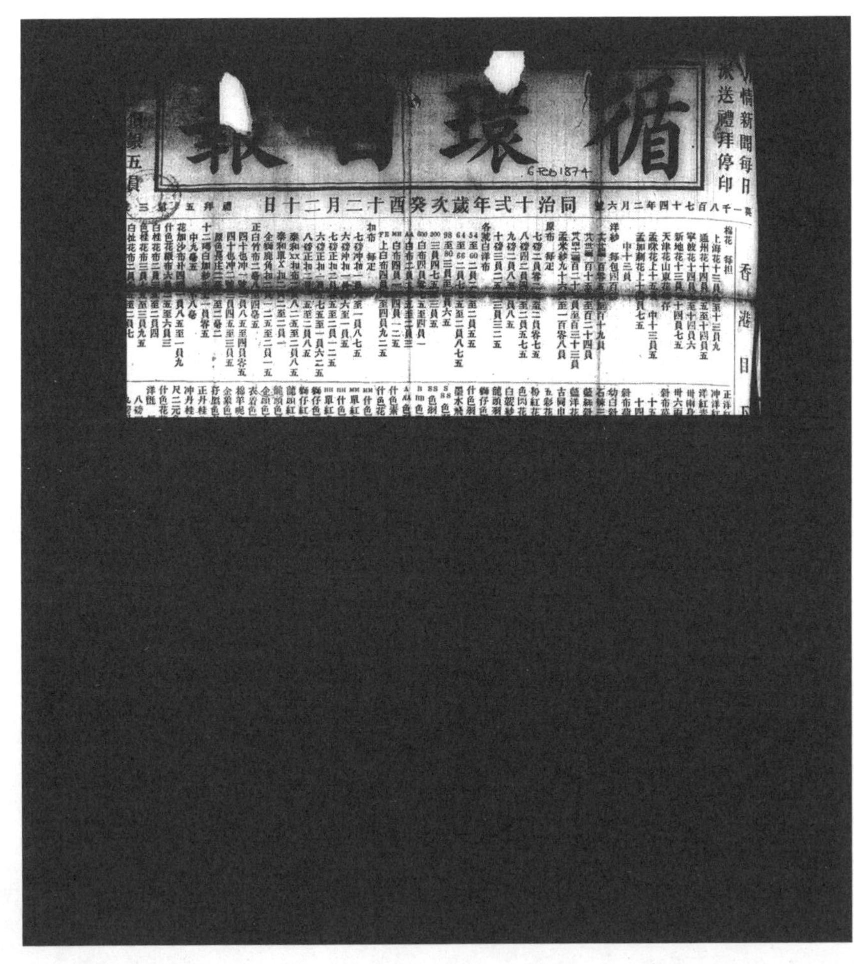

循環日報

新聞每日 …送禮拜停印

英一千八百七十四年二月六號　同治十式年歲次癸酉十二月二十日　禮拜五　第三…

要全面檢視陳言的報人角色，就不得不提王韜，二人對促進中文報業發展作用顯著，其互動過程無疑是香港報業史的一段重要章節。惟報業史論著一般聚焦於王韜身上，對他和陳言的交往事蹟着墨較少。[1] 本章先考察二人在編寫報紙、翻譯《普法戰紀》、成立中華印務總局及籌備《循環日報》上的合作經過，然後比較《華字日報》和《循環日報》在處理新聞上的分別，最後追蹤二人的關係轉變。

二人合作關係的開始

陳言在加入報界之前已認識王韜，他編輯的《中外新聞七日報》及《華字日報》採用不少王韜的著作，令報紙內容更為豐富。

王韜，蘇州人，初名利賓，後改名為韜，字紫詮，[2] 1845 年考獲秀才，翌年赴金陵應考鄉試不第。1849 年前赴上海，受聘於麥都思（Walter H. Medhurst, 1796-1857）主持的墨海書館出任翻譯，曾參與編纂《聖經》及各類科學和商業書籍，由是開始接觸西方知識。[3] 王韜並不喜歡在墨海書館的工作，形容為「勞同負販，賤等賃舂」。[4] 1862 年，他因涉嫌上書太平天國李秀成（1823-1864）被清廷通緝，逃難到香港。[5] 王韜到達香港後，獲英華書院理雅各牧師

（James Legge, 1815-1897）聘請，協助他翻譯中國經書，其間同時擔任《近事編錄》編輯。[6] 1867 年，他應理雅各之邀，展開長達三年的歐洲之旅，曾到訪新加坡、檳榔嶼、錫蘭、法國和英國等地，沿途考察各地社會建設和特色。[7] 他對巴黎的繁盛先進印象深刻，[8] 成為日後撰寫《普法戰紀》的契機。王韜在墨海書館自學西方知識，定居香港後得以周遊歐洲，體驗西方文明，成為擁有西方經驗的中國知識分子，日後他亦以洋務專家自詡。[9]

陳言加入《德臣西報》前已認識王韜，曾在《中外新聞七日報》上介紹他說：「吳郡王君紫詮廣文，具才、學、識三長者也，生平著作等身，而尤深於西學，能識其大者。…… 余獲識廣文久矣。」[10] 王韜比陳言大 18 歲，對這位年青才俊卻是欣賞有加，在 1873 年出版的《普法戰紀》稱譽陳言：「精於西國之語言文字，西人延為西文日報主筆，西學之長，近時允推巨擘」。[11] 1876 年，他向丁日昌推薦陳言說：「陳君之學，不名一家，弱冠即在英國衙署，律例尤所深知」，更形容他「非其西學稍有可觀，西人安肯傾倒若是？」[12] 當時社會上懂英語者已是不多，能夠以英文寫作為職業，又熟悉外國法律的更是鳳毛麟角。從他們互相推重可見，二人共通點是對西方知識的涉獵，王韜的西學知識較為廣博龐雜，陳言則精於西方語言文字及法律制度。王韜未曾接受過正式的英語教育，語文程度有限，[13] 過往的翻譯工作主要在疏通文理方面。[14] 反之，陳言自小在香港生活，對內地社會及政治情況較為隔閡，而王韜對國家局勢具獨特見解，在上海期間已多次發表政論文章，[15] 亦與不少洋務派官員稔熟。[16] 陳言從其身上可獲得內地社會知識以至人脈關係，兩人交往，適可互補長短。

以目前文獻所見，陳言與王韜的合作始於翻譯外國訊息。1871 年 6 月 10 日，陳言據兩位外國地質學家在中國內地的勘礦報告撰成文章，連續四期刊在《中外新聞七日報》。首期登錄的〈開煤礦論〉，後來出現在王韜的《甕牖餘談》，標題改為〈煤礦論〉，是為陳言與王韜早期合作例子之一。另一例子是該報於 7 月 8 日及 15 日刊出的〈聯邦名人錄〉，陳言提到其寫作緣由說，某夜他與王韜剪燭夜談，談到美國的一眾開國英才，他向王韜出示〈聯邦名人錄〉的英語文稿。王韜興致勃勃，要求陳言當場口譯，再由他筆錄，於是撰成是文。[17]

陳言創辦《華字日報》後繼續採用王韜的著作，該報刊登的文章一般不標示作者，筆者據文章內容及王韜著作查考其關係，下表試舉一些例子：

刊出日期	《華字日報》文章標題及內容撮要	出現在王韜著作及標題
1873 年 2 月 10 日	無標題 講述《泰晤士報》及其總編輯低靈事蹟	《循環日報》，〈紀西國日報之盛〉[18]
1873 年 4 月 2 日	〈時勢論〉 討論中國變法自強之道	《弢園文錄外編》，〈變法自強下〉
1873 年 4 月 2 日	無標題 考證琉球與中國之間的藩屬關係	《弢園文錄外編》，〈琉球朝貢考〉[19]
1874 年 1 月 26 日及 30 日	〈國家富強三事〉 講述如何協助國家走向富強	《弢園文錄外編》，〈代上廣州府馮太守書〉[20]
1873 年 3 月 31 日	〈送理牧師回國序〉 送別理雅各牧師	《弢園文錄外編》，〈送理牧師回國序〉[21]
1873 年 4 月 9 日	〈法國儒蓮小傳〉 紀念法國友人儒蓮（Stanislas A. Julien, 1797-1873）	《弢園文錄外編》，〈法國儒蓮小傳〉[22]
1873 年 7 月 23 日	無標題 悼念《德臣西報》舊東主德臣	未見著錄
1873 年 10 月 1 日	無標題 記敘英國名人申雅各（George S. Street, 1867-1936）到訪香港	未見著錄[23]

此外，《華字日報》自 1873 年 5 月 26 日起，開始不定期刊載王韜所撰的《瀛壖雜識》，陳言推介說：「摭拾見聞，搜羅事實，於滬上掌故，至為詳備」。[24] 文章前後一共刊出十多期。

從以上例子可見，陳言善用王韜的著作加強報紙的吸引力；王韜亦藉在《中外新聞七日報》及《華字日報》發表文章，賺取稿費收入。

陳言對王韜撰寫《普法戰紀》的襄助

陳言與王韜另一個合作例子與《普法戰紀》有關，是書在中國內地和日本引發不少迴響，[25] 成為王韜的經典史著。學者如忻平、張海林、李谷城和卓南生等在提到這段事蹟時，皆認為《普法戰紀》的初稿最先刊在《華字日報》。[26] 其實《華字日報》刊載的文章是翻譯自美國人麥吉雅各（James D. McCabe, 1842-1883）所撰的同名專書，而王韜撰寫的《普法戰紀》初稿則見於《近事編錄》，後被《上海新報》轉載。[27]

王韜撰寫的《普法戰紀》

1870 年 7 月，普魯士與法國因為西班牙冊立王儲一事發生嚴重衝突，法國在普魯士首相卑斯麥（Otto Bismarck, 1815-1898）的挑撥下，對普魯士發動攻擊。雙方戰事持續一個多月，最後普魯士軍隊大獲全勝，法國皇帝拿破崙三世（Napoléon III, 1808-1873，1852-1870 在位）被俘。翌年 1 月，普魯士國王威廉一世（Wilhelm I, 1797-1888，1861-1888 在位）在巴黎凡爾賽宮稱帝，標誌着德意志帝國的誕生。兩國在是年 3 月簽訂《法蘭克福條約》，法國割地賠款，損失慘重。[28]

在普法戰事期間，香港中文報紙已開始報導有關消息，而以張宗良及陳言最為積極，王韜撰寫《普法戰紀》亦得力於他們二人。他在該書〈凡例〉中提到：

> 是書之作，實推張君芝軒為濫觴，於時余刪訂《法國圖志》，甫經藏事，於法之掌故頗為審詳，因欣然從事於譯撰。[29]

張宗良字芝軒，與陳言及伍廷芳同樣就讀於聖保羅書院，王韜形容他「深通西學，能見其大」。張氏日後亦投身中國外交工作。[30] 張宗良任職《中外新報》期間，正值普法戰爭爆發，他將外國報紙及電報的戰事消息譯錄在《中外新報》，[31] 成為王韜撰寫《普法戰紀》的素材。據王韜所述：「凡十有四卷，大抵取資日報者十之三，為張君芝軒口譯者十之四五」、「張君芝軒所譯於四卷以前特詳，以後從日報者為多」。張宗良同時為《普法戰紀》製作三幅歐洲地圖，協助說明戰事進程，可知其對《普法戰紀》成書的重要性。[32] 除張宗良外，陳言對是書亦貢獻甚大，王韜在〈凡例〉中說：

> 辛未正月，陳君藹廷方有《華字日報》之役，於歐洲列國之事，搜羅富有，幾於無美不備，此篇十一、十二兩卷取資實宏。（按：原雙行小註：「余書告成於辛未六月下旬，時僅以十二卷為斷，手十三、十四兩卷乃近時續成。」）至十三、十四兩卷，則悉從陳君日報采出，鈎稽編次，加以論斷。[33]

辛未正月即 1871 年 2-3 月之間，當時《華字日報》尚未創刊，王韜實指《中外新聞七日報》。陳言留心歐洲時事，經常在報上刊登戰事消息。《普法戰紀》全書 14 卷，王韜在辛未六月下旬（1871 年 8

月）完成 12 卷，其中第 11 及 12 卷的資料取自《中外新聞七日報》，後續的第 13 及 14 卷更主要擷擇自《華字日報》，以下試舉例說明。

1872 年 7 月 24 日，《華字日報》刊登一篇關於法國將軍巴彥（François A. Bazaine, 1811-1888）的記載，其後部分文字出現在《普法戰紀》第 13 卷，下表試摘兩處文字作一比較：[34]

《華字日報》，1872 年 7 月 24 日	《普法戰紀》卷 13，頁 27-28
巴彥者，係本式微者也，以戰功起家，身列戎行，數戰皆披堅陷鋭 。	巴彥家世式微，以戰功起家，身列戎行，挽強躍駿。
由行伍歷升至總文武之職，統附節，控制二十萬雄軍。	由行伍歷升至今職，統屬文武，總握符節，控制二十萬雄軍，可謂處人臣之極地矣。
考其升秩，則以兵戰墨西哥時厥功獨偉。當法師之臨於墨西哥也，懸軍深入，勢如累卵，舉國師繫存乎旦夕，人皆以為不可。巴彥乃登壇受帥，獎帥三軍……	考其升秩之由來，則以往征墨西哥時厥功獨偉。當法國之割據墨西哥也，深入敵境，獨駐孤城，……師之存亡，危於旦夕，人皆以為勢不可勝。巴彥乃慷概登壇，獎率三軍……
及普國釁興之日，法皇先授綬於李布符，軍中有若失所恃者，非巴彥不足安眾士之心。	及普國軍興之日，法王先授李布父為大將，及戰而比，軍中若失所恃，皆以為非巴彥不足安眾心。
俟七日，來巡捕反命至日。黎明，巴君命駕速赴候審，雖妻孥無有知者，復以車滿載地理圖，日與律師指其端的，詳論易攻難守。	俟七日，來巡捕反命至日，巴君命駕速赴候訊，雖妻孥無有知者，復以乘車滿載輿圖，日與律師講論地形，辨其地難守易攻 。

從以上比對可見，王韜在擷取《華字日報》資料時，基本沿襲原來文字，只略作潤色藻采。

綜言之，張宗良及陳言對王韜寫作《普法戰紀》居功不少。是書頭四卷全為張宗良口譯，第 11-14 卷則輯錄自陳言報紙，王韜的工作僅為「薈萃貫串次弟，前後削偽去冗，甄繁錄要」。[35] 王韜這種由他人提供譯文的寫作模式有其淵源，當年他在墨海書館協助翻譯西方書籍時，亦是負責「疏通句法」。[36]

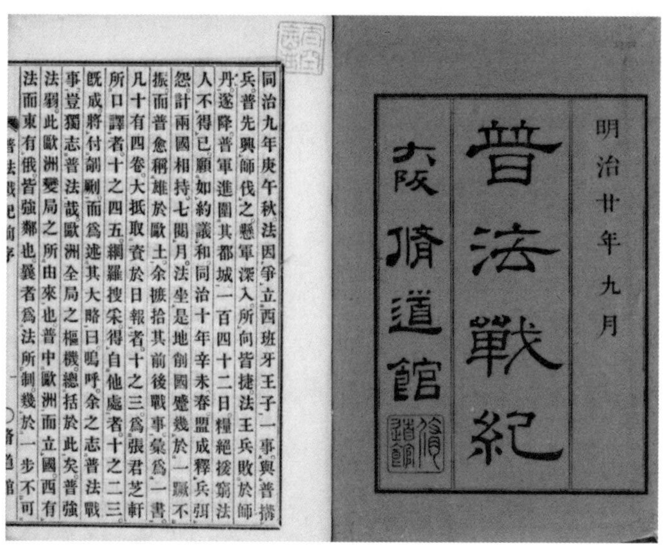

同治九年庚午秋法因爭立西班牙王子一事與普搆兵普先興師伐之懸軍深入所向皆捷法王兵敗於師丹遂降普軍進圍其都城一百四十二日糧絕援窮法人不得已願如約議和同治十年辛未春盟成釋兵弭怨計兩國相持七閱月法坐是地創國蹙幾於一蹶不振而普愈稱雄於歐土余摭拾其前後戰事彙爲一書凡十有四卷大抵取資於日報者十之三爲張君芝軒所口譯者十之四五網羅捜采得自他處者十之二三既成將付剞劂而爲述其大略曰嗚呼余之志普法戰事豈獨志普法哉歐洲全局之樞機總括於此矣普強法弱此歐洲變局之所由來也普中歐洲而立國西有法而東有俄皆強鄰也曩者爲法所制幾於一步不可

普法戰紀前序　一　脩道館

明治廿年九月

普法戰紀

大阪 脩道館

《普法戰紀》

《華字日報》譯載麥吉雅各所撰《普法戰紀》

普法戰事結束後，外國開始出現記載該場戰爭情況的專書。陳言關注戰事發展，對相關消息特別留意。1872 年 9 月間，陳言得閱麥吉雅各所撰的 *History of the war between Germany and France* 一書，[37] 隨即在《華字日報》宣佈翻譯該書的計劃：

> 本館現得《普法戰紀》一書，乃是經美國儒士手撰，始於二國啟衅搆兵，以迄議和罷戰，莫不大小備載，鉅細畢賅。⋯⋯本館特擬譯錄日報中，惟是篇幅所限，原稿甚長，必須按期分次譯出，乃得彙集成編，以供惠覽。⋯⋯壬申仲秋本館謹啟。[38]

陳言在告白中並無提到《華字日報》何時開始刊出譯文，據筆者的追溯，首篇譯文應該出現在於 9 月 18-27 日的五期之中，現已佚失。[39]

《華字日報》自 9 月間刊出《普法戰紀》譯文後，接續作不定期譯載，至 11 月左右停止。相隔三個月後，陳言在 1873 年 2 月 5 日的報上交代說：

> 本館向譯《普法戰紀》一書，深蒙諸君子雅相鑒賞，惟以未覩其全為憾，屢次索觀續錄，惟本館以譯訂需時，暫行從緩。……況又荷諸君子嗜痂之癖，垂愛之殷，不敢再以不文辭。略有暇晷，即偕王君紫詮廣文從容商榷，譯述一二，日排刊印，以公同好，諒亦有心世道者所樂觀也。[40]

這段告白提到譯文是「本館向譯」，刊出前與王韜「商榷」。王韜本身英語能力不高，翻譯的工作自然是由陳言負責。陳言宣佈以上消息後，當日在報上重新刊載《普法戰紀》譯文，之後不定期刊出，至是年 6 月左右停止，前後長達十個月，為《華字日報》早期重要內容之一。該批譯文深受讀者歡迎，王韜亦提到：「《普法戰紀》近日已有專書，乃美國人麥吉雅各所撰，……余與陳君藹廷已譯其首二卷，外間已有轉相鈔錄者」。[41]《申報》正是主要的「轉相鈔錄者」。

《申報》的轉載經過

《申報》於 1872 年 10 月 2 日開始轉錄《華字日報》刊載的麥吉雅各《普法戰紀》譯文，標題為「《普法戰紀》《香港華字日報》」，此期以後的轉錄改稱「續錄《普法戰紀》」。現存《華字日報》出現麥吉雅各《普法戰紀》的譯文共有 25 期，當中 17 期被《申報》轉載。《申報》出現《普法戰紀》譯文則有 24 期，除上述 17 期可以與現存的《華字日報》對應外，其餘七期轉錄自已經散佚的《華字日報》，無法比對。

《申報》在轉載時有兩個習慣：首先，其正文內容與《華字日報》所載完全相同，只更改標題及末註，如以下兩例：

> 1873 年 2 月 28 日，《華字日報》標題為「續錄《普法戰紀》」，無末註。
>
> 1873 年 3 月 31 日，《申報》轉載時，標題改為「續錄《普法戰紀》選錄《香港華字日報》」，末註亦改作「俟下次再續」。

> 1873 年 4 月 18 日，《華字日報》標題為「續錄《普法戰紀》」，末註為「容下期續錄」。
>
> 1873 年 5 月 7 日，《申報》轉載時，標題改為「續錄《普法戰紀》選錄香港三月二十二日《華字日報》」，末註則被刪去。

其次，《申報》在轉錄譯文時，並未顧及篇章的連貫性，例如《華字日報》1873 年 3 月 7-14 日連續四期刊登《普法戰紀》譯文，《申報》只在 1873 年 4 月 21 日的一期轉錄 3 月 7 日的譯文，其餘三期皆無收錄。尤有甚者，《申報》間中顛倒《華字日報》的原來刊出次序，例如它在 1873 年 5 月 7 日轉錄《華字日報》4 月 18 日的譯文，5 月 15 日的一期卻轉錄該報 3 月 19 日的譯文，將原來的刊出次序攪亂，使讀者難以理解上文下理。

《申報》在轉錄《華字日報》譯文時，發生一些令人費解的現象。1872 年 10 月 4 日第二次轉錄譯文的一期末註「吳郡黃韜紫詮削訂」，5 日第三次轉錄的一期改正為「吳郡王韜紫詮氏削訂」，10 日第四次轉錄再改為「王韜紫詮氏削訂」，12 日第五次轉錄又改回「吳郡王韜紫詮氏削訂」，之後轉錄再沒有出現相關標示。[42] 現存《華字日報》並無這五期的譯文，未能查證以上標示是否來自原文。但《華字日報》在刊載相關譯文時並無標示作者的習慣。反之，《申報》轉錄時一般更改標題及末註，這個「王韜削訂」的標示，甚有可能是該報自行加上。《申報》編輯理應有留意陳言於「壬申仲秋」發出的告白，[43] 知道《普法戰紀》的原作者為美國人，但他只提到王韜，對原作者及陳言不置一辭，令人難以明白。考慮到《申報》編輯錢徵（1832-?）為王韜女婿，[44] 如此安排，似有掠美之嫌。

《華字日報》刊載的《普法戰紀》譯文經《申報》轉錄後，引起內地讀者熱烈迴響。1873 年 4 月 21 日，《申報》發表〈讀《普法戰紀》書後〉一文說：

> 《普法戰紀》一篇不下數十萬言，經本館已陸續刊布矣。其書係《香港華字日報》所繙譯，而為紫詮所撰成者也。是書也，用筆之精深、敘事之簡，當其足以悦人耳目、啟人聰明，固不待言。……而如王紫銓之深於西文，不憚繙譯之勤勞者甚少也。[45]

《申報》文章有幾點可商榷之處：它說該書「不下數十萬言」，當時（4 月 21 日）經《申報》轉載的《普法戰紀》只有 23 篇，不到 20,000 字，編輯如何知道全書有數十萬字，是否暗指王韜撰的《普法戰紀》？文章強調王韜「不憚繙譯之勤勞」，對主要譯者陳言隻字不提，似有將原譯者身份淡化之意。錢徵對其岳丈的英文水平應該有所認識，形容他「深於西文」，未免吹噓過甚。此外，錢徵曾為王韜《普法戰紀》作跋，[46] 理應知道《華字日報》刊載的《普法戰紀》與王韜所撰的只是書名雷同，他不作區分，即不屬故意，也難免令讀者誤以為《申報》轉載的文章就是王韜所撰的《普法戰紀》。

陳言很可能留意到《申報》在轉錄《普法戰紀》譯文一事上故弄玄虛，1873年6月2日，他在刊載《普法戰紀》譯文後說：「……容俟下期續錄。吳郡王紫詮廣文所撰《普法戰紀》，全書已於中華印務總局排印，不日告成。」[47]似乎在提醒讀者，《華字日報》刊載的《普法戰紀》與王韜撰寫的不同，前者「下期續錄」，翻譯工作仍未完成，後者已經成書，並且在印刷中。

1873年9月15日，《申報》刊出一封讀者來函說：「當今惟有香港中外新聞館兼筆之王君一人，於中西文理皆能精通，譯成西書數部，恨尚未得窺全豹也」。[48]陳言在9月29日的《華字日報》似刻意發文回應，先客氣說：

> 七月二十四日（1873年9月15日）《申報》有論及香港王君事，謂於中西文理皆能精通，譯成西書數種。夫王君於繙譯之事，固極擅長，蓋於此道不止三折肱矣，其探討於西文者已二十有五年，幾於聲入心通。

文章接着說，王韜在英國曾居住三年，「略能西語，而於西文則未深涉也」。隨舉一例，說他在英國嘗與一位外國女士通訊，寫作時似乎揮灑自如，原來「專集字典而成之」。[49]王韜既然僅「略能西語」，《普法戰紀》的翻譯工作，自然是另有其人。

1873年9月初，王韜所撰的《普法戰紀》在中華印務總局完成排印，準備付運。翌年1月16日的《申報》宣佈說：

> 本館告白內有香港王紫銓先生新譯《普法戰紀》一書，寄滬發售。……王君於此事，必已大費數年之苦心矣。……故予謂此書可以為世人賞心悅目之一助，實為翻譯書中之創舉也。

文章稱該部「寄滬發售」的《普法戰紀》是王韜「新譯」的「翻譯書」，意味它是外國著作的中譯本。然而，該書的材料雖然來自張宗良及陳言的譯文，但經王韜整理編纂，並不是翻譯自外國書籍。《申報》的說法容易令讀者誤會該書即是《申報》長期刊載的《普法戰紀》譯文。《華字日報》刊載的《普法戰紀》譯文，流傳廣泛，王韜形容「其書雖未付手民，而抄本流傳南北殆遍」，[50] 可知其深受讀者歡迎。《申報》將王韜新書與該批傳播廣泛的譯文連繫，似乎有心為王韜製造聲勢，推廣新書銷售。

事實上，麥吉雅各書中所據資料以「軍營筆記」及「往來文檄」為主，着重一手史料；而王韜撰寫《普法戰紀》時則「於日報之外，博采旁搜，網羅繁賾」，以間接史料為主，[51] 若以史料價值而言，麥吉雅各的著述更勝一籌。然而，《申報》在轉載該批譯文時淡化了原著者和陳言的角色，後世史家亦不察覺，以致真相埋沒多年。

《循環日報》的創辦

報業史論著在記述《循環日報》的創辦事蹟時，一般忽略陳言的存在，例如麥思源在 1934 年的《華字日報七十一周年紀念刊》中提到，王韜與黃勝合資購買英華書院印刷設備後成立中華印務總局並創辦《循環日報》。[52] 麥文的發表時間較早，日後不少報業史著作皆沿用此說，[53] 其實陳言在中華印務總局及《循環日報》的創立上扮演着關鍵角色，下文詳述。

中華印務總局的成立

1873 年 2 月 1 日，中華印務總局在《華字日報》刊登告白說：

> 啟者，余等同人特糾集同志華人五十名，承項〔頂〕英華書院印書器具，銅鋼陰陽字模鉛板大小各字，設立有限公司，創立中華印務總局。……本公司之設，原為專益唐人起見，所舉值理三位為梁鶴巢（?-1890）、陳瑞南、馮明珊，總司理一位為陳藹廷，正主筆一位為王紫詮。……中華印務總局告白。[54]

這段告白交代局方的幾項重要安排，首先是資金方面，該局一共發行 50 股，每股 1,000 元，總股本 50,000 元，首階段先集資 25,000 元。《申報》創辦資本不過 1,600 兩（約 2,300 元），《匯報》則為 10,000 兩（約 14,300 元），[55] 可見中華印務總局資本頗為雄厚。其次，局方的機器設備、字模和鉛板等皆從英華書院購入，具獨立出版書籍和刊物的能力。最後，局方宣告正在籌組一份每日印派的中文報紙，即 1874 年出版的《循環日報》。

人事組織方面，中華印務總局三名值理皆為知名的華商領袖。梁鶴巢又名安，劫記洋行（Gibb, Livingston & Co.，亦稱仁記洋行）買辦，東華醫院倡建總理之一；[56] 陳瑞南又名桂士，德國瑞記洋行（Arnhold Karberg & Co.）買辦，同為東華醫院倡建總理，亦是陳言的潮連同鄉；[57] 馮明珊又名普熙，聖保羅書院畢業生，安記洋行（A. H. Hogg & Co.）買辦，1872 年出任東華醫院總理。[58] 陳言則擔任總司理之職，負責局方的營運管理。王韜為正主筆，初期工作主要為籌備《循環日報》。告白中並未提及另一位成員黃勝，可能他正忙於帶領第二批留美幼童出國的準備工作，未有參與局方業務，但自 1874 年 3 月 13 日伊始，他繼陳言之後出任中華印務總局總司理。[59] 局方成員之間關係密切，陳言與梁鶴巢、陳瑞南及馮明珊等經常代表華人社會與港督會面，討論民生事務。陳瑞南及馮明珊亦與王韜稔熟，曾為其徵刻《普法戰紀》籌款。[60]

中華印務總局的人事組織有兩點值得留意，首先是為何由陳言擔任總司理而不由王韜兼任，讓他一統事權？其次，陳言為何接受相關職事？局方日後出版的報紙，必成《華字日報》競爭對手，他為何要幫助對手？目前文獻對以上問題未能提供解答，以下試作推測。梁鶴巢、陳瑞南和馮明珊等皆為精明商家，其用人決定必經深思熟慮。陳言剛於1872年成功創辦《華字日報》，辦事能力得到證明。梁鶴巢等知人善任，希望借助他的經驗為局方籌措前期工作。至於為何陳言願意接受任命？相信是由於他對發展香港中文報業的熱忱，希望推動華人辦報的風氣，所以不計較個人得失，欣然受命。事實上，陳言在《循環日報》出版不久便功成身退，重新專注原來職務。

陳言在中華印務總局宣佈成立之前，已協助局方向英華書院洽購印刷設備，他與書院傳教士的交涉經過，記載在倫敦傳道會華南區檔案（London Missionary Society Archive, South China: Box 7）之中。[61]

英華書院擁有全套印刷設備，主要業務為代工印刷，它同時供應鉛字活板給其他印刷商。自1867年開始，書院的收入拾級而下，長期客戶墨海書館於1866年關閉，競爭對手上海美華印書館（American Presbyterian Mission Press）逐漸取代英華書院的市場地位，令書院錄得連年虧蝕。其英國母會倫敦傳道會決定結束英華書院的印刷業務，並準備出售所有印刷設備，工作由理雅各和歐德理負責。[62]

1873年1月，陳言開始與英華書院洽談購買設備之事，理雅各等開價10,000元出售包括印刷機、鑄字機、鉛字模和銅字模等生產設備。陳言表示願意接受開價，但希望租用書院現有廠房繼續運作。理雅各等提出廠房年租500元、印刷工人逢周日休假、日後在廠房出版的報紙不得刊載反基督教的言論等條件。陳言不希望將來業務受到不必要的限制，建議改租賃廠房為購買，並要求在原有樓房加蓋一層，但不獲理雅各等接受，只好另覓廠房安置生產設備。此外，理雅各等更要求陳言以英華書院原來價格，承印英國聖公會及其他教會的刊物。陳言為確保日後印務的盈利，要求在合同上訂明承印條件，如最少印刷數量及紙價標準等。雙方再經多輪商議後，於 1873 年 2 月 1 日簽署買賣合同，簽署人為陳言、理雅各及歐德理等三人。[63] 從陳言與英華書院的交涉可見，他處事謹慎周詳，以局方的長遠利益為優先，梁鶴巢等可謂任用得人。

1873 年 5 月 19 日，中華印務總局在《華字日報》刊登告白，說其印刷業務已投產三個月，現剛搬遷至荷李活道 29 號繼續營運。局方印務相當忙碌，正在排印王韜的《普法戰紀》、湛約翰（John Chalmer, 1825-1899）的《英粵字典》，以及鄺其照（1843-?）的《華英字典》等書籍。告白強調，局方的印刷機器「排印極為神速，無論千百種書，皆可隨時應給」，能夠為各界提供優質的印刷服務。[64] 同年 9 月 5 日，中華印務總局再向外公佈，《普法戰紀》刻印工作告成，全部 1,000 套書已完成裝訂，準備付運。[65]

中華印務總局於 1873 年 2 月宣佈成立，5 月中旬搬到新地址運作，9 月初陸續印刷及出版書籍，翌年 2 月正式出版《循環日報》。在創業首年，局方已經歷招股籌備、與英華書院洽購設備、招聘及訓練工人、搬遷設備、安裝機器、投產和銷售等的工作。作為總司理的陳言，負責統籌全局，責任繁重，同時還要兼顧《德臣西報》和《華字日報》的正職，可謂魄力過人。由此可見，陳言已實際成為香港中文報界的領導人物，既得到華商領袖梁鶴巢、陳瑞南、馮明珊等的信任，亦獲得報界前輩王韜和黃勝等的支持，而他加入報業才不過兩年多。

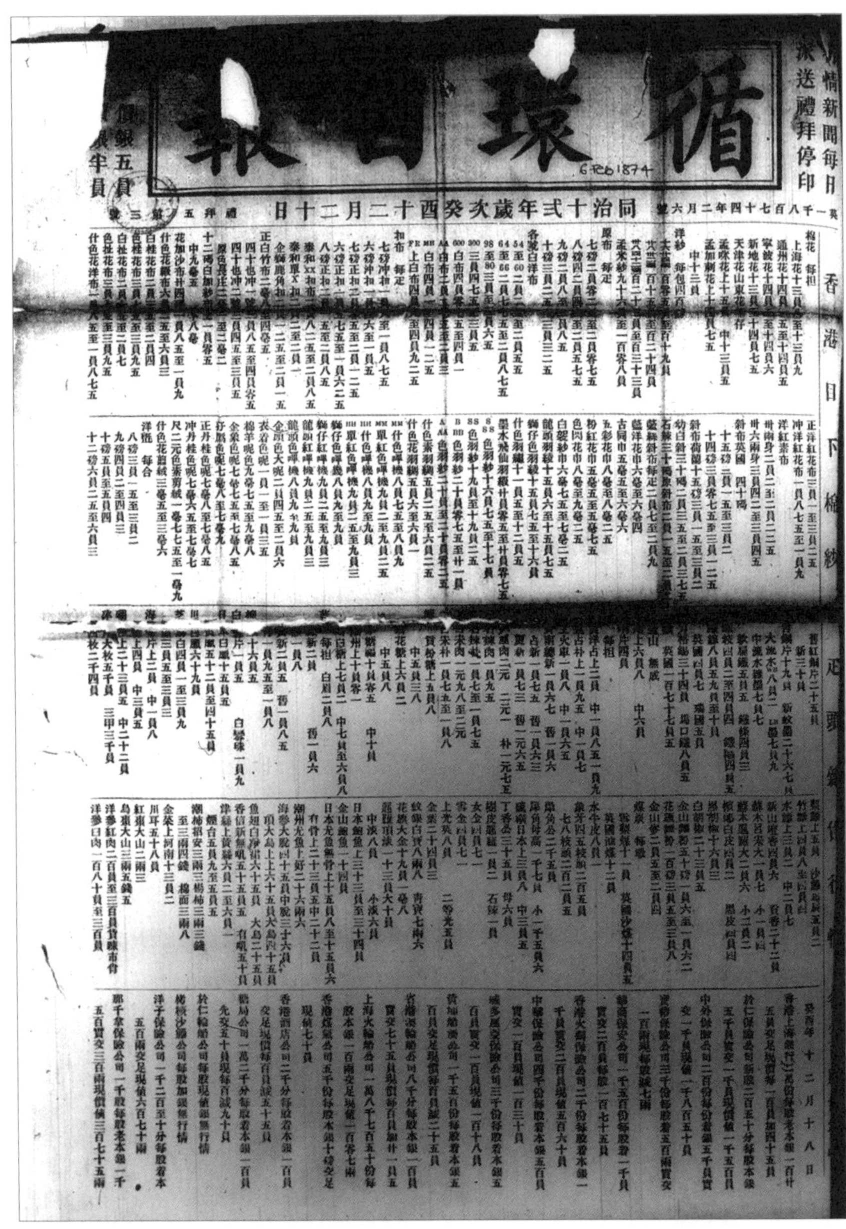

循環日報

同治十三年歲次癸酉十二月二十日　禮拜五　第三號

英一千八百七十四年二月六號

香港日下行情

《循環日報》1874 年 2 月 6 日第 3 號頁 1

《循環日報》創刊

1874 年 1 月 29 日，中華印務總局在《華字日報》宣佈：

> 啟者，我同人創設中華印務總局將一年矣，然而日報一道，猶未舉行也。今擬刻期於十二月中旬首為開辦，每日按時分派，並無間斷，每月逢星房虛昴之日停止不送，……是報之行，專為裨益我華人而設。周年酌取五大員，稍以裒助紙墨之需，其命名則曰《循環日報》。

告白指出，《循環日報》的宗旨是「專為裨益我華人而設」，內容上「博采群言，兼收並蓄」，凡是有關國計民生、外國消息、科技製造、運輸往來、山川風土等新聞，皆會全面覆蓋。報館對中外新聞皆「必求實錄，不敢以杜撰相承」，期望可以「俾在上者知所維持、在下者知所懲創」。告白最後說：「傷心人別有懷抱，閱者其共諒斯旨也哉。」[66] 相信這是王韜的夫子自道。陳言當日在〈創設《香港華字日報》說略〉中說：「區區之心，實不僅欲為前此所未有之創舉，而甚欲為後所僅有之美舉也」，[67] 透露出雄心壯志，與王韜語調殊異，反映二人性格及際遇上的差異。

1874 年 2 月 4 日，籌備多時的《循環日報》終於面世，報紙的出版訊息印上：「此新聞紙係由香港第五約荷李活道第二十九號中華印務總局王韜刊印。」王韜成為繼陳言之後，另一位出任香港報紙法定督印及出版人的華人。該報出版初期的版式與《華字日報》類似，[68] 報頭正中印上：「循環日報」四個大字、右邊是「行情紙每日派送，禮拜停印」、左邊為「周年價銀五員，每月價銀半員」，下一行則印有西曆日期、中曆日期、星期和報紙期號等訊息。報紙的第一版刻有「香港目下棉紗花匹雜貨行情」及「各公司股份行情」的商業消息、第二版至第版分成個直欄，每欄欄高 97 個字，橫行為 10 個字。《循環日報》的新聞版面較《華字日報》多，第二版全頁及第三版大部分版面皆用作刊載新聞，第四版則是全頁的廣告。[69] 該報的新聞一般分類為「《京報》」、「羊城新聞」及「中外新聞」等欄目，與《華字日報》的分類相似，只是排序上以「《京報》」欄目為首。

王韜在創刊前後期間曾發表多篇文章闡述其辦報方針，[70] 以下作一梳理：

一、辦報原則以華人利益為先：「是報之行，專為裨益我華人而設」、[71]「所有資本及局內一切事務皆我華人操權，非別處新聞紙館可比」。[72]

二、新聞內容力求廣博和真實：「本局用是博采群言，兼收並蓄」、[73]「其有關中外者必求實錄，不敢以杜撰相承」；[74] 報紙將提供全面的時事評論：「凡時勢之利弊，中外之機宜，皆得縱談無所拘束」。[75]

三、促進商業發展：「若夫物價之低昂，火船之往來，以及《京報》告白等事，亦俱隨時登入，以便於觀覽。」[76]

四、廣邀讀者來稿：「設使遐邇名流，四方雅士，苟有鴻詞偉論，⋯⋯賜知本局，自當亟為登錄。」[77]

五、藉報章傳播西學：「至於廣為翻譯，備加蒐羅，俾足以佐中治、稔外情、詳風俗、師技藝，⋯⋯足以資我聞見。」[78]

六、教化社會：「至於世態傾險，因果報應，亦間列一二，俾觀者得以感發善心。」[79]

七、影響政治：「且夫國之大患，莫若民情壅于上聞，民情不通」、[80]「至於庶民疾苦賴以上通，聖主殊恩自然下達，⋯⋯可為人心之主柄，政治之權衡矣」。[81]

《循環日報》的辦報方針與陳言當日為《華字日報》所訂立的相似。在辦報宗旨上，兩報同樣宣揚報紙由華人主持，以爭取華人利益為己任。[82] 所不同者，中華印務總局資本雄厚，擁有齊全的印刷設備，所以王韜宣稱「非別處新聞紙館可比」。[83] 在報紙內容上，二人俱標榜為讀者提供廣博詳盡的報導，王韜強調「博采群言，兼收並蓄」；[84] 陳言承諾報紙報導「載無不周，採無不遍」。[85] 陳言對採訪新聞的要求是「務期乎至新至真」、「務徵實事，弗尚虛辭」；[86] 王韜亦說：「不敢以杜撰相承」，[87] 但他同時指出，不可能每一宗新聞都能實地查證，報紙的目的是「借彼事端發揮胸臆，以明義理之不誣，報應之不爽」。[88] 王韜以為新聞等於教化的觀念，反映其傳統儒生心態。在評論和分析時事方面，王韜是「皆得縱談無所拘束」，陳言則「知無不言，言無不盡」。[89] 兩者皆鼓勵讀者來函，並會將其中特佳的文章轉譯至英文報紙，讓讀者的文章「庶俾中外並沾厥益，用誌景仰之懷」。[90] 同樣地，陳言與王韜皆重視報紙在傳播西學上的功用，希望讀者從閱讀報章中得到更多西方知識。王韜對報紙的政治功能着墨稍多，認為報紙可令民情「上通」、政令「下達」、「可為人心之主柄，政治之權衡」；陳言亦提出，報紙的報導及言論能讓當權者「俾知其政治之得失，悉其民情之向背」，[91] 二人基本上彼唱此和。

《循環日報》與《華字日報》在對外宣傳的訊息上，亦有相類之處，例如以下兩段英文啟事，上一段是《循環日報》在《孖剌日報》的出版廣告，下一段則是《華字日報》於 1872 年的創刊啟事：

The field open to a paper of the description of the proposed publications – conducted by native efforts, but progressive and anti-obstructive in tones – is almost limitless.[92]

The field open to a paper of this description – conducted by native efforts, but progressive and anti-obstructive in tone – is almost limitless.[93]

兩段文字基本相同，相信是陳言依樣葫蘆，據當年的《華字日報》出版告白改寫而成。此外，陳言非常重視報紙的分銷渠道，他的經驗對《循環日報》有重要作用。該報在創刊初期，已在中國內地、日本、安南、星加坡、檳城、三藩市、墨爾本及悉尼等地建立分銷處，更得到招商局的協助，為其負責中國內地和日本通商口岸的分銷工作。[94]影響之下，該報的分銷網絡比早期的《華字日報》更為全面。

《華字日報》和《循環日報》在辦報方針、報紙版式、對外宣傳以至分銷策略上如循一軌，反映陳言曾經主導《循環日報》的創建工作，影響它的出版面貌。陳言在中華印務總局擔任總司理至 1874 年 3 月 13 日，其後職事由黃勝代替，[95]可見他的主要作用在籌劃聯絡方面，《循環日報》之得以成功出版，陳言亦功不可沒。

事實上，中文報業在陳言加入以前，已出現了一批如黃勝、王韜、伍光、張宗良等的華人主筆，分別效力於《中外新報》及《近事編錄》。黃勝曾在英華書院主持印刷業務，出版經驗豐富；王韜文名響亮，熟悉報紙編輯工作；張宗良與伍光同為聖保羅書院學生，中英俱佳，前者對歐洲事務認識尤深。以上各人皆是早期的報業翹楚，為何中文報業的重要轉折到 1872 年後才出現？相信這與當時的社會發展及陳言的際遇有關。自東華醫院成立後，華人的力量得以更好地凝聚，他們除了在商業發展上不讓外商專美外，更逐漸擴大其對文化領域的影響。中文報紙在開始的時候得不到華人的重視，這種情況自 60 年代後期發生改變，部分有識之士對報業有較多的認識，並開始意識到，香港需要有一份真正屬於華人的報紙，當時缺乏的就是願意披荊斬棘的開路先鋒。正如陳言說：「何香港於唐字日報獨為缺如，豈乏勝流莫之首倡乎？」[96]不巧的是，黃勝、王韜、伍光和張宗良等人在該段期間，皆先後離開了報業。[97]與此同時，陳言正準備辭任巡理府，他認識了德臣報館的聖地，得悉其有意出版中文報紙。陳言希望借助德臣報館的知識技術及印刷能力，實現自辦報紙的想法，遂毅然擔起「首倡者」的角色。《華字日報》的成功面世鼓勵了華人社會，印刷規模完備的中華印務總局遂應運而生。局方借助陳言的經驗，籌備出版《循環日報》，結果令中文報紙的發展再邁進一大步。陳言雖是報業新手，因緣際會下卻後來居上，報業成就超過黃勝、王韜、伍光、張宗良等前輩。

《華字日報》與《循環日報》的報導權衡

陳言與王韜的辦報方針相當類似，兩者在實際處理新聞報導上又是否一致？以下試從編輯手法、新聞文體及真確性、時事評論等三方面比較兩份報章。

編輯手法

新聞報導是一種有意識的選擇，編輯決定採用什麼材料、怎樣敘述和評論事件，當中反映編輯對新聞事件的理解、立場及新聞理念。以下試從《循環日報》及《華字日報》對相同事件的報導，觀察陳、王二人的編輯手法。

1874 年 5-6 月間，《華字日報》多期報導中國內地官員文通越境到香港執法一事，陳言在報導中同時闡述事件涉及的法律問題，如《萬國公法》對國家邊界的規定、香港法庭核實中國內地官員身份的程序、越境執法對中英外交關係的影響等，讓讀者在了解案情之餘，亦可增加對國際法及外交事務的常識。《循環日報》於 5 月 19 日及 21 日的報導同樣提及文通越境執法之事，但內容概括，只歸咎事件為「蓋其誤由於兩國界限黑夜中未能辨明」，[98] 並無詳論案件的複雜性質。陳言與王韜對事件的評論，反映二人對國際法及中外交涉的不同認知。

1874 年 7 月 13 日，《循環日報》報導一宗香港消息說：「港中機利文街有甲乙持刀相鬥，均已受傷，舁往醫館。巡理府乃自至醫館詢錄口錄。」[99] 同日《華字日報》的報導則寫作：

> 有二人前日於機利文街以眦睚小忿，竟爾興鬥，繼而相向以刃，彼此均受重傷，後舁之於醫館，而其中一人更劇。西醫士驗之，防其危在旦夕。於是立以函致府憲，特請錄其口供詞。麋君（按：即梅理，Charles May, 1817-1879〕），時任巡理府首席裁判司）接書，遂即移玉而往。其人生死未卜云。[100]

兩文比較，《華字日報》除記錄現場械鬥情況外，同時交代傷者的傷勢、現場醫生的反應，以及梅理接信後趕到現場查察的經過，展示陳言在掌握新聞事件細節上，比王韜較為深入全面。

1874 年 7 月 17 日，《華字日報》報導普魯士首相俾斯麥（Otto E. L. Bismarck, 1815-1898）被行刺的經過：

> 英京電報：五月三十日（7 月 13 日），普國有宰輔卑士麥（按：即俾斯麥）坐馬車馳至奇仙傳左右，突來一人以手鎗彈之，中其手腕，所傷甚輕。當時行刺之少年人已被拿獲，究不知何故。[101]

同日的《循環日報》亦提到該宗行刺事件：

> 普相卑士麥位冠百寮，秉國之鈞，⋯⋯其於布政立法也，

> 雷厲風行，奉令者率皆遵循維謹，罔敢或違。而於辦理天主教士一事尤嚴。……而凡天主教中人，無不疾之如讎。現聞其為人所刺，蓋其行於道中，忽有鳴鎗擊之者，彈出傷其手腕。……則行刺之人年甚少壯，而不知其姓名。

翌日的《循環日報》再有跟進：

> 普相卑士麥前以駕車出遊，行至奇仙禪地方為刺客所傷，兇手立即被獲。顧一時莫知其姓名也，後乃知其為傭作之人。其人蓋入天主教者，大抵以卑士麥苛待其教，常有怨心，故思一報而後快。[102]

7 月 17 日《華字日報》的報導翻譯自英國電報，內容簡要。[103]同日的《循環日報》在敘述行刺事件時，提到俾斯麥與天主教的積怨；18 日的報導更推測行兇者的動機是報復俾斯麥對待天主教的政策。王韜的推測與事實相差不遠，19 日的《紐約時報》證實，行兇者名為 “Kullmann”，為「教宗至上論」（Ultramontane）教會的成員，該教與俾斯麥一向不和。[104]王韜曾撰寫《普法戰紀》，對普魯士局勢有一定認識，他在報導中加入俾斯麥與天主教結怨的敘述，令讀者對行刺事件的背景有較多的理解。

1874 年 6 月 3 日，《華字日報》刊登日軍侵台新聞，標示消息來源為：「有西人自日本進攻台灣之營遞來初七日（按：即 5 月 22 日）消息」，內容講述日軍於 5 月 22 日及 23 日連續兩天進攻番社的經過。翌日的《循環日報》亦刊出一篇題為〈日本進攻生番確耗〉的文章，內容與《華字日報》基本相同，只是行文稍作修飾。《華字日報》的文章其實翻譯自 6 月 2 日的《孖剌日報》，《循環日報》採用同一資料來源，但陳言翻譯在先，王韜的新聞變成舊聞，且有摭拾其翻譯之嫌，可見《華字日報》在發佈重要消息上更為迅捷。[105]

1874 年 7 月 13 日，《循環日報》刊登一則新聞說：

上海高昌廟設局製造水雷，係以電線轟發者，特為巧妙，便捷無有倫比。當之者雖數千墩之船，能載千數百之兵，無不立成虀粉。日本鐵甲船至此，蓋無能為矣。[106]

同日的《華字日報》寫道：

上海高昌廟處炮局將所製之水雷砲於前數日業經試驗，係用電線燒放，霹靂聲騰，船板有若天花亂墜。……現聞中國各處海口，皆布置安頓之。倘日本與中國啟釁於台，日本雖有鐵甲之船，吾恐隻輪不返也。……以之守海隘之險，匿而藏之，甚是妥協，但以之往攻敵，未審能否可用。[107]

從比較兩文可見，《華字日報》的報導除了介紹水雷砲的威力外，更提及清廷軍隊在沿海佈置水雷砲的情況，以及水雷砲對日軍鐵甲船的威脅；《循環日報》的報導則較為簡單。當時日軍已經駐紮台灣牡丹社，中國會否與日本開戰備受外界注視，陳言留心有關消息，故而作出較詳細的報導。

本文上一章討論到《華字日報》及《申報》在採訪日軍侵台上的表現，兩報可謂各擅勝場。相對而言，《循環日報》則較為遜色，它並無派員到台灣採訪，不少戰事新聞亦轉錄自《申報》。但王韜另闢蹊徑，1874 年 5 月伊始在《循環日報》刊載一系列台灣生番紀實，首三篇稱為〈台灣土番考上、中、下〉，其後改名為〈台灣番社風俗考〉，內容圍繞生番的歷史、文化、社會結構和生活狀況等，前後刊出十多篇。《申報》對這批台灣生番紀實亦作不定期的轉錄。王韜這批文章對研究台灣原住民的歷史別具意義，[108] 惟其新聞價值則不如《華字日報》及《申報》的相關報導。

以上例子反映陳言及王韜在編輯新聞上各有側重，前者較重視新聞的全面及時間性，致力為讀者提供較詳盡及新近的消息；王韜則囿於一般文人敘述及評論時事的框框，未能展現專業報導的特色，二人在編輯新聞的手法上高下立判。

新聞文體及真確性

早期的中文報紙，無論是外國人主持或中國人自辦的，對報紙內容的處理並不規範，編者習慣將新聞報導及時事評論等新聞文體，與筆記小說、歷史掌故、奇聞軼事等拼湊一起，形成文體混雜的現象。方漢奇分析這現象說：

> 種種情況表明，在新聞文體的發展歷程中，當時存在着兩種明顯的傾向，一是新聞文學化的傾向，一是尊重新聞特性、報導事實的傾向。這兩種傾向錯綜複雜的交織在一起，因而在一個時期內出現了五花八門的各種新聞文體同時並存的混亂狀態。[109]

陳言在編撰日軍侵台的新聞上，展示他重視報導事實的傾向。然而，在當時的報業風氣下，《華字日報》仍不免隨俗，在一些新聞敘述中，加入非新聞的文章，呈現文體不一致的面貌。例如 1872 年 5 月 6 日的《華字日報》刊登一篇題為〈討河東獅檄〉的文章，作者煞有介事地介紹說：「遂借題發揮，願讀者皆過師枕上，運籌帳中，當修矛戟以同仇，毋曰文章之遊戲」。[110] 全文長達 400 字，內容似在訴說兇惡妻子的種種不當。作者引經據典，但顯然與新聞事實無關。王韜在出版《循環日報》時亦表示：「下至軼事奇聞，令閱者足以賞心豁目，如入波斯之國，但覺滿目琳瑯，驚所未睹，咸即按日登刊，馳報各省，務使行之及遠，雅俗共賞。」[111] 意味着他在選擇刊登文章時以趣味行先，不特別區分新聞事實或文學創作。《循環日報》出版後亦沿此方向，報紙的新聞與非新聞文體兼而有之。以該報 1874 年 2 月 12 日的一期為例，當日報紙刊登王韜撰於 1864 年的舊文〈弢園述撰〉，內容講述國家應該如何平賊及恢復秩序，話題嚴肅。在同一頁中，編者另刊一文〈情悟〉，記載某甲在冶遊時遇上一位善良妓女的故事。[112] 兩段文字主題及文體迥異，國家大事與兒女私情並列，形成不一致的風格。這種文體混亂的現象，隨着報紙副刊的出現才漸有改變，報紙的主體刊登新聞報導和時事評論，其他雜文、小說、文藝創作等則被編入副刊之內，報紙的新聞文體才進入一個較規範的階段。[113]

另一個與新聞文體相關的問題是新聞的真確性。報紙的功能原是為讀者提供新近及真確的消息，惟兩者之間存在一定矛盾。假如報館為求迅速發佈，對消息不進行查證，可能令「新聞」變成「風聞」或「傳聞」，失去新聞價值；反之，若然報館花上大量時間認真查證，「新聞」則可能成為「舊聞」。其次，新聞並非嚴謹的學術文章，主筆不免要考慮其閱讀性，在表達上稍作潤飾，令枯燥事實變得較為有趣，過程中可能出現所謂「小說化」的現象，同樣影響新聞真確性。[114] 面對以上複雜問題，編輯要在「真新聞」與「風聞」、「新聞」與「舊聞」、「枯燥敘述」與「生動描寫」之間作取捨，並不容易。王韜在出版《循環日報》時表示：

夫以省會之繁眾，州郡之遼遠，一己之耳目，安能家考而

> 戶問之。其出於風聞而得其大概者，不過借彼事端發揮胸臆，以明義理之不誣，報應之不爽。[115]

他對所謂「風聞」的消息並不抗拒，認為新聞的作用的是懲惡勸善，消息真實與否反而次要。事實上，《循環日報》不少新聞採取「風聞」的消息，亦呈現小說化的傾向，有如以下三例：

1874 年 2 月 11 日，《循環日報》刊登一篇題為〈老翁失守〉的新聞，聲稱白石村內擺渡人皆染上痲瘋病，村中一名老翁嘲笑染病者年輕衝動，為淫婦所惑，以致染上可怕疾病。未幾，老翁亦因狎玩一名少女而患上痲瘋病。村民恥笑他與其他擺渡人一樣染病，老翁不甘被辱，憤而投河自盡。[116]

同年 2 月 21 日，《循環日報》登錄一篇題為〈奸謀自墮〉的文章：李某母親不幸身故，無力殮葬，一位局紳代他出資安葬母親。李某不思感恩圖報，更設局陷害局紳，他準備送上一名患上痲瘋病的女子嫁給局紳為妾。李某弟弟及兒子卻貪圖女子美色，先行將她姦污。女子嫁入局紳門後揭發李某陰謀，更將年輕美麗的妹妹嫁給局紳。李某弟弟及兒子則染上痲瘋病，落得手腳被截肢，李某害人終害己。[117]

同年 7 月 27 日，《循環日報》刊出一篇題為〈談鬼〉的消息，講述香港某甲娶了一名美麗的歌星為妻子，婚後生活愉快，卻無端遭到鬼魂的纏繞。某甲請了一位名叫鬼王燦的人為他驅鬼，經他施法後，鬼魂再無現身。文章接着說，最近有一名姓周人士從江西來到香港，同樣以治鬼聞名，不知他與鬼王燦的法力誰高。[118]

以上新聞皆置於「中外新聞」欄目，王韜採用別出心裁的標題，內容並無標示消息來源，相關敘述亦是光怪陸離，真正的鬼話連篇，流露新聞小說化的傾向，故事結果俱是福善禍淫，反映王韜所謂「以明義理之不誣，報應之不爽」的新聞思想。[119]

陳言對處理新聞事實的態度上較為認真，他在創辦《華字日報》時強調：「務徵實事，弗尚虛辭，弗採諸贋說浮言，毋取乎街談巷議」，[120] 表明會盡量選錄較為可信的消息撰寫新聞。例如他在 1872 年 7 月 19 日《華字日報》的一篇報導說：「閱《中外新報》論粵東輪船抵港之役，報美國輪船於廈門汕頭有失所在一語。本館業已訪詢殆遍，罔有知其事，大抵事屬子虛耳。」他懷疑《中外新報》報導有誤，特意四出訪查，證實並無其事，隨即刊文澄清。[121] 同年 8 月 30 日的另一則新聞再指出，日前《中外新報》報導郭勝已逃離香港，但經報館記者調查後，發覺他仍身處香港，批評《中外新報》散佈未經證實的消息。[122] 另一例子見於 1874 年 2 月 30 日的「羊城新聞」，文章說西華坊杜某的妻子誕下一名生有兩對手足和眼睛的嬰兒，形狀怪異，嬰兒剛出母胎便已夭折。陳言認為事件過分奇特，特意「細行訪問，則知其事果非虛也」，[123] 才決定刊諸報上。從以上三例可見，陳言對一些可疑的消息會盡量查證真偽，避免散播虛假新聞。

此外，陳言對《循環日報》一些渲染鬼怪異象的報導亦有所抗拒。1874 年 7 月 13 日《華字日報》的一則報導說，7 月 9 日晚上，監獄內突然喧聲鼎沸，仿如雷動。接着有犯人聲稱見到最近死去的獄官，眾囚犯驚惶呼叫。監獄守衛聞聲以為囚犯越獄，持鎗趕至，聲音突然靜止。同日《循環日報》的記載說：「前夕獄中喧傳見鬼者，一時喧聲鼎沸，或疑為獄囚越獄脫逃，細察之非是。徐聆之，則寂無影響。蓋獄囚誤見人影，而以為鬼耳。」[124] 王韜在報導中接連用上「喧傳見鬼」、「而以為鬼耳」等語形容事件。7 月 16 日的《華字日報》再提到 9 日晚上監獄發生的事件說：

> 如前錄獄中謂有見鬼者，…… 非謂獄囚誤見人影，怪自心生也。夫鬼者歸也，人死魂歸其宅曰鬼。此鬼之確有自來也。要之鬼神之道，聖人立教，必假借以化愚蒙，則論古貴乎通今。達識之君子，自能辨別之者。[125]

陳言所謂「達識之君子，自能辨別之者」，似是針對王韜 7 月 13 日的報導。

陳言對嚴選新聞真偽的立場較為清晰，但在當時報業的客觀條件限制下，亦不免採用「風聞」的消息。這種情況在處理「羊城新聞」時尤為明顯。《華字日報》1874 年 2 月 24 日的「羊城新聞」提到一則居於梧州某少年的消息，說他與家中美貌傭婦發生關係，並偷去妻子的首飾送予傭婦。後來東窗事發，傭婦竟以蒙汗藥迷暈主人，偷去金飾後逃之夭夭。少年打算報官處理，妻子勸他三思，表示某君亦因其妾侍挾帶私逃告上公堂，結果反被報官府敲詐，弄至家破人亡。文章稱讚妻子「可謂善於規諫其夫，稱之以賢內助夫何愧焉？」這則新聞敘事詳細，但對於人物、地點及消息來源皆無交代，令人懷疑是否事實。要之，《華字日報》內的「羊城新聞」大部分屬於這一類記事，主觀上，陳言希望向讀者提供最真確的報導，實行上卻未能盡如人意。

時事評論

《循環日報》特色之一是經常刊載論說文章，文章多以「說」、「論」、「考」等來標示，當中內容龐雜，中外古今無所不談，未必與當日的新聞有關。[126]《華字日報》的論說文章較少，陳言的時事評論一般融入報導之中，較少獨立成章。以下就《循環日報》及《華字日報》的一些時事評論比較二人的思想主張。

陳言曾在《中外新聞七日報》發表一系列關於中國礦藏的文章，提出中國應該借助西方技術開採礦源，善用地下資源增加國家收入。王韜在採礦問題上亦持相同見解。1874 年 7 月 20 日，《循環日報》提到唐廷樞準備向清廷提請設立煤礦，王韜表示：「唐君此行，當能於富國利民更勝一籌」，對有望在內地發展礦業感到高興。1874 年 7 月 23 日，《循環日報》以〈中國煤不足用〉為題講述內地煤炭供應問題。文章指中國對優質煤炭需求甚殷，輪船及機器製造皆需要大量煤炭，內地卻無合適供應，只能夠倚賴外國進口，他朝一旦中外失和，外國可能實施禁運，後果嚴重。他呼籲說：「我國山礦甚饒，方且取之無盡，又何用借材於異地哉。故至今日，開礦一事亦為當務之急。」[127]

陳言重視外國電報技術的使用，強調電報在發展經濟及支援軍事上的功能。王韜同樣關心中國的電報建設，1874 年 7 月 27 日的《循環日報》刊登〈西人願代立電線〉一文，指上海有某西人計劃向中國政府申請鋪設電報線，資金由他先行墊支，並承諾日後電線開通後將為中國政府免費提供服務。王韜認為：「此則可見電線一舉，足以獲利之一班矣。今日既有此易置之美事，我國家曷不即從而試用歟？」1874 年 5 月 27 日，《華字日報》的報導指，有某西人向兩廣總督瑞麟提出鋪設廣東至香港的電報線，瑞麟似乎頗為喜悅。文章呼籲瑞麟認真落實架設電報線的建議。翌日的《循環日報》亦提到瑞麟之事，王韜表示：「特不知民間溺於風水之說者，聞信之餘，或不能訾議耳。噫！可與樂成，難以圖始」，認為民眾樂見電報落成後的好處，行動上卻未必配合及支持。比較二人言論，可見陳言在推廣電報建設上更為積極，不惜向瑞麟直言進諫，王韜則抱持觀望態度，心態上有所不同。

陳言在論及日本維新改革時，對其進展讚嘆不已，認為中國應該借鑒日本經驗；王韜則另有見解，在經濟發展問題上更展示他保守的一面。

1874 年 6 月 6 日，《華字日報》報導日本政府上年度的財政狀況，說政府全年盈餘 26,700,000 日圓，對外債務則有 17,080,000 日圓。陳言形容日本財政狀況穩健，「如是可冀其國債驟清而庫藏日稔矣」。[128] 6 月 8 日的《循環日報》亦有報導該則消息，王韜指出，日本財政尚有盈餘，足夠支持國家日常開支，「誠能痛加樽節，一切措施務持平允，無至於見異而思遷，又何至告貸於遠鄰乎？」[129] 對日本政府向外借貸之舉不以為然。以上兩文揭示二人對西方經濟模式的不同理解。陳言認為向外國借貸發展經濟正常不過，最重要的是國家有辦法償還債務；王韜則主張國家理財以謹慎樽節為主，不應向外大舉借貸。[130]

中國科技發展落後，在建設現代實業的過程上，必須借助外國人才，陳言在評論福州船政局時就提到：「師長技致實用，足為自強計，雖費何害」。[131] 說明他對引進外國技術的重視。1874 年 7 月 16 日，《華字日報》引述消息指：「日本欲請一法人在日之船局製作船之機器。日人可謂苦心孤詣，精益求精。聞日之外部大臣已准其所請云」。同日的《循環日報》亦有提到該則消息，王韜表示，日本嚮往西方技術，花費巨資投入建設，甚至不惜向外借貸，志氣雖然可嘉，卻非聖人治國之道。[132] 陳言稱譽日本利用西方人才發展軍事，王韜則一貫其樽節國用的主張，二人思想差別明顯。

日本自維新運動伊始，便根據西方法律制度改革國內法律，藉此要求列強取消治外法權。1874 年 7 月 16 日，陳言在《華字日報》報導相關消息後評說：「中國所最虧者，惟許西人不在地方官治下一款，而百端從此生矣」。提議清廷另訂法律，專門管治在華居住的外國人。同日的《循環日報》亦有報導以上的日本新聞，王韜表示，日本的改革法律措施「貌似而非神似」，恐怕不能得到外國政府的支持。他同時提到，華人有意見要求取消治外法權，認為中國人在外國犯法歸當地法官審理，外國人在中國內地犯法卻不容許中國內地官員干涉，並不公平。王韜評道，華人的要求不會獲得外國接受，華官動輒施以嚴刑峻法，並非仁者所為，行為令外國人反感。陳言與王韜，一主改進中國律例，積極解決問題；另一則傾向接受中國刑法不公的現實，似乎不思求變。

陳言雖然欣賞日本政府在實行改革上的決心，但對其出兵台灣之舉極為不滿，他在 1874 年 4 月 8 日的《華字日報》強調說，台灣屬中國領土，日本縱要懲治生番，亦應該由中國採取行動。[133] 王韜對日軍侵台的立場上卻似乎前後矛盾。1874 年 6 月 2 日，《循環日報》一篇文章說，台灣地理位置優越，土地肥美，物產豐盈，日本若能在戰事中獲勝，將台灣納入版圖，加以招商發展，必然有利其經濟發展。反之，中國已佔據台灣近 200 年，當地經濟仍未見有重大起色，作者更說：「若以私見言之，則竊願日本勝而不願中國勝也」。該文作者以經濟發展為先，支持日本奪取台灣，置國家主權和民族尊嚴於不顧，更遑論戰禍而引起的傷亡，未免有違民族大義及人道精神。《循環日報》7 月 11 日的另一篇文章卻轉而指摘日本侵略台灣。事緣一名日本讀者馬高度在《字林西報》發文為日本攻台辯護。《循環日報》發文詰責馬高度言論偏頗，批評日本摧毀番社，殺傷生番，令番民蕩析流離。日軍在殺戮番民之後，本已一雪仇恨，仍然盤踞不去，可見居心叵測。[134]《循環日報》文章一般不落作者名字，以上兩篇文章是否出自王韜手筆不得而知，但他身為報紙正主筆，有責任審視報紙言論。假如他不同意文章觀點，理應拒絕刊登，如今兩篇文章前後刊出，立場反覆混淆，令讀者無所適從，王韜實在責無旁貸。

嫌隙漸生

陳言和王韜不同的新聞理念，演變成二人衝突的導火線。1874 年 7 月間，中國火船「永保」號由福州駛來香港，《循環日報》於 21 日起多期報導該船的消息。29 日《華字日報》發文批評《循環日報》說：

> 日報為眾人耳目，所關要亦不可不慎，如《循環日報》前錄所譯出，永保火船駛至中途，為日本官憲所執等語。雖其言之真偽，本館未有確聞，而準理推情，似有不可信者。蓋永保業於初六日揚帆赴台，計程儘可抵埠。且中國與日本仗務之舉，未有明文，日本豈敢大肆兇殘，橫行無忌耶？即永保為日本砲舶所拿，豈待今日始知乎？此可決其必無之事也，亟錄之以誌其訛。[135]

《華字日報》編者對《循環日報》未經核實，便譯錄永保火船被日軍拘押的消息表示極度不滿，更「亟錄之以誌其訛」。《華字日報》的批評引起王韜強烈反應，他在翌日的報上反駁說，若然每宗消息皆須查證後再行登錄，必然錯失時機。《循環日報》的報導是翻譯自《德臣西報》，《華字日報》與其屬同一家印刷機構，理應先追究《德臣西報》的責任，不應該諉過他人。[136]《華字日報》沒有直接回應王韜的發文，但編者似乎心存介蒂。31 日，報紙在討論另一則不實新聞時，再提到永保火船的消息說：「而好事者輒以浮言悚人耳目，其激厲人心乎，抑恐嚇人志矣！」編者顯然對王韜的駁斥忿忿不平。陳言於 29 日隨黎召民乘船前往廈門，當日《華字日報》批評《循環日報》的文章不一定出自他手筆，31 日的文章更與他無關，但他一向強調新聞真確性的重要，相信其下屬亦秉持陳言的原則辦事，故而與王韜發生磨擦。

陳言與王韜的衝突，表面上涉及二人不同的新聞觀，真正的矛盾卻源自兩報的競爭，兩者在 1875 年一宗涉及中英外交糾紛的報導中再起衝突。是年 2 月發生所謂「滇案」，英國翻譯官馬嘉里（Augustus R. Margary, 1846-1875）在雲南協助英國一支勘測隊工作時被殺。英國駐華公使威妥瑪向清廷提出交涉。清廷簡派李鴻章為談判代表，雙方於 8 月間在天津展開商議，威妥瑪向李鴻章提出七項要求。[137]《華字日報》與《循環日報》的衝突，正源於兩報對相關事件的報導。

9 月 21 日，《循環日報》刊出威妥瑪提出的七項要求。《華字日報》隨後發文指出，《循環日報》的報導乃抄錄自《申報》，資料來自華人，其真確性成疑。王韜在 24 日刊發〈答《華字日報》〉一文，聲稱《循環日報》所得消息來自天津郵遞，並非錄自《申報》，並嘲諷說：「僕老眼多花，不及《華字日報》主人之目光炯炯，敢請明白指示」。他批評《華字日報》對《循環日報》的指控，用意只在抬高自己報紙的公信力，更責難陳言道：

> 《華字日報》主人素以謹慎公正自命，必目見《申報》之有此段，而後始明白著之日報，大書特書，傳示遐邇，必不無端作醜語以誣人。[138]

王韜的斥責已是不留情面。由於文獻不全，未能追查事件的始末，以及陳言如何處理有關爭端，但從王韜嚴厲言辭可見，雙方的互信基礎已然受到衝擊，關係不復從前。

小結

陳言與王韜在香港報業結緣，兩人的才能和經驗產生很強的互補作用，陳言精於翻譯、具創辦及經營報紙的成功經驗；王韜生活經歷豐富，著作等身，文名遠播，他們聯手將香港的報業和出版事業帶進一個前所未有的興盛時代。二人的合作關係自《循環日報》出版後發生轉變，兩報成為競爭對手。他們在處理新聞消息上的立場分歧更成為磨擦的導火線，二人開始各行其是，無復往年的合作關係。

註釋

1 例如蕭永宏：〈王韜與近代早期香港華文報刊業：《循環日報》創辦緣起考〉，《人文中國學報》，2013 年第 1 期（2013 年 1 月），頁 317-319；〈《弢園文錄》史事鉤沉——兼說稿本《弢園文錄》的史料價值及學術意義〉，載於《中華文史論叢》，2006 年第 3 期（2006 年 7 月），頁 309-310；〈《循環日報》「論說」作者考〉，載於《新聞與傳播研究》，2017 年第 1 期（2017 年 1 月），頁 79-80；Sinn, "Wang Tao in Hong Kong and the Chinese 'Other' ", pp. 17-21。

2 王韜一生用過五個「名」、九個「字」和 17 個筆名或別號，「名」包括利賓、瀚、畹、蘅、韜，參忻平：〈從王韜的名號觀其坎坷曲折的一生〉，載於《社會科學戰線》，1983 年第 3 期（1983 年 7 月），頁 166-167。

3 張海林：《王韜評傳（附容閎評傳）》（南京：南京大學出版社，1993），頁 33-35。

4 《弢園尺牘》，〈與賈雲階明經〉，頁 19-20；〈奉朱雪泉舅氏〉，頁 23。

5 參陳其元：《庸閑齋筆記》（清同治十三年〔1874〕刻本），卷 12，頁 11；吳靜山：〈王韜事蹟考略〉，載於上海通社編：《上海研究資料》（上海：上海書店，1936），頁 671-676。

6 〈新聞史上未被發現與利用的一份重要資料〉，頁 68-70；*The Chinese Periodical Press, 1800-1912*, p. 42-43。

7 王韜：《漫遊隨錄．扶桑遊記》（長沙：湖南人民出版社，1982），〈自序〉，頁 31。

8 《弢園文錄外編》，卷 11，〈弢園老民自傳〉，頁 329。

9 王韜不時向洋務派官員如唐廷樞、陳蘭彬等進呈洋務策略，亦曾自薦出任外交職事。見《弢園尺牘》，〈與唐景星司馬〉，頁 125-126、〈答余謙之大令〉，頁 130、〈上陳荔秋星使〉，頁 130-131。

10《中外新聞七日報》，1871 年 7 月 8 日，〈創設《香港華字日報》說略〉。

11 王韜：《普法戰紀》，〈凡例〉，頁 3。

12《弢園文新編》，〈上豐順丁中丞〉，頁 284。

13 黃勝受江蘇巡撫丁日昌之託翻譯外國地理書，他曾與王韜合譯《火器說略》，於是再邀他合作。王韜以黃勝的名義回覆丁氏說：「王君雖未能深究英文，而頗肯鈎抉情偽，探索問學，以成西國一家言。」見《弢園尺牘》，〈代上丁中丞書〉，頁 102。

14 1856 年 3 月，郭嵩燾往訪墨海書館，王韜向他介紹自己的工作說：「則每日出所坐書廳一二時，彼所著書，不甚諳習文理，為之疏通句法而已」。見氏著：《郭嵩燾日記》（長沙：岳麓書社，2012），〈日記一〉，頁 31-32。

15 王韜於 1857 年已在《六合叢談》發表〈反用強說〉，提出中國要「威天下以強」。參秦蓁：〈王韜佚文輯錄〉，載於上海社會科學院編輯委員會編：《傳統中國研究集刊》（上海：上海社會科學院出版社，2015），第 12-13 合輯，頁 297。

16 例如丁日昌，王韜視他為知己，丁氏曾介紹多名洋務官員給王韜認識，包括馮峻光、鄭藻如、黎兆棠和陳蘭彬等。陳蘭彬和鄭藻如曾出任中國駐外國公使，參《弢園尺牘》，〈上豐順丁中丞〉，無日期，頁 121。

17《中外新聞七日報》，1871 年 7 月 8 日、15 日。

18《循環日報》，1880 年 7 月 28 日，頁 2。

19《弢園文錄外編》，卷 2，〈變法自強下〉，頁 40-42；卷 5，〈琉球朝貢考〉，頁 145-146。

20 同上，卷 10，〈代上廣州府馮太守書〉，頁 298-309。

21 同上，卷 8，〈送西儒理雅各回國序〉，頁 217-219。

22 同上，卷 11，〈法國儒蓮傳〉，頁 337-339。

23 以上兩文內容皆顯示為王韜所撰。記敘申雅各的一文說：「余旅倫敦時屢從先生游」、「訪余於中華印務總局」；紀念德臣的文章則稱：「余於己巳（按：同治八年，1869）夏間往訪德臣，下榻其室者十日，供張周至，禮意殷拳。」《華字日報》，1873 年 7 月 23 日、10 月 1 日。

24《華字日報》，1873 年 5 月 26 日。《瀛壖雜識》在 1875 年由上海墨海書館出版時名為《瀛壖雜誌》。

25 據《普法戰紀．陳序》，曾國藩、李鴻章和丁日昌等對《普法戰紀》的內容讚賞不已。該書同時得到日本著名學者中村正直、岡千仞及栗本鋤雲等的高度評價。見《普法戰紀》，〈陳序〉，頁 12；《漫遊隨錄．扶桑遊記》，〈中村正直序〉，頁 176-177、〈岡千仞跋〉，頁 314-315；栗本鋤雲：《匏庵遺稿》（東京：東京大學出版會，1975），冊 2，頁 392-393。

26 見忻平：《王韜評傳》（上海：華東師範大學出版社，1990），頁 106；《王韜評傳（附容閎評傳）》，頁 129；李谷城：《香港中文報業發展史》（上海：上海古籍出版社，2005），頁 137；《中國近代報業發展史，1815-1874（增訂新版）》，頁 233。

27 參〈《香港近事編錄》史事辨正〉，頁 174-176。

28 參王曾才：《西洋近代史 1789-1914》（台北：正中書局，1979），頁 210-217。

29《普法戰紀》，〈凡例〉，頁 2。

30 王韜評語見《弢園文新編》，〈上豐順丁中丞〉，頁 284。張宗良於 1878 年隨首任駐日公使何如璋出使日本，擔任神戶西文翻譯官，1883 年轉赴美國任駐舊金山領事館翻譯。參王寶平：〈甲午戰前中國駐日翻譯官考〉，載於《日語學習與研究》，2007 年第 5 期（2007 年 9 月），頁 60；箱田惠子：〈晚清外交，人才的培養——以從設立駐外公館至甲午戰爭時期為中心〉，載於王建朗、欒景河編：《近代中國、東亞與世界》（北京：社會科學文獻出版社，2008），卷下，頁 593。

31 梁紹傑從《普法戰紀》1873 年及 1886 年的版本中考證，確定張宗良將普法戰事的譯文刊在《中外新報》上，參〈《香港近事編錄》史事辨正〉，頁 176-179。

32 見《普法戰紀》，〈前序〉，頁 1、〈凡例〉，頁 2。

33 同上，〈凡例〉，頁 3。

34《華字日報》，1872 年 7 月 24 日；《普法戰紀》，卷 13，頁 27-28。原文甚長，只選錄部分作比較。

35《普法戰紀》，〈凡例〉，頁 3。

36《郭嵩燾日記》，〈日記一〉，頁 31-32。

37 James D. McCabe, *History of the war between Germany and France* (Philadelphia: National Publishing Company, and Jones, Junkin & co., 1871), pp. 104-105；《華字日報》，1873 年 2 月 17 日；《普法戰紀》，〈凡例〉，頁 5。

38《華字日報》，1873 年 2 月 5 日。

39 陳言預告刊登《普法戰紀》的告白於「壬申仲秋」發出，即光緒十一年八月（1872 年 9 月 3 日至 10 月 1 日之間）。以此推算，該書的首篇譯文應該出現在 9 月 3 日之後。現存《華字日報》最早出現《普法戰紀》譯文的一期是 10 月 4 日第 74 號，標題為〈續錄《普法戰紀》〉，可見已非首次刊載。換言之，首篇譯文應刊在 9 月 3 日之後及 10 月 4 日之前。《華字日報》在該段期間一共出版 13 期，即 61-73 號，其中 67-71 號共五期不存。現存的八期中不見任何《普法戰紀》譯文。由此推斷，首篇譯文刊在佚失的五期，即 9 月 18-27 日之間。

40《華字日報》，1873 年 2 月 5 日。

41《普法戰紀》，〈凡例〉，頁 5。

42《申報》，1872 年 10 月 4 日、5 日、10 日、12 日、14 日，末註皆刊在頁 4。

43《華字日報》，1872 年 9 月 30 日、10 月 2 日。現存原件缺 9 月 18-27 日的五期，相信陳言「壬申仲秋」發出的告白實際刊出期數更多，《申報》編輯理應有留意及此。

44 錢徵字昕伯，1868 年娶王韜長女為妻，參張志春：《王韜年譜》（石家莊：河北教育出版社，1994），頁 89。

45《申報》，1873 年 4 月 21 日，頁 2。

46 錢徵的後跋寫於同治十二年五月，即 1873 年 6 月。見《普法戰紀》，〈跋〉。

47《華字日報》，1873 年 6 月 2 日。

48《申報》，1873 年 9 月 15 日，頁 1-2。

49《華字日報》，1873 年 9 月 29 日。

50 見《普法戰紀》，〈陳序〉，頁 12。該序文後來收錄在《弢園文錄外編》，標題改為〈《普法戰紀》代序〉，文末刪去「新會陳桂士拜序」的文字，可知實為王韜所撰。見《弢園文錄外編》，頁 236-238。

51 同上，〈凡例〉，頁 5。

52 麥思源：〈七十年來之香港報業〉，載於《華字日報七十一周年紀念刊》，頁 3。

53 例如劉蜀永：〈19 世紀香港中文報刊簡介〉，載於《歷史教學》，1990 年第 5 期（1990 年 5 月），頁 50-51；〈王韜與近代早期香港華文報刊業：《循環日報》創辦緣起考〉，載於《人文中國學報》，2013 年第 1 期（2013 年 1 月），頁 317。

54 告白發出日為癸酉年正月初四，即 1873 年 2 月 1 日，現見於 1873 年 2 月 3 日的《華字日報》，該報 2 月 1-2 日的期數不存。

55 參《中國新聞事業通史》，第 1 卷，頁 323、486。《申報》及《匯報》分別創於 1872 年及 1874 年。

56 梁鶴巢背景參 *Chinese Christians, Elites, Middlemen, and the Church in Hong Kong*, pp. 125-126；《徵信錄》，〈同治己巳八年（按：1869）倡建總理〉。

57 陳瑞南背景參《潮連鄉志》，頁 160；陳澧著，陳之邁編：《東塾續集》（台北：文海出版社，1972），〈新會潮連陳氏祠堂碑銘〉，頁 131；《徵信錄》，1874 年，〈同治己巳八年倡建總理〉。

58 馮明珊背景參 *Chinese Christians, Elites, Middlemen, and the Church in Hong Kong*, p. 126；《徵信錄》，1874 年，〈同治壬申十一年（按：1872）總理〉。馮氏熱心婦女福利，1878 年出任香港保良局創辦總理，見黃燕清編：《香港保良局七十周年紀念刊》（香港：香港亞洲石印局，1947），頁 7。

59 黃勝於 1873 年 6 月 12 日帶領第二批官學生赴美留學，見徐潤著，王雲五主編：《清徐雨之先生潤自敘年譜》（徐愚齋自敘年譜）（台北：台灣商務印書館，1981），頁 35。黃勝任中華印務總局總司理的告白見《循環日報》，1874 年 3 月 13 日，頁 4。

60 王韜與陳瑞南及馮明珊關係參〈王韜與近代早期香港華文報刊業：《循環日報》創辦緣起考〉，頁 319-322；陳瑞南及馮明珊為王韜徵刻《普法戰紀》之事見《申報》，1872 年 9 月 10 日，〈徵刻王紫詮先生《普法戰紀》啟〉，頁 3。

61 倫敦傳道會檔案（London Missionary Society Archive）現存於倫敦大學亞非學院，筆者未能得睹，檔案資料見林啟彥、黃文江主編：《王韜與近代世界》（香港：香港教育圖書公司，2000），頁 307-309、325。

62 參蘇精：〈從英華書院到中華印務總局：近代中文印刷的新局面〉，載於《王韜與近代世界》，頁 307-308。

63 談判內容見同上，頁 309。資料據 London Missionary Society Archive, South China: Box 7, 7.3.A, "Letter from Eitel to Mullens, Hong Kong", 28 January 1873, "Letter from Eitel to Mullens, Hong Kong", 5 February1873。

64 見《華字日報》，1873 年 5 月 19 日，〈中華印務總局告白〉。

65 同上，1873 年 9 月 8 日。

66《華字日報》，1874 年 1 月 30 日，〈《循環日報》〉。

67《中外新聞七日報》，1871 年 7 月 8 日，〈創設《香港華字日報》說略〉。

68 據香港大學所藏微縮膠卷，《循環日報》出版初期有大小兩個版式，大的為一般報紙尺寸，小的則類似書本裝的小冊子。現存大版式最早的一期為 1874 年 2 月 5 日第 2 期。

69《循環日報》，1874 年 2 月 5 日。

70 這些告白及文章並無標示作者，王韜身為《循環日報》正主筆，相信這些重要宣言皆由他所撰。

71 見中華印務總局癸酉年十二月十二日（1874 年 1 月 29 日）告白。刊於《華字日報》，1874 年 1 月 30 日，〈《循環日報》〉。

72《循環日報》，1874 年 2 月 12 日，〈本館佈告〉，頁 3。

73《華字日報》，1874 年 1 月 30 日，〈《循環日報》〉。

74 同上。

75《循環日報》，1874 年 2 月 12 日，〈本館佈告〉，頁 3。

76 同上，1874 年 2 月 5 日，〈倡設日報小引〉，頁 4。

77 同上。

78 同上。

79《華字日報》，1874 年 1 月 30 日，〈《循環日報》〉。

80 同上。

81《循環日報》，1874 年 4 月 6 日，〈來札・勸閱新聞紙論〉，頁 2。

82 見《中外新聞七日報》，1871 年 3 月 25 日，〈告白〉、1871 年 7 月 8 日，〈創設《香港華字日報》說略〉；《華字日報》，1872 年 5 月 6 日，〈本館告白〉。

83《循環日報》，1874 年 2 月 12 日，〈本館告白〉，頁 3。

84《華字日報》，1874 年 1 月 30 日，〈《循環日報》〉。

85《中外新聞七日報》，1872 年 3 月 30 日，〈本館告白〉。

86《華字日報》，1872 年 8 月 19 日，〈本館告白〉。

87 同上，1874 年 1 月 30 日，〈《循環日報》〉。

88 見〈本館日報略論〉，原載於《循環日報》1874 年 2 月 4 日創刊號第 4 頁。文章以讀者與王韜答問的方式，解釋該報的採訪新聞原則。

89《華字日報》，1872 年 8 月 19 日，〈本館告白〉。

90《中外新聞七日報》，1871 年 7 月 8 日，〈創設《香港華字日報》說略〉；《循環日報》，1874 年 2 月 5 日，〈倡設日報小引〉，頁 4。

91《中外新聞七日報》，1871 年 7 月 8 日，〈創設《香港華字日報》說略〉。

92《孖剌日報》，1874 年 2 月 2 日，頁 1。

93《德臣西報》，1872 年 4 月 2 日，頁 3。

94 見中華印務總局癸酉年十二月二十五日（1874 年 2 月 11 日）發出的告白。《循環日報》，1874 年 2 月 12 日，頁 3。《循環日報》之所以得到輪船招商局之助，相信是由於陳瑞南之故，他從 1873 年起任職輪船招商局董事，見《華字日報》，1873 年 10 月 31 日。

95《循環日報》從 1874 年 2 月 5 日至 1874 年 3 月 12 日刊登的〈中華印務總局告白〉中皆稱陳言為總司理，到 1874 年 3 月 13 日的一期才改稱黃勝為總司理。

96《中外新聞七日報》，1871 年 5 月 6 日。

97 黃勝於 1864 年離開香港，赴上海廣方言館任職英文教習，工作至 1867 年，1869 年任東華醫院倡建總理。王韜於 1867 年開始隨理雅各歐遊，至 1870 年才返回香港。伍光於 1867 年辭任《中外新報》，及後去向不詳。張宗良則於 1872 年間離開《中外新報》，考選香港政府政務司署書吏。參葉深銘：〈寶雲與香港立法局改革（1883-1885）〉，香港大學碩士論文，2007 年，頁 108；《王韜年譜》，頁 80-98；〈前言〉，載於《香江舊聞：十九世紀香港人的生活點滴》，頁 vi-vii；《華字日報》，1872 年 6 月 24 日。

98《循環日報》，1874 年 5 月 19、21 日，頁 3。

99 同上，1874 年 7 月 13 日，頁 3。

100《華字日報》，1874 年 7 月 13 日。

101 同上，1874 年 7 月 17 日。

102《循環日報》，1874 年 7 月 17 日，頁 3、18 日，頁 2。

103《孖剌日報》亦有刊登相關電報，內容與 7 月 17 日的《華字日報》相類，相信當時香港報界仍未得到行兇者的資料。見《孖剌日報》，1874 年 7 月 16 日，頁 2。

104 *New York Times*, 19 July 1874, p. 5.

105《循環日報》，1874年6月4日，頁2；《華字日報》，1874年6月3日；《孖剌日報》，1874年6月2日，頁2。《孖剌日報》的標題為："The War in Formosa: from our Special Correspondent, Japanese Camp, Langkiaou, 21st May, 1874"（〈台灣戰事：報館特派記者，琅璚日本軍營，1874年5月21日〉）。

106《循環日報》，1874年7月13日，頁3。

107《華字日報》，1874年7月13日。

108 王韜後來將〈台灣土番考〉及〈台灣番社風俗考〉編入《台事紀聞》一書中。見王韜：《台事紀聞》，載於中國社會科學院近代史研究所：《近代史資料》（北京：中國社會科學出版社，1998），總94號，頁15-31。

109《中國新聞事業通史》，頁416。

110《華字日報》，1872年5月6日。

111《循環日報》，1874年2月5日，〈倡設日報小引〉，頁4。

112 例如1874年2月11日《循環日報》一文講述某新任孝廉與青樓妓女的舊時瓜葛；1874年2月12日另一文〈情悟〉提到某甲狹遊之事。此類文章在《循環日報》中俯拾皆是。

113《中國新聞事業通史》，頁1076-1081。方氏指出，中文報紙副刊之設約在民國初出現。

114 早期報紙的新聞真確性及小說化問題參《中國新聞事業通史》，頁418-430；Elizabeth Sinn, "Emerging Media: Hong Kong and the Early Evolution of Chinese Press", *Modern Asian Studies*, Vol.36 No.2 (May 2002), pp. 447-453。

115《循環日報》，1874年2月4日，〈本館日報略論〉，頁4。

116 同上，1874年2月11日，頁3。

117 同上，1874年2月21日，頁3。

118 同上，1874年7月27日，頁2。

110 同上，1874年2月4日，〈本館日報略論〉，頁4。

120《華字日報》，1872年3月30日。

121 同上，1872年7月19日。

122 同上，1872年8月30日。

123 同上，1874年2月30日。

124《華字日報》，1874年7月13日；《循環日報》，1874年7月13日，頁3。

125《華字日報》，1874年7月16日。

126 據統計，《循環日報》在1874年創刊首年一共刊載60篇論說文章，其中35篇討論中外時勢、11篇談及社會改良、12篇觸及實際社會問題，其餘兩篇雜類等。見曾建雄：《中國新聞評論發展史》（桂林：廣西師範大學出版社，1996），頁 80。

127《循環日報》，1874 年 7 月 20 日，頁 3、7 月 23 日，頁 2。

128《華字日報》，1874 年 6 月 6 日。

129《循環日報》，1874 年 6 月 8 日，頁 2。

130 王韜在另一些問題上卻認為國家向外借貸並無問題，例如他在〈代上黎召民觀察〉中提到，中國在應對日本軍事威脅上需動用大量資金，提出「則告貸西國之舉，亦可聊出一籌。國債之行，泰西常事耳，何足為恥？」見《弢園尺牘》，〈代上黎召民觀察〉，頁 120。

131《華字日報》，1874 年 2 月 13 日。

132《循環日報》，1874 年 7 月 16 日，頁 3。

133《華字日報》，1874 年 4 月 8 日。

134《循環日報》，1874 年 6 月 2 日，頁 2、7 月 11 日，頁 3。

135《華字日報》，1874 年 7 月 29 日。

136《循環日報》，1874 年 7 月 30 日，頁 3。

137《李鴻章全集》，冊 6，〈奏議六．會商滇案折〉，光緒元年八月六日（1875 年 9 月 5 日），頁 369-370。中英談判處理滇案的結果導致 1876 年 9 月中英《煙台條約》的簽訂。

138《循環日報》與《華字日報》在該段時間的原件不存，有關爭議現見於 1875 年 10 月 2 日《申報》的〈答《華字日報》〉，該文末註「選錄八月念五日（按：9 月 21 日）《循環日報》」。《申報》，1875 年 10 月 2 日，頁 3。

07

陳言報人以外的事業發展

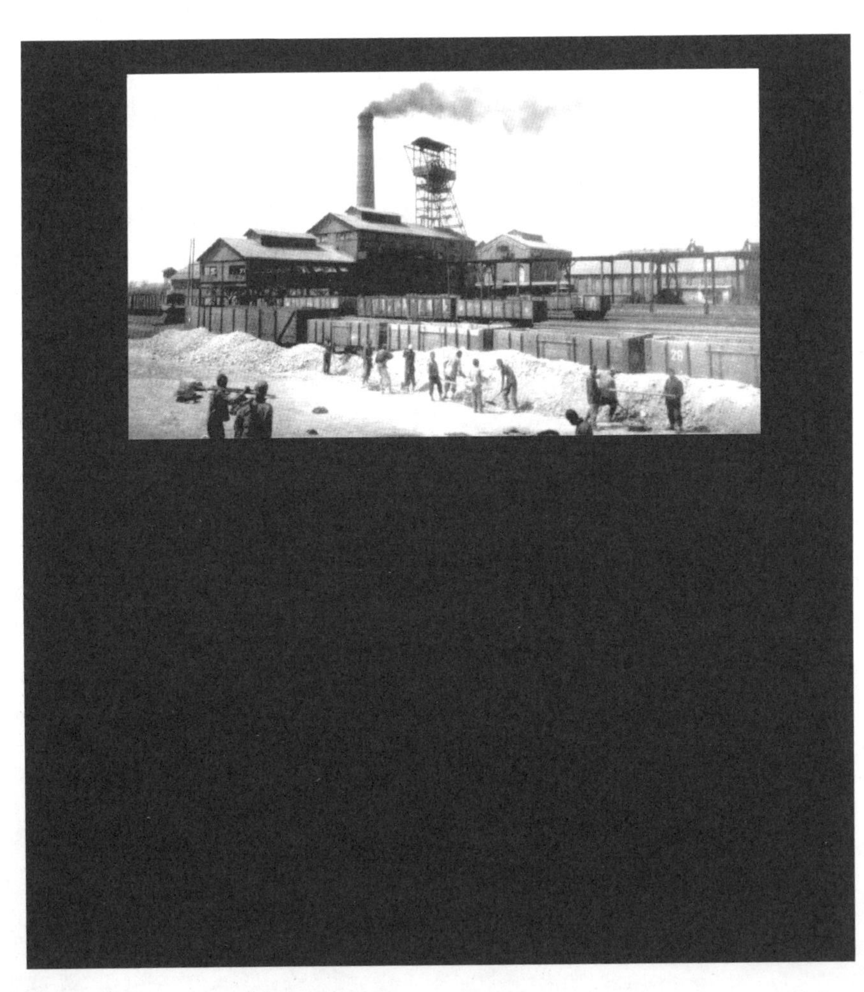

陳言的新聞事業發展理想，得香港以至中外社會的普遍認同，他曾多次獲委進不同的民間和官方機構出任諮詢顧問，為社會事務出謀獻策，儼然華人領袖代表。1878 年，他在香港社會聲望正隆之際，毅然選擇離開本身基業，遠赴美國及古巴為清廷執行外交任務。他在古巴擔任領事官超過十年後返回中國內地，再投身實業管理，為中國的輪船、礦業、鐵路和國際貿易談判出力，成為晚清外交及經濟改革的中堅分子。

晉身華人領袖

1875 年伊始，陳言多次參與民間和官方機構的諮詢工作，將華人的關注直接納入諮詢過程，影響相關政策的制定。他支持華人社會的熱忱及出色的溝通能力，得到香港中外族群認同，令其擠身華人領袖之列。

積極參與社會事務

1875 年 3 月，美國國會通過針對亞洲移民的《佩奇法》（*The Page Law*），禁止華人婦女入境當娼。香港是華人出洋的重要港口，[1] 美國政府責成駐香港領事貝禮（David Bailey, 1830-1896），要求他設立審核規程，確保從香港出境的婦女不會到美國當娼。貝禮向港府求助，輔政司認為香港現行條例並不能滿足《佩奇法》的要求，提議他另外成立專責小組，負責審查移居婦女的資格。[2] 在港府官員的引導下，貝禮於 1875 年 8 月 9 日會見東華醫院代表，出席者包括梁鶴巢、陳瑞南、招雨田（1829-1923）、陳言和其他數名紳商。會上陳瑞南代表發言，陳言負責翻譯。會後東華醫院決定成立一個婦女移民美國委員會（Committee on Emigration of Women to U.S.），協助美國領事館審核移居婦女事宜。委員會共有 20 名委員，陳言亦獲委任。[3] 美國領事館在東華委員會和港府的協調下，推出審核移居婦女的程序，並由東華委員會負責檢視移居婦女的背景。[4] 這個審核程序自 1875 年起實施，初期效果理想，美國海關官員發現移居美國的婦女數目大減。[5] 東華委員會的工作，確保華人婦女得到公平對待，讓合資格者早日與美國親人團聚，功德非淺。

堅尼地為實行擴建中央書院的計劃，1876 年特委測量總監裴樂士（John M. Price, 1841-1922）進行前期研究。裴樂士提出六個選址，包括般咸道、水坑口、原本校址（歌賦街與城皇街交界）、蘭熱爾迷宮（Rangel Labyrinth）、皇后大道西及中環大會堂附近用地等，供政府考慮。[6] 堅尼地認為裴樂士的報告未臻完善，決定委任立法局議員勞覺、薀利、裴樂士和中央書院掌院史釗活等成立一個選址委員會，全面審視擴校事宜。[7] 委員會為照顧不同種族的教育需要，特別邀請六名社會賢達參與諮詢工作，陳言亦在獲邀之列，其餘包括韋光、[8] 歐德里、陳大光（Chan Tai Kwong, 1827-1882）、[9] Lee Yun（中文名不詳）和一名居港多年的葡萄牙人。

陳言在諮詢中向委員會提出幾項意見：校址方面，他推薦蘭熱爾迷宮的地段為首選；課程設計上，他認為書院課程應包括《聖經》

科，並強調其考慮是基於歷史和教育原因，與宗教信仰無關；他同時提議學生在校內必須以英語對答，藉此提高其會話能力。陳言更向委員會表示，中央書院擴建完成後，將可吸引大量學生入讀，全校學生有機會多達 700 人。由於將來可能出現學位供不應求的情況，他建議將收生年齡定在 10-18 歲之間。[10] 陳言提交給委員會的意見，着眼於香港未來人才需要，希望藉大書院培育更多通曉西方語言和文化的華人。委員會最後向港督建議蘭熱爾迷宮的地段為校址。惟堅尼地當時已近離任，繼任人並無處理建校計劃。中央書院的新校舍到 1885 年 9 月才正式招標建造，1899 年落成啟用時改稱為維多利亞書院（Victoria College），即現皇仁書院。[11]

1876 年 12 月，數名關注香港社會福利問題的外國人，計劃發起一項儲蓄互助社計劃（Mutual Benefit Building Society），原意是仿效英國盛行的互助社組織（Kindred Society），專門為勞工設立儲蓄制度，讓他們每月繳交少量金錢，交由專人管理，待有需要時再從基金提取款項，令其日後生活更有保障。該群有心人士分別於 1876 年 12 月 15 日及 1877 年 1 月 18 日召開兩次會議，由威爾遜（W. Wilson）擔任會議主席，陳言及陳大光皆有出席。會上眾人討論外國儲蓄互助社的概念是否可以在香港實行。與會人士經商議後，決定公舉威爾遜、陳言和另外幾名外國人成立委員會，負責研究如何在香港開展項目。[12] 陳言是委員會中唯一華人，顯見威爾遜等認為他能夠代表華人聲音，為相關工作提供有用意見。

此外，陳言亦曾出任香港及中國麵飽有限公司（HK & China Bakery Co. Ltd）的顧問委員（consulting committee），為公司的營運出謀獻策。該公司創於 1872 年，隸屬連卡佛有限公司（Lane Crawford & Company）旗下，公司董事包括連卡佛（Ninian Crawford）及《孖剌日報》卑厘等。[13] 陳言以華人身份參加外國團體及商業機構的諮詢及顧問工作，反映他受到香港外國社會的重視及歡迎。

港督軒尼詩上任不久，陳言便有機會參與一項重要公職。事緣1877年10月間，中環卑利街一間無牌妓院發生人命事故，案中兩名華婦在警察進入妓院期間墮樓身亡，法庭認為死因有可疑，交由死因裁判官羅素（James Russell, 1842-1893）進行聆訊。羅素審理案件後指出，負責案件的督察有濫權之嫌，而現行規管無牌妓院的《傳染病條例》（*Contagious Disease Ordinance*）亦有違道德及法律標準，建議港府進行全面檢討。[14] 羅素的判詞引起軒尼詩的關注，他於同年11月13日宣佈成立一個傳染病調查委員會（Contagious Disease Committee），負責全面審視相關條例。委員會為一個高規格的組織，成員由立法局議員其士域、署理律政司夏拉、歐德理等出任。軒尼詩授權他們有權檢閱官方文件及紀錄，並命令所有公務員作出配合。傳染病調查委員會特別推薦陳言出任秘書，[15] 是為委員會中唯一華人，有權接觸政府機密文件及參與調查工作。委員會在1878年間進行了大量的調查工作，至翌年12月才完成報告。報告全文連附錄逾400頁，內容詳述香港賣淫業的整體狀況，並檢討各政府部門包括警察、法庭、衛生署及性病醫院等的工作。陳言在報告完成前已離開香港，但委員會對他印象深刻，特別在〈序言〉中表揚說：

> 陳言的翻譯工作為委員會提供最大的價值，他了解本地社會運作，對華人的思想感情有深切了解，假如沒有他的幫助，委員會便無法掌握這些重要的資料。[16]

報告指出，現行規管娼妓業的條例流弊重重——持牌外國妓院成為性病温床、政府對華人妓院的規管無實際效用、執法人員貪污瀆職、衛生署對華人妓女的檢查令她們感到羞辱等。委員會提出多項改善方法，包括取締發牌妓院制度、免除對華人妓院的監管、改善衛生署醫院檢查妓女的程序等。[17] 該報告對華人從業者展現出同情的態度，對政府部門卻作出嚴正的批評，相信這是由於陳言的影響，他在調查過程中做了大量的解釋工作，讓委員會理解娼妓業面對的實際情況。

陳言的報人身份，令他對社會事務有廣泛認識，成為他獲邀加入不同諮詢組織的契機。這些公職讓他可以將華人聲音引入諮詢過程，同時讓他與華人領袖、港府高官、外國領事以至外國社群建立良好關係，有利其社會地位的提升。

社會地位的遞升

1873 年 5 月 24 日，堅尼地為慶祝英國女皇維多利亞（Queen Victoria, 1819-1901，1837-1901 在位）壽辰，在香港舉辦盛大的慶祝會。大會預先邀請八位知名華人紳商參與，包括梁鶴巢、陳瑞南、李陞、何錫、韋光、莫仕揚、郭甘章和陳言等，反映港府對他們的禮遇。[18] 受邀人士皆是地位顯赫的殷商巨賈，[19] 陳言以報人身份獲邀出席，反映他的特殊地位。1874 年 2 月 10 日，堅尼地率同一眾政府高官前往訪問中央書院，為校內學生頒發年終考核獎項。堅尼地發表講話，勉勵學生勤奮向學，他完成演說後，特別請出陳言為他向校內師生傳譯講話大要。[20] 是次訪問為官式場合，陳言隨同赴會，更為港督充作傳譯，顯見二人關係良好。

堅尼地於 1877 年 3 月卸任，華人領袖在 2 月 27 日為他舉辦盛大的歡送儀式，陳言出任大會司儀，並向堅尼地送贈萬民傘，以示崇高敬意。堅尼地表示感謝大會的餽贈，抱歉不能以中文發言，但相信精通英語的陳言會代他傳譯。堅尼地強調，他一直致力維持香港司法公正，保障個人權利和自由，他明白華人賺錢不易，假如香港法律不能為其提供保障，華商便不會放心投資。[21] 堅尼地上任未幾，便高調讚揚《華字日報》的政策意見，令陳言聲名鵲起。堅尼地與華人領袖議事期間，陳言充當翻譯，得到與他頻密接觸的機會。最後堅尼地任滿離職，陳言擔任歡送會司儀，送上最後的敬意和祝福，更凸顯出二人的情誼。

陳言作為華人領袖的地位日益鞏固，堅尼地卸任後，新任港督軒尼詩對他同樣敬重有加。1877 年間，政府正草擬一條名為《華人墳墓條例》的草案，軒尼詩上任後，認為條例對華人影響甚大，下令輔政司邀請華人代表與他磋商。當日會議由陳言代表發言，他向軒尼詩解釋，條例最大的問題是對華人墓穴面積的限制，規定單人墓穴不得超過 6 x 2 呎。但華人壽棺一般已為 6 呎 6 吋長、2 呎 7 吋闊，生前有功勛者的壽棺更可長達 7 呎 9 吋，證明擬定條例者不理解華人習俗。其他華人代表更向軒尼詩表示，假如條例獲得通過，大量華商將會選擇離開香港。會後軒尼詩決定終止條例草案的立法程序。1881 年 6 月 3 日，他在立法局一個會議上重提陳言當年說話，對其據理力爭的表現印象猶深。軒尼詩在另一段講話中更稱陳言為朋友，恭賀他獲委為中國駐古巴總領事，對香港有此出色人才感到高興。[22]

陳言既非殷商巨賈，亦無擔任港府官職，但憑個人能力及服務社會的熱誠，贏得華商領袖及殖民政府官員的支持，前途可謂無可限量。然而，他在 1877 年決定放下香港的基業，參與清廷的外交工作。

在美國和古巴的外交工作

本書第四章提到，清廷為解決古巴華工被虐問題，於 1874 年 3

月派遣陳蘭彬前往古巴夏灣拿進行調查。[23] 陳氏的調查報告揭發當地華工確實受到虐待，西班牙再無推搪餘地，兩國進而討論如何改善招工程序，其中包括在古巴設置領事館的安排。後來清廷決定先在美國設立使館，再從當地調派人員至古巴駐紮。1875 年 12 月，清廷簡派陳蘭彬為「出使美國、日國（即西班牙）、秘國欽差大臣」，容閎為副使。[24] 陳蘭彬在 1876 年開始物色出使隨員，作為日後駐外使領館職員。他除了從內地招募人員外，更從香港揀選一批熟悉洋務的人才，其中陳瑞南、黃勝、陳言皆在被邀之列。後來陳瑞南因賑災事未能成行，由另一名聖保羅畢業生譚乾初填補。[25] 然而，陳言於 1875 年初曾因洩露朝廷機密被通緝，黎兆棠亦幾乎受到牽連。陳蘭彬與黎兆棠關係密切，陳蘭彬必定知道陳言之事，不可能委任通緝犯為出使隨員。由此推測，陳言的通緝令在 1877 年以前已經解除，所以能參與清廷外交工作。

陳言接受陳蘭彬的任命後，開始部署出國安排。1877 年 8 月 1 日，他放棄《華字日報》的經營權，該報轉由江治承租及經營。[26] 陳言離開《華字日報》後，繼續擔任《德臣西報》主筆至 1878 年 3 月 30 日。是年 4 月 1 日的《孖剌日報》報導，陳言將在日內乘船往上海，會合中國公使陳蘭彬出國執行外交任務，他將出任領事或總領事官，惟駐紮地點未定，中外朋友皆為他的事業發展感到高興。該報又說，陳言在香港深受中外人士歡迎，在改善華人與外國社會的關係上貢獻良多，港府在施政問題上亦多次採納他的意見。4 月 8 日，陳言正式乘船前往上海，一眾親友在碼頭上為他餞行。當晚的《德臣西報》報導說，陳言受到中外人士的愛戴，華人同胞對他的出色能力及個人品格推許不已，外國朋友則認為陳言熟悉西方事物之餘，行為上又能保存華人的傳統美德。香港的官商名流，最近爭相為陳言舉辦告別會，他曾經一天內趕赴六個不同的場所，顯見其受歡迎的程度。[27]

陳蘭彬率領的中國使領團於 1878 年 7 月底抵達美國，展開設立使領館的外交工作。陳言在美國期間，負責為中國事領團應對外國傳媒的採訪。當時美國排華風氣正盛，陳言與美國報界針鋒相對，竭力為當地華人辯護。以下訪問最能代表陳言的表現：

8 月 10 日《舊金山紀事報》以〈一名蒙古編輯（Mongolian Editor）對美國的感想：他對廉價華工的意見：為何他認為中國人不需要離開美國〉為題刊載陳言的訪問：

記者：有人投訴華人對美國毫無歸屬感，例如他們死後要將遺體運回中國，不肯在美國當地下葬，你有何看法？

陳言：回籍安葬的願望亦是人之常情，假如有美國人在中國逝世，而家屬又有能力負擔運費，相信他們亦希望回鄉落葬。

記者：我們發現華人將在美國賺得的金錢寄回中國，令到美國的貨幣嚴重外流，這是否屬實？

陳言：我明白這個批評，但從另一角度看，華人已將他們最大價值——勞動力留在美國。對海外華人而言，他們最大的責任就是照顧家中父母以及貧窮親友。事實上，生活在美國的愛爾蘭人、德國人和北歐人等亦經常匯錢回家鄉，為何只有中國人受到責難？

記者：科爾尼及他的追隨者皆認為，華人以低廉的工資破壞美國國內的白人勞工市場，你又有什麼看法？

陳言：華人的生活需求一般較為簡單，他們只求溫飽，可以接受較低的工資。這現象可能對美國工人造成短期影響，但長遠來說，廉價勞工有助減省成本，令到物價下降，社會上的低收入人士亦會受惠。

記者：但假如製造商們不肯降低他們的售價呢？

陳言：製造商在短期內或可維持售價，但生產成本持續下降的話，他們最終都會降價求售，商品價格始終要照顧廣大市民的需求。[28]

《舊金山紀事報》記者的提問相當尖銳，陳言的回答亦是一針見血，毫不迴避。他多次提醒記者，美國人對華人的批評存在雙重標準，希望他們對所有移民一視同仁。

1879 年，陳言正式獲委任為古巴馬丹薩領事，10 月間會同總領事劉亮沅（1838-1900）前往古巴設立領事館。他們到埗不久，便親自馳往古巴各處華工工作的糖寮，為受虐華工提供急切的幫助。古巴長期日照，氣候炎熱潮濕，當地人衛生意識薄弱，隨地便溺，水土被污染，以致疫病盛行。[29] 陳、劉二人在高温天氣及惡劣環境下長途跋涉，顯見他們意志堅定，一心協助華工脫離困境。陳言在此項任務中表現出色，令陳蘭彬印象深刻，他在 1881 年 9 月的奏摺中嘉許陳言說：「衝冒炎瘴，周巡各埠，隨地興除，不辭勞瘁，實屬異常出力」。[30] 糖寮東主經常以暴力威嚇華工，他們與古巴華工販子狼狽為奸，形成勢力集團。[31] 陳言不免要與這些地方勢力抗衡，才能「隨地興除」，解救受虐華工，工作絕不易與。從陳蘭彬的評價可見，他不嫌艱辛，深入絕域，結果不辱使命。

古巴的糖寮東主為求搾取最大利益，往往勾結政府官員，阻止華工取得行街紙，令華工無法在當地自由工作及生活。陳言及劉亮沅為徹底解決此問題，特向古巴總督提出交涉，要求改變行街紙制度。經過多個月來的努力，他們終於得到總督的同意。古巴政府於 1880 年 8 月 21 日，推出《優待華人章程》，主要條款包括：一、華人得到古巴法律的全面保障，所得待遇與最優惠國的人民相同；

二、差役不得再拘捕未領有行街紙的華人；三、無論合同已滿或未滿的華工皆會獲發行街紙；四、全國官工所十天內釋放所有因合約問題被拘的華人等。[32] 自《優待華人章程》公佈後，中國領事官員即馳往各省的官公所，監察官員釋放被拘華人，這項工作最終致令 2,000 多名華工獲釋。行街紙的新措施受到華人的熱烈歡迎，在 1880 年的一年間，領事署一共簽發 43,000 張行街紙，佔全體華人約 90%，當中不少人已經完成合約，卻因為得不到行街紙而無法轉業。當時合約華工每月工資洋銀 9 元，領有行街紙的華工每月收入則可達 35 元以上，相差幾倍。行街紙措施令華工收入提高，生活亦隨之而改善。[33]

隨着《優待華人章程》的實施，過去多項歧視華人的措施亦得以廢除，例如禁止華人乘坐馬車、在旅館居住、穿着中國服飾、留髮辮以至規定華人子女必須歸入黑奴籍等限制。[34] 陳言和劉亮沅為鼓勵華工與家人重建連繫，更推出協助他們與家鄉通訊的辦法。領事署協助華工將寫好的書信寄到香港，再經譚乾初任職華陀醫院的兄長譚海疇分發至各地，信資由古巴領事署支付。該措施實行不久，寄往香港的信件數量急增，華陀醫院不勝負荷，譚乾初及陳言開始委託東華醫院代辦處理。[35] 陳言與東華紳董曾經共事，關係深厚，紳董們自然樂於襄助這位舊日同志。此外，華人社團亦開始籌建會館設施，讓華人享有聯誼和社交的場地，[36] 至 1881 年秋間，已有十多間華人會館落成。[37] 華人團體更舉辦關公誕及觀音誕等活動，場面熱鬧。中國領事及古巴官員均應邀出席，與眾同樂。[38]《循環日報》及《申報》在 1881 年間曾多期報導陳言和劉亮沅在古巴保護華民的德政，8 月 27 日的《循環日報》更盛讚他們說：「二君才幹明察，器量深遠，不憚煩瑣，一切躬親，革積弊、創良規，旅民深受其惠。」[39]

中國駐古巴領事館人員合照（攝於 1879 年），從右至左：劉亮沅、陳言、譚乾初、溪理察。[40]

1886 年，陳言獲晉升為古巴總領事，繼續盡心為華人服務。1887 年 12 月，古巴政府要求領事署補貼華人的醫療費用，每年約需 6,000-8,000 元，非領事署所能承擔。陳言向古巴總督表示嚴正反對，認為華人是古巴政府招工而來，現因工作過勞而生病，古巴政府有責任照顧他們。陳言同時指出，根據 1880 年頒佈的《優待華人章程》，華人待遇與「最優友睦之國人民一樣」，[41] 古巴政府不能向華人另索醫療費用。在他的極力周旋下，古巴總督終於放棄該項措施。此外，陳言關心華人子弟的未來，於 1886 年 12 月創辦古巴中西學堂，相關創建費用全部由他個人及當地華商籌集。學堂課程由教授語文開始，待學生具備中文及西班牙文基礎後，再教授軍事、製造、數學及法律等實用學科。陳言希望讓古巴華人子弟習得一技之長，不用重蹈父輩的不幸經歷。陳言在古巴工作至 1889 年辭任，服務當地華人社會長達十年之久，實現他在〈保民說〉中提出的「匪惟保之於版圖之中，且宜保之於幅員之外」的主張。[42] 陳言自 1871 年加入報界伊始，已竭力呼籲廢除苦力貿易，並促請清廷設立駐外領事，保護海外華民，後任古巴領事及總領事，前後逾 18 年間篳路藍縷，救助華人無數。古巴華裔作家拉圖烏爾（Antonio C. Latour, 1860-?）在其史著中尊稱陳言為最卓越的中國領事，[43] 可見其保民之功，昭如日星。

投身中國實業管理

陳言於 1890 年離開古巴後先返回香港作短暫停留，其間安排長子陳煥文（又名斗垣）入職德臣報館出任簿記，其時《華字日報》由何啟承辦。1892 年間，陳煥文接替何啟承辦該報，[44] 延續父親在香港創下的新聞事業。

1891 年底，陳言加入由盛宣懷主持的輪船招商局工作。招商局與太古及怡和洋行訂有所謂「齊價合同」，[45] 原意是合謀規劃航線，避免三家公司在票價上競爭，損害彼此收益。1892 年間，太古洋行因租借廣東碼頭一事上與招商局起釁，更恐嚇盛宣懷要退出齊價合同的安排。盛宣懷派陳言到香港與太古洋行談判，但太古堅持不讓，廢約之舉如箭在弦。為抗衡太古洋行的壟斷，盛宣懷決定為招商局增設粵港航線，與其直接競爭。然而，由於過往受到齊價合同所限，招商局在香港並無專用碼頭，興建新碼頭設施遂成當務之急。陳言熟悉香港政商情況，隨被委派在港物色碼頭及倉庫用地。是年 6 月，他得到舊識韋光家族的幫助，以相宜價格租賃一處碼頭地皮，過程中卻受到偏幫英商的港府官員阻撓，結果無功而返。陳言並未氣餒，幾經周折後，終於在西營盤覓得一處碼頭用地，並迅速與港府簽下租約。他更在該處附近找到一處可供競投的倉庫用地，招商局最後成功購入該地皮。陳言在短短數月內已為招商局掃除開設粵港航線的阻礙，功勞匪淺。事後盛宣懷曾對下屬表示，香港碼頭及棧房用地「係藹亭所勘定」，對其表現印象深刻。[46] 1894 年甲午戰爭爆發，盛宣懷打算在香港成立合股公司，讓招商局輪船掛上英國旗行駛，避免被戰事波及。當時陳言已不在其位，但仍盡心為盛宣懷擬定合股章程，更特意設下防止外國股東僭奪公司控制權的條文，體現其維護國家資產的心思。[47] 陳言的辦事能力，得到盛宣懷的重視，為二人日後的合作創造基礎。

1892 年 10 月間，陳言離開招商局，轉到開平礦務局任職會辦。開平礦務局由唐廷樞一手創辦，為中國第一間採用現代機器開採煤礦的現代企業。當時內地並無相關人才，唐氏聘請不少外籍人員主持管理工作。唐廷樞於 1892 年去世後，礦務局在管理上出現青黃不接，李鴻章先後調派張翼、徐潤（1838-1911）和陳言等入局主理

開平礦務局唐山礦

事務，張翼出任總辦之職，徐、陳受他調度。當時礦務局的重要生產及技術職位皆為外籍僱員把持，陳言憑其溝通能力及認真態度，贏得外籍僱員的支持，上任未幾便能掌握局務，令張翼及李鴻章刮目相看。陳言長駐唐山，監督礦場的煤炭生產。開平礦務局在他的領導下，煤炭產量迅速提升，推動銷售增長，奪回本土市場，令開平成為中國現代工業的成功楷模。陳言管理礦務的才能，同時體現在其協助漢陽鐵廠的工作上。該廠由張之洞創辦，規模宏大，集採鐵、煉鋼和開煤業務於一體。鐵廠正式投產後卻遇到嚴重的技術、煤炭供應和財務等問題。盛宣懷獲委派入局，負責整頓及救亡的工作。陳言熱心支持鐵廠，短時間內提高開平的煤炭產量，同時靈活調動運輸，令鐵廠得到穩定的焦炭供應，恢復正常生產。陳言在處理碎炭的質量問題上同樣不遺餘力，親自到礦區及碼頭督促人員做好檢查工作，並盡力落實鐵廠工程師對改善碎炭的建議。盛宣懷讚譽陳言「精能而顧大局」，形容他不在開平礦務局的日子「無人管事」，對其管理能力推崇備至。然而，張翼雄心勃勃，計劃透過大舉向外商借貸，發展秦皇島業務。陳言憂慮礦務局會落入外國資本家之手，多方進諫規勸，卻未能改變張翼的決定，遂於 1897 年底提出請辭。陳言的擔憂不幸成真，張翼於 1900 年義和團事件發生期間，將開平礦務局糊塗地轉讓英商，令國家資產淪入外國之手。

1899 年初，陳言加入盛宣懷主持的中國鐵路總公司，負責鐵路合約的交涉工作。其時清政府極欲藉興建鐵路振奮國力，奈何財政緊絀，只能倚靠向外國借貸。外國資本家深悉中國的財政困境，在談判桌上不斷進逼，企圖謀取最大的經濟利益。盛宣懷不諳英語，對外談判工作事倍功半，再加上當時他已身兼紡織、輪船、電報、鐵廠、路政和銀行等數職，極需精通外務人才協助，陳言遂成為不二之選。陳言在促進中國鐵路發展上有兩大作用，一是輔理鐵路借款的合約談判，二是經營現有鐵路，而以前者的工作最為艱鉅。

在粵漢鐵路借款合約談判上，美國美華合興公司（American China Development Company）恃勢凌人，除收取利息外，更提出增加貸款金額、包辦建造工程、分享經營餘利、包攬鐵路經營、索取鐵路沿線採礦權等多項要求，令中方進退維谷。陳言代表盛宣懷參與談判，他利用本身對商業條文的認識，竭力爭取談判成果。談判過程中，他一方面嚴防美華合興設下的條文陷阱，損害國家利益；另方面尋找有利空間，為中方爭取更佳權益；最後確保合約中英文意義一致，不讓對方有機可乘。陳言提出的一些條文改動，例如在貸款金額上加入「虛數」二字，限制實際貸款額度，已可為中方省回數百萬兩的潛在利息支出；條款添上「固好合用如常」，則有效避免日後贖回鐵路時支付巨額維修費用；規定鐵路供應商將所有回佣「悉歸造路總帳」，杜絕有人上下其手，從中漁利。[48] 該等工作看似細微，實際對日後鐵路營運有重大影響。陳言更將處理粵漢鐵路借款談判的經驗，應用在滬寧鐵路的談判上。該路的外國貸方中英銀公司（British and Chinese Corporation）於 1902 年中委派前英國駐上海領事璧利南（Byron Brenan, 1847-1927，亦有譯作霍必瀾）為談判代表。璧利南「久任中國領事，機械百出」，「所遞條款多所要挾」，千方百計在談判中攫取更多的好處。其間盛宣懷急於回鄉守制，將滬寧鐵路借款的談判工作交由陳言負責。陳言不嫌艱辛，折衝樽俎，令璧利南不能無所顧忌，最後達成一份較理想的借款合約，張之洞及盛宣懷皆認為該合約「其自保權利之處，實較已定各路為尤多」。[49] 陳言在中國鐵路總公司工作六年期間，參與粵漢鐵路、滬寧鐵路、道清鐵路和廣澳鐵路的合同談判，經他處理的貸款金額高達 87,320,000 兩銀，佔鐵路總公司同期（1899-1906）總貸款額的 94%，[50] 成為鐵路總公司的靈魂人物。在鐵路管理方面，陳言就任淞滬鐵路總辦後，致力控制成本及改善列車服務，成功扭轉該鐵路的虧蝕情況，其表現贏得上海傳媒的讚譽。1902 年，他獲委為粵漢鐵路總辦，負責監督建設工程。無奈美華合興財務不繼，粵漢鐵路以廢約告終。陳言於 1905 年再獲委為滬寧鐵路總辦，8 月間突患急病去世，無緣在管理鐵路上延續其成功經驗。正如研究晚清經濟問題的王爾敏所指出：

> 晚清新興企業，前無軌轍可循，完全取法於西洋，在中國之工商結構言，自是重大轉變，又是完全新開摸索。……中國新興企業，在萌生草創之際，面對風浪摧挫，謀求自立，豈易事哉？[51]

陳言過往並無鐵路借款談判或鐵路建造的經驗，但以其智慧毅力，為中國鐵路變革作出重要貢獻，實非易事。

1900 年發生義和團事件，各國組成聯軍攻陷北京，清政府被迫與外國簽下《辛丑條約》，其中規定中方須與各國重啟通商及行船條約談判，列強旨在藉此擴大其在華通商利益。盛宣懷被委任為商約大臣，負責與各國商議，陳言獲委為隨辦人員。首場與英國政府的談判於 1901 年 1 月開議，英國專使馬凱覷準清政府戰敗弱勢，在談判桌上施以最大壓迫，要求中方廢除釐金、開放內陸城市讓外國人居住經商、開放內港航行權等多項優待。中方官員形容是次談判屬於「戰後立約」，[52] 其結果勢將進一步損害國家經濟。陳言在談判過程中身兼數職，在每場會議舉行之先，與英方代表協調討論事項，同時為盛氏分析條款利弊，擬定何者應拒、何者可議的策略。在會議進行期間，他除擔任翻譯外，更積極參與條款的討論，利用其商務經驗及談判能力，協助中方官員與馬凱周旋。到審核條文階段，他盡心檢閱條文細節，查找漏洞，更屢次識破馬凱的謀算，讓中方加以抵制。在陳言的協助下，中方成功抗拒馬凱多項要求，並取得英方同意，加入取消治外法權的條文。中方官員認為商約的結果是「利益彼此似尚得其平」，條約對國家「尚無損虧，商務可期進益」。[53] 陳言在談判中的表現，得到中英雙方官員認同。他以一名非正式外交官員的身份，藉其外務能力，對晚清的重要對外交涉作出貢獻，可謂成就非凡。

陳言於 1905 年 8 月 6 日於上海寓所急病離世。其時他剛獲委為滬寧鐵路總辦及新成立的上海華興水火保險有限公司領袖總理，[54] 事業如日方中。翌日的《字林西報》刊出其死訊，形容陳言為上海少有的華人精英，說他精明能幹，待人親切有禮，在促進及調和中外社會關係上不遺餘力，深受尊重，堪稱中國年輕一代的榜樣。報紙又說，陳言澤心仁厚，積極參與慈善事業，曾在上海創辦廣東公會學校及出任上海租界內華童公學的校務委員。作者認為中國正處於重要的改革關頭，不能承受失去一位如此優秀的幹才。伍廷芳亦於 8 月 17 日特函《字林西報》縷述陳言生平事蹟，對其外交及實業成就極口推稱，形容他是一位完美紳士（perfect gentleman），慨嘆其離世是國家的重大損失。[55] 陳言死後，上海有傳聞說他與朱寶奎及怡和洋行買辦唐傑臣（1862-1904）藉主持滬寧鐵路借款合同談判，收受賄款 100,000 兩。盛宣懷託當時主持鐵路事務的唐紹儀（1862-1938）調查，唐氏回覆說：「怡和買辦唐傑臣是其堂兄，其眷尚須津貼。陳善言是其同鄉，身後只有七千金，皆未必得賄」。[56] 事件告一段落。陳言身居開平礦務局及鐵路總公司要職多年，死後身家不豐，反映他一廉如水的人格。

小結

陳言的報業經驗及對時事問題的深刻思考，對其人生發展影響深遠。他「以唐人治唐人」的主張，促使他積極參與香港社會事務，並因而晉身華人領袖之列。他保護海外華民的熱心及堅持，驅使他毅然放棄香港基業，遠赴美國及古巴執行外交任務，並在古巴長期為華人同胞服務。他對自強運動的理想，推動他投身現代實業工作，為國家的輪船、礦業、鐵路及國際貿易談判作出重要貢獻，成為晚清改革運動的重要參與者。

註釋

1 香港開埠初期，已有所謂豬花貿易，專門拐騙中國女子到外國為娼，其中以賣去美國三藩市的人數最多。參可兒弘明著，孫國群、趙宗頗譯：《「豬花」——被販賣海外的婦女》（鄭州：河南人民出版社，1990），頁 26-48。

2 George A. Peffer, "Forbidden Families: Emigration Experiences of Chinese Women under the Page Law, 1875-1882", *Journal of American Ethnic History*, Vol.6 No.1 (Fall 1986), pp. 28-33.

3 貝利與東華醫院代表的會議及婦女移民美國委員會名單見《孖剌日報》，1875 年 8 月

10日，頁2、8月12日，頁2。

4 委員會審批程序參冼玉儀：《穿梭太平洋：金山夢、華人出洋與香港的形成》（香港：中華書局〔香港〕有限公司，2019），頁327-329；"Forbidden Families: Emigration Experiences of Chinese Women under the Page Law, 1875-1882", p. 33。

5 參《穿梭太平洋：金山夢、華人出洋與香港的形成》，頁329-331。冼玉儀指出，美國領事館對移居美國婦女的審核活動在1876年5月後淡靜下來，但原因未明。

6 裴樂士報告見 *HKGG*, 17 November 1877, pp. 500-502。蘭熱爾迷宮為葡萄牙人蘭熱爾（Floriano A. Rangel）的物業，當時被稱為迷宮，即皇仁書院（Queen's College）現址。

7 堅尼地成立委員會經過見 *HKGG*, 17 November 1877, p. 502。

8 韋光，即韋廷甫，擔任有利銀行（Mercantile Bank of India, London and China）買辦長達20年，被譽為香港開埠早期富豪之一。May Holdsworth and Christopher Munn, *Dictionary of Hong Kong Biography* (Hong Kong: Hong Kong University Press, 2012), pp. 453-455。

9 陳大光曾在聖保羅書院任教，1867年轉往政府任職翻譯，後來經營鴉片生意。參 *Chinese Christians, Elites, Middlemen, and the Church in Hong Kong*, p. 136-137。

10 委員會報告見 *HKGG*, 17 November 1877, pp. 503-506。

11 中央書院招標通告見 *HKGG*, 26 September 1885, p. 820；中央書院於1889年7月10日正式搬到新校舍，易名為維多利亞書院，通告見 *HKGG*, 22 February 1890, p. 1。

12 見《孖剌日報》，1876年12月16日，頁2、1877年1月19日，頁2。

13 見《孖剌日報》，1877年4月13日，頁2。中國麵飽有限公司的成立告白見1872年6月24日的《華字日報》。

14 中環卑利街無牌妓院案件及羅素的判詞見《孖剌日報》，1877年10月20日，頁2。《傳染病條例》於1857年推出時稱為《檢查梅毒傳染條例》（*An ordinance for checking the spread of Venereal Disease*），見 *HKGG*, 28 November 1857, pp. 1-3。

15 Ibid, 17 November 1877, p. 516; 8 December 1877, p. 544.

16 The Hong Kong Government, *Reports of the Commissioners appointed by the His Excellency John Pope Hennessy to enquire into the working of "The Contagious Disease Ordinance, 1867"* (Hong Kong: Noronha & Sons Government Printer, 1879), p 2.

17 Ibid, pp. 52-53.

18《華字日報》，1873年5月26日。

19 李陞、梁鶴巢、陳瑞南、何錫、韋光等的背景前文已有介紹。莫仕揚是太古洋行買辦，亦是東華醫院的倡建協理及1872年的首總理。郭甘章原為鐵行輪船公司買辦，後來自行經營船隊，他是1876年度香港納稅最多的華人。參劉智鵬：《香港早期華人菁英》（香港：中華書局〔香港〕有限公司，2011），28-33；丁新豹：〈香港早期之華人社會〉，香港大學博士論文，1988年，頁489-493；*Chinese Christians, Elites,*

Middlemen, and the Church in Hong Kong, pp. 124-125；*Dictionary of Hong Kong Biography*, pp. 325。

20 TNA, C.O. 129/167, "Kennedy to the Earl of Kimberley", 11 February 1874, pp. 49-50.

21《孖剌日報》，1877 年 2 月 28 日，頁 2。

22 *HKGG*, 11 June 1881, pp. 425-426, 421。當日會議原為檢視最新的香港人口調查報告，軒尼詩在會上回顧政府政績，特別提到當日與陳言等討論《華人墳墓條例》一事。

23 見《華工出國史料匯編》，第 1 輯，冊 2，頁 581-879。

24 王彥威纂，王亮編：《清季外交史料》（北京：書目文獻出版社，1987），卷 4，〈總署奏請派員出使美日秘國保護華工摺〉，光緒元年十一月十四日（1875 年 1 月 20 日），頁 17-19。

25《陳蘭彬集》，冊 1，〈奏為續調出使隨員摺〉，光緒四年六月四日（1878 年 7 月 3 日），頁 18-20。

26《華字日報》的承租告白見 1878 年 4 月 6 日及 1879 年 5 月 13 日的《德臣西報》，頁 2。

27《孖剌日報》，1878 年 4 月 1 日，頁 2；《德臣西報》1878 年 4 月 8 日，頁 3。

28 *San Francisco Chronicle*, 10 August 1878, p. 3。科爾尼（Dennis Kearney），愛爾蘭人，為當時美國排華運動的首領。

29 譚乾初：《古巴雜記》，載於王錫祺輯：《小方壺齋輿地叢鈔》（杭州：杭州古籍書店，1985），第 12 帙，頁 9。

30《陳蘭彬集》，冊 1，〈奏為隨帶出洋員弁三年期滿援案籲懇恩施折〉，光緒七年閏七月二十五日（1881 年 9 月 18 日），頁 81。

31《紐約先驅報》曾報導，古巴有所謂匿名公司，成員皆為富有的園主，專門經營苦力輸入生意，見 *New York Herald*, January 31 1873, p. 6。

32《優待華人章程》見《古巴雜記》，頁 3-4。

33《古巴雜記》，頁 3-4；黎庶昌著，鍾叔河編：《西洋雜志》（長沙：湖南人民出版社，1981），〈古巴設立領事情形〉，頁 30-34。黎庶昌時為中國駐西班牙使館參贊。

34 同上，頁 4。

35 同上，頁 4；《循環日報》，1881 年 5 月 16 日，頁 3、9 月 6 日，頁 2。

36 見《申報》，1880 年 9 月 4 日，頁 2-3。當日報紙刊載陳蘭彬於 1880 年 6 月呈交給總理衙門劉亮沅的工作報告。

37《循環日報》，1881 年 9 日 6 日，頁 2。報紙稱：「聞近日會館已增至十一二間之多」。

38 Antonio C. Latour, *Apunte histórico de los chinos en Cuba* (Havana: Molina y Cia, 1927) , pp. 86-87。該書以西班牙文寫成，可譯為《古巴華人史略》，目前沒有其他文字譯本。

39《循環日報》對中國駐古巴領事的報導包括：1881 年 4 月 15 日，頁 2，〈謠傳失實〉、

5月16日，〈領事善政〉、5月20日，〈議設華洋書局稟批〉、8月27日，〈古巴領事德政〉及9月6日，〈古巴續聞〉等。《申報》1881年9月4日轉載《循環日報》8月27日的〈古巴領事德政〉，見頁3。

40《古巴雜記》，頁4。

41 *Apunte histórico de los chinos en Cuba*, p. 82.

42 Ibid, p. 40.

43 Ibid, p. 30.

44 Daily Press, *The Chronicle and Directory for China, Japan, and the Philippines etc*. (Hong Kong: Daily Press, 1890, 1891, 1892), 1890, p. 30, 1891, p. 209, 1892, p. 212.

45 參《招商局史（近代部分）》，頁110-115。

46 上圖盛檔，檔案號：SD047090-10，〈盛宣懷致沈能虎函〉，光緒十八年十月十四日（1892年12月2日）。

47《盛檔．招商局》，〈陳善言致盛宣懷函〉，〈附件：輪船招商局合股章程〉，光緒二十年八月七日（1894年9月6日），頁566-567。

48《盛檔選編》，冊47，〈光緒二十六年（按：1900）鐵路總公司粵漢鐵路續約修改意見〉，頁353-384。

49 談判經過參《愚稿》，冊1，卷9，〈滬寧鐵路籌借英款改照粵漢美款辦法摺〉，光緒二十九年二月（1903年3月），頁1-4、卷12，〈覆陳歷辦滬寧鐵路情形片〉，光緒三十二年二月（1906年3月），頁20-23。

50 參《中國鐵路發展史：1876-1949》，頁66-71。

51 王爾敏：〈盛宣懷與中國實業利權之維護〉，載於《近代史研究集刊》，總第27期（1997年6月），頁7。

52《愚稿》，冊1，卷8，〈英國商約議竣畫押摺〉，光緒二十八年九月（1902年10月），頁5。

53 同上。

54《申報》，1905年3月12日，〈上海華興水火保險有限公司啟〉，頁5；1905年5月30，〈華興水火保險有限公司廣告〉，頁5。

55《字林西報》，1905年8月7日，頁5；《華北捷報》，1905年8月25日，頁437。

56 中大盛檔，〈盛宣懷致岑春煊函〉，光緒三十三年四月（1907年5-6月）。

08

總結

H. E. WU TING-FANG ON THE LATE MR. CHUN OI-TING.

To the Editor of the

"NORTH-CHINA DAILY NEWS."

SIR,—I am surprised and grieved to learn of the death of Mr. Chun Oi-ting, a brief account of whose life was published in your issue of the 7th inst. The few appropriate remarks you made in commendation of his good qualities are well deserved, and will be endorsed by all his friends. As I knew him since boyhood, will you kindly allow me to add a few words? He was a good type of a Chinese gentleman with a foreign education. He was known for his ability and extensive knowledge of foreign affairs.

WU TING-FANG.

Peking, 14th August.

A DISTINCTION.

To the Editor of the

"NORTH-CHINA DAILY NEWS."

SIR,—In to-day's issue of your paper under the heading "A Unique Entertainment" you say: "There will be given a Patriotic Drill by the young ladies of the McTyeire Girls' School."

I write to correct the impression that our school is sending out its young ladies to take their place by the side of a representation by a "world-famous troupe."

The "young ladies" referred to are little girls from our primary department who go into this entertainment by the

本書旨在重構陳言在香港興辦報紙的經過，探討他在推動中文報業發展方面的角色和成就，讓讀者更好理解早期報業先驅的精神面貌。研究問題包括：一、陳言創辦及經營《華字日報》的經過；二、《中外新聞七日報》及《華字日報》的內容特色；三、陳言與王韜在報業上的合作關係；四、陳言香港以外的事業成就。以下總結本書對上述問題的回應。

開華人辦報的先河

陳言無疑是香港報業的改革者和開創者，他打破中文報紙由西人把持的局面，開展一個由華人主導的報業新時代。

1871 年，陳言加入報界未幾，已立志創辦一份由華人主持的中文報紙，希望藉報紙傳遞華人事務的訊息，爭取關注及權益。他的計劃得到華人社會的支持，他們為報紙籌措經費，出任法定保證人和提供保證金。在陳言的努力下，《華字日報》終於在 1874 年 4 月 17 日創刊。它在《中外新聞七日報》的基礎上，由一版擴充至四版，成為一份獨立出版的中文報章。《華字日報》雖然由德臣報館擁有，但陳言以承租協議方式營運該報，他集編撰、派送、銷售、人

創設香港華字日報說畧

或朂余日經貫脫夫恆跌事當爲其創舉日報之道亦何莫不然然有非因之因不創之創者則以華人而爲華字新報是也何因乎爾蓋華字日報業已距今伊始則以華人越而綱紀之其舉雖創其事則因也何創乎爾在昔華字日報實屬西人承辦今忽以華人而爲主宰則提挈之權我左右之權我此其事雖因而其舉又實創也且非特此也日報之所關甚鉅述政事紀民情辨風俗詳見聞大之可以持淸議小之可以聯人心其所以激濁揚淸褒善癉惡采輿衆之公評存三代之直道實有足以轉移風尙鑒戒世人況時處今日所宜講求者非泰西各國之事乎廣爲繙譯備加蒐羅用以昭示同人俾知其政治之得失悉其民情之向背察其風俗之淳澆覽其見聞之廣隘雖以瀛壖之遠不啻如視之掌其足以裨益於我者豈淺鮮哉向者華人皆以日報一道無足繫於重輕不知所以佐中治而稔外情者實在於此其良法美意足以供我揣摩藝術造作足以資我仿效而日報之中無不具詳有不同於他人之徒工粉飾僅托空言者比也區區之心實不僅欲爲前此所未有之創舉而甚欲爲後此所僅有之美舉也此不佞之所以望君亦君之所以自命者也嗚呼余亦策勉敢不力振弗逮因思本日報自仲春開辦以來迄今數越月荷蒙四方　高明垂青鑒閱觀者日盛祇恐限於篇幅不足以供快覽爲擬於不日即將本日報改爲四板添入船頭貨價行情告白等欵庶幾士商覽之各有所稱意也凡遐邇名流四方同志惠以佳篇賜之傑構或規述時事或采取異聞或有涉中外之故偉論鴻詞高見遠識足以豁愚蒙而增智慧者本館亟當登錄其尤佳者且當代爲譯成西字刊入泰西郵報庶俾中外並沾厥益用誌景仰之懷此何啻錫以百朋而示之南針也玆

《華字日報》1871 年 7 月 8 日〈創設華字日報說略〉（藏於日本國立國會圖書館）

事和財務管理於一身，經營上自負盈虧。德臣報館負責提供中文鉛字、印刷服務及辦工處所。《華字日報》成為德臣報館內一個獨立商業體，實現陳言所謂「唐人為之主持」、「於西人無預」的辦報宗旨。該報出版後，銷售遍及中國內地和亞洲的主要通商口岸，廣受讀者及商業客戶歡迎。讀者認同報紙的公信力，讚賞它「事惟實傳，言無虛錄」，[1] 政府揀選它作為刊登公告的媒體，報界同業亦樂於轉錄，令該報的地位逐漸顯著。1874 年 2 月，陳言更決定在不提高訂閱費下，將報紙改為每日出版，為讀者提供更近時及全面的訊息。

陳言為較早系統論述新聞思想的報人。他承諾為讀者提供真實、近時及全面的優質新聞，對涉及華人事務的時事消息，必定「知無不言，言無不盡」，讓讀者足不出戶，便能掌握中外社會的重要資訊。他同時強調現代報紙對華人社會的廣泛益處，包括增廣個人知識、推廣商業活動、促進言論自由、改善社會風氣，以及提升政府施政等。此外，他更認為報紙編輯必須具備過人識見、守正不阿，敢於為民請命，發揮影響社會和政治的作用。陳言在編輯《中外新聞七日報》及《華字日報》的工作上亦盡力實踐其新聞思想，下表作一說明：

新聞思想		例子	章節
1	為華人社會爭取關注及權益	對香港治安、司法及民生政策問題的評論，反映陳言為華人社會發聲的努力。	第四章
2	為讀者提供廣博全面、近時及真確的中外新聞。	在台灣當地對日軍侵台的報導，展示專業記者對優質新聞的追求。	第六章
3	幫助讀者增進知識，特別是對西方世界的認知。	通過持續翻譯及刊載麥吉雅各的《普法戰紀》，增進讀者對歐洲政治局勢及現代戰爭的認識。	第七章
4	協助商人運籌帷幄，捕捉有利商機。	取得從英國運往中國內地及香港的出口貨物資料，助商人掌握貨物的供應前景。	第三章

5	計劃在中國內地、亞洲和美國的主要通商口岸建立派發點。	報紙在 1874 年 2 月中的派發點已覆蓋廣州、福州、廈門、汕頭、煙台、新加坡和馬來西亞的吉打等地。	第三章
6	促進政治及社會發展	報導及評論中國自強運動的問題，讓官員「俾知其政治之得失」。 藉揭示日本改革運動的成功，希望讓清廷官員有所借鑒，從而調整自強運動的方向。	第五章
7	學習香港報人爹倫敢於為民請命的表現	針對苦力貿易問題的報導，展示陳言無懼權勢，敢於為受虐華工發聲的勇氣。	第五章
8	學習英國《泰晤士報》總編輯低靈積極參與社會事務	透過協助香港華商與港督議事及直接參與公職，發揮報人影響社會事務的功能。	第八章

對專業新聞的追求

陳言主編報紙的新聞內容緊扣社會和時局的發展，處處表現對華人權益及民族發展的關注，同時展示他對專業新聞的要求。

在香港治安問題上，他鼓勵華人主動為本身權益發聲，不要讓英國官員操持民意。他更提議港府善用華人力量，協助改善治安問題，甚至暗示港府應考慮讓華人參與立法局議事。在香港法治問題上，他關心華人有否受到公平審訊的機會，外籍法官判決時能否做到「民無冤獄、獄絕冤民」。陳言同時關注中國司法制度動輒用刑、容許特權階級，以及縱容胥吏等問題，並質疑其公開、公平及公義性。在香港民生政策方面，陳言留意到港府不斷增強監控華人的措施，建議官員減少擾民的行動，讓社會得以專心發展經濟。陳言對港府施政的言論及意見，吸引堅尼地的注意，並視之為施政參考。嗣後，他在評論港府政策上更為積極，對利民政策予以公開表揚，甚至主動向華人解說；對擾民或不利社會發展的措施，則直言不諱，促請政府三思而行。陳言更非常支持東華醫院的慈善工作，他甫入報界未幾，便藉報紙推廣東華醫院的服務，更主動為醫院紳董抵抗西報的輿論攻擊。他對東華醫院的支持，贏得華人領袖的重視及信任，令他在華商領袖與政府高層的議事過程中，擔任翻譯及通傳事務的角色，協助雙方討論各種民生問題，為建設社會出力。

於中國政治問題上，陳言指出自強運動的改革成效未如理想。軍事上，清廷因短期財務問題，令自製輪船和武器的計劃半途而廢，錯過了增強國防實力的機會；經濟上亦抱殘守闕，抗拒開礦、電報及鐵路等現代實業，令國家無法創造財富，提振國力，反映清廷缺乏改革決心和遠見。相反，陳言對日本明治維新的改革成效卻是擊節嘆賞。日本政府奮發有為，在政治、經濟、科技、軍事、外交、文化和教育等各方面實行全面改革，而且漸見成績，有論者更形容日本為「近時之興國」。[2] 陳言呼籲清廷借鑒日本的改革方針，調整自強運動方向，不要繼續「拘文牽義、膠柱鼓瑟，一切成見，牢不可破」，[3] 貽誤國家發展的機會。在內地社會問題上，陳言關注到苦力貿易的問題：澳門苦力販子擄人拐帶，強迫良民出洋，令無數華人家庭受害。陳言不斷在報上揭發苦力貿易的問題，令澳門豬仔館、苦力船主、國際苦力販子、古巴和秘魯種植園主等的種種惡行無所遁形。他更竭力呼籲清廷廢止豬仔貿易，以及派遣使節到華人海外聚居地駐紮。陳言及其他中外報紙對苦力貿易的關注，終於促成清廷作出改變，於 1874 年派遣陳蘭彬前赴古巴夏灣拿調查華工狀況，為苦力貿易問題帶來曙光。陳言對內地政治及社會問題的關注及訴求，在當時可能得不到當權者的回應，其努力卻產生重要的示範作用——社會上無權無勢的平民如他，如何藉報紙爭取改變。陳言的工作，為中國的新聞及言論自由撒下寶貴種子，影響深遠。

陳言在籌創《華字日報》之初，已承諾為讀者提供廣博全面、近時及真確的優質新聞。《華字日報》對日軍侵佔台灣的報導，最能體現他對優質新聞的追求。自 1873 年初伊始，陳言已留意日本的對華動向，對日本公使來華、琉球主權之爭、「征韓論」的政治角力、日軍誓師情況，以及幕後主謀李珍大的消息，皆能作出適時報導，展示他敏鋭的新聞觸覺。到台灣戰事爆發，他利用所有人脈資源，將他能夠接觸的訊息，包括美國領事曉諭、沈葆楨防衛台灣的奏摺，以及清廷機密〈廷寄〉等第一手資料，完整地刊載報上。陳言同時藉着為黎兆棠工作的機會，親赴廈門及台灣進行採訪，為讀者提供最新的戰事訊息，開創香港報紙戰地採訪的先河。《華字日報》對日軍侵台的報導領先陸港報業同儕，它比《申報》更早揭發日軍侵台動向，在台灣的實地報導亦較全面及詳實，堪稱新聞傳播的優秀示範。但另一方面，陳言過分追求新聞事實，不惜刊登朝廷的機密文件，最終因洩密被清廷通緝。他低估洩密行為對其個人及國家的風險，未始不是其報業生涯上的過失。

兩大報業先驅的相交

陳言與王韜的才能及經驗產生很強的互補作用，二人攜手將中文報業推進至一個前所未有的興盛時代。

王韜為陳言主編的報紙提供文字內容，令其內容更為豐富。陳言對王韜的寫作事業亦貢獻不淺，《華字日報》譯錄麥吉雅各《普法戰紀》的文章，經過《申報》轉載後，令王韜所撰的同名書籍未曾出版，便「流傳南北殆遍」，增加其出版聲勢。陳言為支持香港中文報業發展，不計自身利害關係，受委出任中華印務總局總司理，負責購買、搬遷及重置英華書院的印刷設備，令華人全面掌握印刷及出版技術，並協同王韜籌備出版《循環日報》，令香港報業走向完全獨立印刷及出版的商業模式。在《華字日報》及《循環日報》

的影響下，香港的中文報紙由陳言加入報界前的每周六份，增加至1874年的每周21份，[4]流通更為廣泛，影響力大增。香港出版及報業的新氣象，基本上由陳言主導或催生，他對香港以至中國報業的影響可說是前所未有。

王韜與陳言不同的新聞觀，反映在《循環日報》及《華字日報》的報導上。在編輯新聞上，陳言致力為讀者提供較詳盡及近時的消息；王韜則博采群言，利用其廣博知識為讀者提供新聞以外的資訊。在新聞真確性的問題上，陳言強調嚴選真實新聞的重要性，希望為報紙樹立具公信力的形象；王韜則認為報紙的功能在於教化道德，對所謂「風聞」的消息並不抗拒。在時事評論方面，陳言雖然欣賞日本的政治改革，但對其攻擊台灣之舉極為不滿，多番提出嚴厲批評；王韜的評論則呈現反覆的傾向，初期認為日本若能在戰事中獲勝，將台灣納入版圖，必然有利當地經濟發展，及後又指摘日本殺傷生番，令番民蕩析流離。隨着兩報的正面競爭，陳言與王韜的關係開始出現變化。他們在處理新聞事實上的分歧成為磨擦的導火線，二人分道揚鑣，無復往年的合作關係。

陳言與中國近代化

陳言對時事問題的深刻思考，以及對社會、民族及國家的責任感，影響他的人生和事業發展，令他成為一個成就跨事業範疇及地域的香港精英。

陳言熱心香港華人福祉，從不同途徑參與社會事務，令他得到華商領袖及政府官員的重視，逐漸晉身華人領袖之列。他曾出任婦女移民美國委員會會員、港府擴建中央書院顧問、儲蓄互助社發起人，以及港府傳染病條例委員會秘書等公職。陳言在傳染病條例委員會的工作尤其出色，經他積極協調下，委員會對娼妓業的實況有更深切的認識，從而作出更恰切的改善建議。堅尼地任期屆滿，陳言在他的歡送會中擔任司儀。軒尼詩上任未幾，便因為他的勸諫而取消不當的新法。陳言對協調及改善香港中外社會關係的作用，得到普遍認同，反映現代專業報人對社會及政治的影響。

陳言的洋務能力，為他贏得出使外國的機會。他初到美國，便展示優秀的外交才能，與美國傳媒在排華問題上針鋒相對，為當地華人發聲。陳言到達古巴後，在惡劣的天氣及環境下長途跋涉，前往各地工場及官工所進行交涉，釋放大量被禁錮的華工。其後，他與劉亮沅更取得古巴總督的支持，推出《優待華人章程》，令華人的生活及尊嚴得到徹底改善。陳言升任古巴總領事後，繼續不懈地為華人爭取福利。他關心華人子弟的未來，一手創辦古巴中西學堂，為教育華人下一代不遺餘力。陳言以其人生最寶貴的十年服務同胞，實現他提出的「匪惟保之於版圖之中，且宜保之於幅員之外」，其保民之功，值當地華人永誌。

陳言在促進晚清中國經濟改革的工作同樣出色。在輪船業務上，他協助輪船招商局覓得香港碼頭及倉庫用地，為招商局的粵港航運業務奠下基礎。在煤礦工業上，他承繼唐廷樞的遺志，令開平礦務局的煤炭生產更上一層樓，成功奪回中國市場。他對漢陽鐵廠的支持，令生產混亂的鐵廠得以恢復正常運作，民族初創工業得以維持。陳言對促進現代鐵路發展亦有所貢獻，他在談判劣勢下竭力保護國家利權，為清廷完成粵漢、滬寧等多條鐵路的借款合約。陳言同時將淞滬鐵路的業績轉虧為盈，向國人示範如何經營及改進鐵路業務。此外，他還協助盛宣懷主持國際貿易談判，在清廷與英國的商約談判中身兼多職，表現突出，令該談判成為晚清中國少有的成功案例。

Does every policeman in this town need a lady to stop a fight before he takes the men in charge?

Enclosing my card,

I am, etc.,

I. L. W.

18th August.

H. E. WU TING-FANG ON THE LATE MR. CHUN OI-TING.

To the Editor of the
"NORTH-CHINA DAILY NEWS."

SIR,—I am surprised and grieved to learn of the death of Mr. Chun Oi-ting, a brief account of whose life was published in your issue of the 7th inst. The few appropriate remarks you made in commendation of his good qualities are well deserved, and will be endorsed by all his friends. As I knew him since boyhood, will you kindly allow me to add a few words? He was a good type of a Chinese gentleman with a foreign education. He was known for his ability and extensive knowledge of foreign affairs. He was selected by Minister Chên Lan-pin to go to Cuba to establish the first Consulate-General there. This was no easy task. He did his work so well and was so popular both among his countrymen and the authorities on that Island, that he was requested by the two successors of Minister Chên to remain in charge of that Consulate. He could have continued in his post as long as he liked, and certainly I would have gladly kept him on if he had been there when I took charge of the mission nine years ago. But having been away from China for more than ten years, he was anxious to return home and he resigned his post to the great regret of his countrymen. After his return to China, however, he was not allowed to remain idle and his services were soon sought by those who knew his great worth. He came to Tientsin and in the capacity of Manager and Director of the Chinese Engineering and Mining Co. he did excellent work there. His colleagues and subordinates could testify to his administrative ability and the valuable work done by him at the mines. If he had been in charge of the Mining Co. during the Boxer trouble, I am sure Mr. Chang Yen-mow would not have been in the unpleasant predicament in which he finds himself to-day. Mr. Oi-ting would have steered the mining ship clear of the dangerous rocks and brought her to haven in safety. But Sheng Kungpao, always alert to get able men to help him, soon prevailed upon Mr. Oi-ting to come to Shanghai, where he became his right-hand man. As to his work in Shanghai, it is so well known that it is needless for me to recapitulate. But as to the sterling qualities of the man we ought not to forget. He was kind and good-hearted. Whenever there was a movement for educational or benevolent purpose, he would willingly lend his support. His poor relatives and friends must mourn his loss extremely because he helped them in case of need. In every position he filled, he performed his duties thoroughly and conscientiously. All persons coming into contact with him always found him affable and courteous. He was a perfect gentleman and I believe he had not a single enemy. He might have become a high officer in Peking had he been so inclined. But he had no taste for, and never cared to learn, the numerous ceremonials and the empty forms of etiquette which every regular officer has to observe. He was too practical to comply with them. He preferred doing really useful work in a Treaty port where he was not so much trammelled by useless but rigid official etiquette.

China can ill spare a man of such sterling quality, especially in her present critical position, and his death is a loss to the country.

I am, etc.,

WU TING-FANG.

Peking, 14th August.

A DISTINCTION.

To the Editor of the
"NORTH-CHINA DAILY NEWS."

SIR,—In to-day's issue of your paper under the heading "A Unique Entertainment" you say: "There will be given a Patriotic Drill by the young ladies of the McTyeire Girls' School."

I write to correct the impression that our school is sending out its young ladies to take their place by the side of a representation by a "world-famous troupe."

The "young ladies" referred to are little girls from our primary department who go into this entertainment by the sanction of their parents, not as representing our Institution.

I am, etc.,

HELEN LEE RICHARDSON,
Principal.

McTyeire School, Shanghai.
21st August.

Miscellaneous.

IMPERIAL DECREE.

BY TELEGRAPH FROM PEKING.

SPECIALLY TRANSLATED FOR THE "NORTH CHINA DAILY NEWS."

18th August.

We have received a memorial from Yu T'ai, our Imperial Resident at Lhassa, Tibet, requesting us to appoint someone to the post of Commandant of the Tibetan forces. We hereby appoint Ch'i-mei-ts'êh-wang, holding the 5th rank, Class A., Commander of the Tapakorh Regiment, to the said post of Commandant of forces, or Taipêng.

Note.—There are six such officers in the Tibetan Army.—Translator.

19th August.

(1) Decree expressing regret at the receipt of news of the death through illness of Prince Yi Mu, 4th Order (a cousin of Prince Ching—Translator). The deceased prince is granted the "To-lo" prayer coverlet to be placed over his body, and Prince Tsai T'ao, 3rd Order, is commanded to take the prayer coverlet, escorted by ten men of the Imperial Bodyguard, over to the late residence of the deceased, where also Prince Tsai T'ao is commanded to pour a libation to his manes on behalf of their Majesties the Empress Dowager, Emperor, and Empress. The Treasury of the Privy Purse is further commanded to hand Tls. 1,000 to the family of the late prince towards his funeral expenses, and his adopted grandson P'u Chieh is allowed the privilege of succeeding to the family estates under the title of an Imperial Duke of the 1st Order.

(2) Decree notifying the Court that on the 8th day of the 8th moon (10th of September) his Majesty the Emperor will proceed to the Shê-tsi Altar to sacrifice in person.

《華北捷報》上有伍廷芳為陳言所撰悼念信）

要言之，陳言在推進中文報業發展上成就非凡。他開創了一個由華人主導的報業新時代，並藉言論為華人爭取權益及關注，對報業發展影響深遠。他對新聞質素有很高的要求，並透過身體力行，為業界樹立專業新聞報導的典範。他與王韜在編寫報紙、翻譯及出版事業上的合作，為中文報業增添活力，令報紙成為華人生活的重要部分。陳言亦是少數得到華商領袖及港府高層重視的報人，印證專業報人對改進社會的重要作用。最後，陳言對中國外交及經濟改革的貢獻，更展示香港華人精英的多元成就及影響。

註釋

1 《華字日報》，1872 年 9 月 9 日。

2 同上，1873 年 8 月 15 日。

3 同上，1873 年 3 月 24 日。

4 1870 年香港只有《中外新報》及《近事編錄》兩份中文報紙，每周一共出版六份。至 1874 年後，《中外新報》改為每周六刊，連同《循環日報》及《華字日報》，全港中文報紙每周印派 21 份。

附錄一　陳言生平研究回顧

學界關於陳言的論著現散見於中國報業史及香港華人史，至於其外交及實業事蹟，除筆者未出版的博士論文〈陳言（1846-1905）的生平與事業研究〉有所記載外，則無其他專文論及，以下就中國報業史及香港華人史的相關論著作一扼要回顧。

中國報業史

陳言在香港報業活動的記載最早出現在戈公振、白瑞華（Roswell S. Britton, 1897-1951）和陳言姪子陳止瀾等人的著述。戈公振形容陳言為創辦《華字日報》的「動議者」，說他「邃於國學，因鑒香港割讓於英以後，華人以得為買辦通事為榮，不特西學僅得皮毛，且將祖國文化視若陳腐，思借報紙以開通民智」。又說陳言得到親戚伍廷芳及何啟的幫助，從教會購得舊中文鉛字一副，自任編輯，印刷發行交由《德臣西報》負責。報紙於同治三四年間（1864-1865）出版，初時篇幅甚少，內容上亦以翻譯西報報導和轉錄《京報》為主。戈氏將《華字日報》歸類為「外報類」，稱它是《德臣西報》的中文版。[1] 白瑞華在《華字日報》的創刊日期上提出不同的說法，指該報於1872年創辦，初期營運類似《中外新報》與《孖剌日報》的承辦協議模式，報紙由華人出資，西人報館提供印刷服務，其控制權一直操在華人手上。[2] 陳止瀾所撰的〈本報創造以來〉基本承襲戈公振的說法，指陳言因「外觀於世界潮流，內察乎國民程度，知非自強不足以自保，非開通民智無以圖強」，因而產生辦報念頭。他同時提到，1894 年報館失火，所存舊報及紀錄付諸一炬，僅存 1895 年 2 月 1 日以後的舊報。[3]

以上報業史著作皆強調陳言在創辦《華字日報》上的重要角色，但相關記載存在分歧，論述上亦有矛盾。戈公振指《德臣西報》只負責《華字日報》的印刷發行，但又稱它為《德臣西報》的中文版，顯得前後矛盾。他提出報紙創於同治三四年間的說法亦有疑問，當時陳言僅得 18 歲，進入政府工作未幾，如何有能力創業？然而，戈公振的專書發表時間較早，廣受同業推崇；陳止瀾既是陳言姪子，又是《華字日報》經營者，旁人難以質疑其記述。戈、陳二人的說法遂為日後報業史著者如曾虛白（1895-1994）、方漢奇、梁家祿、鍾紫、李家園和李谷城（?-2013）等所沿用。[4] 事實上，香港報業史研究面對極大限制，早期中文報章大多不存，《華字日報》1895 年以前的舊報不存，陳止瀾在編撰《華字日報七十一周年紀念刊》時曾經徵求舊報，最後只覓得 1873 年 6 月 4 日第 176 號的一期，可見其遺失情況之嚴重；《中外新報》亦僅存 1872 年 5 月 2 日的一期；《近事編錄》更是全部散失。[5] 研究者缺乏原始史料，形成論述上陳陳相因的問題。

有別於戈公振的分類，方漢奇在其《中國近代報刊史》中把《華字日報》界定為中國人自辦的報紙，指它的編輯和發行由中國人完全自理，中文鉛字模亦是自行購買，不過在創刊初期借用《德臣西報》的印刷機。方氏的《中國新聞事業通史》更把《華字日報》歸類為「中國人在國內最早出版的報刊」，認為中國人在該報的編撰上享有相當大的決定權。[6] 方氏為內地報學權威，其說法令陳言報業先驅的角色更為學界認同，但方氏基本沿用戈公振的記載，並無發掘太多新材料。

及後，卓南生在考證《華字日報》的出版日期上有所突破。1988 年，他利用當時中西報章資料，推論《華字日報》為《德臣西報》所辦，創刊日期為 1872 年 4 月 17 日，而非戈公振所說的同治三四年。2014 年，卓南生再發文宣佈，他在日本國立國會圖書館發現《華字日報》大量原件，出版日期由 1872 年 5 月 6 日（第 9 號）至 1874 年 8 月 25 日（第 442 號）。[7] 卓氏利用該批原件再次確認《華字日報》與《德臣西報》的從屬關係，並質疑陳言所謂報紙由華人主持的說法，不過是為爭取華人讀者的支持。[8] 然而，陳言若僅為一般主筆，唯《德臣西報》東主是聽，又應該如何評定他對中文報業發展的作用？另外，卓南生雖然掌握《華字日報》的原件，但他並無深究其具體內容，錯過揭示這一份失佚百多年的重要中文報紙的真正面貌，亦未免美中不足。[9]

此外，陳言與王韜同獲奉為中國報業先驅，二人對促進中文報業發展作用顯著，其互動過程無疑是香港報業史的重要章節。不過相關論著一般側重王韜，[10] 忽略陳言對王韜的影響，以及二人的合作關係。例如作為王韜經典史著的《普法戰紀》，陳言在是書的撰寫及傳播上擔任重要角色，但多年來受到學界誤解，令其工作湮沒無聞。近年部分學者對二人的交往感到興趣，蕭永宏考證他們互為對方報紙撰寫文章的事實，冼玉儀亦提到他們的友好關係，[11] 惟其篇幅不多，未能全面闡明二人協同合作對香港早期報業的影響。

綜合而言，報學界對陳言的研究停滯多年，近年突破主要在《華字日報》的創刊日期，對陳言如何創辦及經營《華字日報》、其所辦報紙的新聞和言論有何特色、如何反映陳言的新聞思想、與王韜及《循環日報》的關係、其生平事業對香港及香港以外的影響等重要問題發掘不多，未能充分反映陳言報業先驅的角色。

香港華人史

施其樂在收集香港檔案時已留意及陳言，[12] 其論文 "The Emergence of a Chinese Elite in Hong Kong" 在講述陳言報人角色之餘，更特別提到他作為華人領袖的身份。1872 年，總督堅尼地到港履新，華人紳商為他舉行歡迎會，陳言獲邀為 30 名華人代表之一。1878 年，總督軒尼詩出席東華醫院慶典，會上有十多名華人領袖身穿清廷官服迎接軒尼詩，陳言亦廁身其中。施其樂同時指出，陳言曾出任中國駐古巴總領事、開平礦務局會辦及滬寧鐵路總辦，形容他是一位卓越的華人精英。[13]

林友蘭亦曾發表多篇關於陳言及《華字日報》的文章，稱許他不僅是香港報業先驅，更是中國外交及實業方面的傑出人才。余啟興在研究伍廷芳的生平時發現陳言，他在〈伍廷芳與香港之關係〉一文中以超過一頁的註釋介紹陳言，提到他在報業、外交及實業上的成就，又說他信奉基督教，逢周日往教會崇拜。[14] 林友蘭和余啟興對陳言生平的記敘仍較表面，僅知他的工作職銜，未能對其人生經歷及實際事功有所闡發。余氏文章亦有疏漏之處，例如說陳言曾任職《孖剌日報》。

冼玉儀在多篇香港史論文及專書中均有提及陳言，其中 "Emerging Media: Hong Kong and the Early Evolution of the Chinese Press" 一文通過對《中外新聞七日報》的詳細分析，析論陳言如何創造出一份切合華人社會需要的中文報紙，更特別提到陳言言論對晚清中國改革的啟示。冼氏同樣察覺到陳言作為華人精英的身份，說他英語能力極佳，熟悉政府運作，曾擔任東華醫院值理，並獲港府委任為傳染病調查委員會秘書，受到中外社會人士的尊重，軒尼詩甚至公開稱他為朋友。冼氏另一篇文章 "Beyond Tianxia: *The*

Zhongwai Xinwen Qiribao (Hong Kong, 1871-72) and the Construction of a Transnational Chinese Community"探討陳言如何藉報紙言論為海外華人發聲，爭取清廷派遣使領保護海外僑民。[15] 冼玉儀對陳言及《中外新聞七日報》的著述，為相關研究提供重要資料及方向，甚具啟發意義。然而，她較側重探討陳言在香港的報業活動，未有深究他在香港以外的成就及影響。

以上學者皆留意到陳言報業先驅以外的身份，發現他與香港中外社會、殖民政府、海外華人，以及晚清中國社會的密切關係。遺憾的是，在他們的著作發表以後，後續工作無以為繼，至今仍缺乏對陳言人生的全面研究。反之，學界涉及同期其他香港精英的研究，如黃勝、唐廷樞、伍廷芳、何啟和胡禮垣等，卻是推陳出新，成果豐富。[16] 此外，近年亦出現一些涉及陳言生平片斷的著述，例如沈呂寧有關陳言被清廷通緝的文章、陳曉平對陳言家庭背景的介紹、費南山（Natascha Vittinghoff）關於陳言洽購中文字模的論文，以及吳德鄰及胡宗剛有關陳言兒子陳煥鏞（1890-1971）的記載等。[17] 但這些著作只提及陳言生平部分事蹟，僅屬參考資料。

另一個相關問題是，陳言人生有超過一半時間不在香港，後期成就亦與香港社會無直接關係，他的事蹟是否屬於香港華人歷史範圍？冼玉儀指出：

> 香港如此讓人來去自如，如此容易受外界影響，又反過來對其疆域以外多方面的發展產生這麼大的影響力，因此，想了解像香港這樣的地方，只把眼光放在其具體邊界之內，顯然是徒勞。⋯⋯對於像香港這樣的地方所體現的多重角色，我們需要以角度更寬廣的眼光來觀看。[18]

陳言人生成長階段深受香港文化熏陶，形成中西合璧的思想行為。這些特質令他在不同地方的華人社會皆有突出表現，其個案正好展示香港人才對域外社會的影響。

以上有關香港華人史的回顧揭示兩大問題，其一是學界對陳言缺乏全面研究，對他生平發生何事（what）、如何發生（how），以及為何發生（why）等問題發掘不足，無法彰顯其歷史角色。其二是關於他在香港社會的際遇，以其一介報人身份，為何能夠晉身香港以富商及買辦為主的華人領袖行列？這些問題對檢視陳言作為香港華人精英的身份極為關鍵，有待深入研究的需要。

註釋

1 《中國報學史》，頁 74-75。該書最早成於 1926 年，翌年由商務印書館出版，在中國大陸及台灣皆有重印出版。

2 *The Chinese Periodical Press*, 1800-1912, pp. 46-47.

3 〈本報創造以來〉，頁 1-2。陳止瀾當時主持《華字日報》業務，生平紀事見 1935 年 3 月 6 日《華字日報》的悼文。

4 曾虛白：《中國新聞史》，頁 145；《中國近代報刊史》，上冊，頁 60-61；梁家祿：《中國新聞業史》（南寧：廣西人民出版社，1984），頁 62-63；鍾紫：《香港報業春秋》（廣州：廣東人民出版社，1991），頁 26-36；《香港報業雜談》，頁 8-12；《香港中文報業發展史》，頁 122-126。

5 《中外新報》由孖刺報館出版，其前身為 1857 年 11 月 3 日創刊的《香港船頭貨價紙》，卓南生認為《中外新報》約於 1865 年創刊。《近事編錄》由羅郎也印字館創於 1864 年，在香港前後出版 19 年之久。參《中國近代報業發展史，1815-1874（增訂新版）》，頁 259；〈《香港近事編錄》史事辨正〉，頁 167-170。

6 《中國近代報刊史》，上冊，頁 60-61；《中國新聞事業通史》，第 1 卷，頁 467-470。

7 據日本國立國會圖書館所藏，《華字日報》現存原件只得 347 期，中間缺 87 期。

8 〈《香港華字日報》創刊日期考〉，頁 184-190；〈《香港華字日報》創刊初期大量原件的發掘和意義〉，頁 45-61。

9 卓南生在他 2015 年出版的《中國近代報業發展史，1815-1874（增訂新版）》中，只加入他 2014 年發表的〈《香港華字日報》創刊初期大量原件的發掘和意義〉一文，並未對《華字日報》原件有進一步闡述。

10 學界對王韜及《循環日報》的研究成果極豐，例如有 Paul A. Cohen, *Between Tradition and Modernity: Wang T'ao and Reform in Late Ch'ing China* (Cambridge MA: Harvard University Press, 1974)；《王韜評傳》；《王韜評傳（附容閎評傳）》；《王韜與近代世界》等。近年蕭永宏亦發表一系列關於王韜報業活動的論文及專書。

11 見蕭永宏以下論文：〈王韜與近代早期香港華文報刊業：《循環日報》創辦緣起考〉，頁 317-319；〈《弢園文錄》史事鈎沉 —— 兼說稿本《弢園文錄》的史料價值及學術意義〉，頁 309-310；〈《循環日報》「論說」作者考〉，頁 79-80。冼玉儀論文見 "Wang Tao in Hong Kong and the Chinese 'Other', pp. 17-21。

12 施其樂收集的檔案卡，現藏於香港歷史檔案館：施其樂牧師藏品集，涉及陳言生平紀事的檔案號包括 4009、4965、4967、4973、4975、8603 及 16379 等。

13 *Chinese Christians, Elites, Middlemen, and the Church in Hong Kong*, pp. 132-134, 151.

14 林友蘭的文章包括：〈一份百年前的《華字日報》〉，載於《報學》，第 3 卷 8 期（1967 年 6 月），頁 84-90；〈近代中文報業先驅黃勝〉，載於《報學》，第 4 卷 3 期（1969 年 12 月），頁 108-111；〈伍廷芳與近代中文報業〉，載於《報學》，第 5 卷 3 期（1974 年 12 月），頁 76-78；〈陳靄庭與《香港華字日報》〉，頁 131-133。余啟興：〈伍廷芳與香港之關係〉，頁 255-278。

15 "Emerging Media: Hong Kong and the Early Evolution of Chinese Press" , pp. 421-465；"Beyond Tianxia: *The Zhongwai Xinwen Qiribao* (Hong Kong, 1871-72) and the Construction of a Transnational Chinese Community" , *China Review*, Vol.4 No.1 (Spring 2004), pp. 90-122。冼玉儀在以下專書亦有提及陳言：Elizabeth Sinn, *Pacific Crossing: California, Gold, Chinese Migration, and the Making of Hong Kong* (Hong Kong: Hong Kong University Press, 2012), pp. 80-83；Sinn and Munn, *Meeting Place* (Hong Kong: Hong Kong University Press, 2018), pp. 17-21；*Dictionary of Hong Kong Biography*, pp. 68-69。

16 近年關於黃勝的論著有葉深銘：〈寶雲與香港立法局改革（1883-1885）〉，頁 104-118。唐廷樞的研究有胡海建：〈論唐廷樞〉，暨南大學博士學位論文，2003 年。伍廷芳近年的專書有張禮恒：《伍廷芳的外交生涯》（北京：團結出版社，2008）。研究何啟及胡禮垣的有張禮恒：《何啟．胡禮垣評傳》（南京：南京大學出版社，2005）；高馬可著，林立偉譯：《帝國夾縫中的香港：華人精英與英國殖民者》（香港：香港大學出版社，2021），頁 102-121。

17 沈呂寧：〈同治十三年（按：1874）香港新聞紙泄密案〉，載於《船政文化研究》，第 5 輯（2010 年），頁 120-126；陳曉平：〈中文報業先驅陳靄亭〉，載於《南方都市報》，2017 年 8 月 8 日；Natascha Vittinghoff 著，姜嘉榮譯：〈遁窟廢民: 香港報業先鋒王韜〉，載於《王韜與近代世界》，頁 313-335；胡宗剛：《華南植物研究所早期史》（上海：上海交通大學出版社，2014），頁 5-8。陳煥鏞為陳言在古巴娶的第四妾古巴女子伊麗沙（?-1913）於 1890 年在香港生下的兒子。

18《穿梭太平洋：金山夢、華人出洋與香港的形成》，頁 391。該書為冼氏 *Pacific Crossing: California, Gold, Chinese Migration, and the Making of Hong Kong* 的中譯本。

附錄二 陳言生平事蹟繫要年表

清朝紀年	公元	歲數	事蹟
道光二十六年	1846	1	出生於新會潮連鄉巷頭村，行八。父親陳洪茂，字喬林，承先世業，原經營典當，咸豐初，以政局動盪，結束業務。洪茂子十，除陳言外，以四子棟燦、六子致祥、九子猷、十子寶（1652-1898）最著。
咸豐四年	1854	9	廣東洪門會眾起兵反清，廣州及周遭城鄉受戰火波及。陳氏家園亦遭焚掠。
咸豐六年	1856	11	清朝地方官兵每假借平亂，濫捕濫殺，或誣陷鄉民從逆。陳洪茂遭清兵誣陷，被迫攜同家眷到香港避亂。
咸豐八年	1858	13	陳言幼年未嘗就學，僅由父兄教讀經書。遷居香港後，約於是年入讀聖保羅書院。時聖保羅書院校長為香港聖公會首任會督施美夫。
咸豐十一年	1861	16	1861-1863 年間，傅蘭雅任教聖保羅書院，對當時已經受洗的陳言留下良好印象。
同治元年	1862	17	10 月，王韜因牽連太平天國，為逃避清廷通緝逃至香港。後陳言踏足報業，與王韜交往頗密，二人成為香港早期報業的中流砥柱。
同治二年	1863	18	12 月，入職香港政府任船政廳翻譯，聖保羅書院華倫牧師為他提供財務擔保。
同治三年	1864	19	1 月，調職至巡理府，任第四級見習中文翻譯。
同治四年	1865	20	任巡理府第四級中文翻譯，7 月以工作表現優異，薪酬由每月 18 元增至 25 元。
同治五年	1866	21	7 月，獲輔政司孖沙推薦，調至香港造幣廠工作。數月後，回歸巡理府，晉升第三書吏。
同治六年	1867	22	12 月，理雅各回英國，王韜應邀隨行，協助其翻譯中國經書。
同治七年	1868	23	1 月，仍任巡理府第三級書吏，薪酬增至每月 70 元。

同治十年	1871	26	2 月底，離開巡理府。自 3 月起，受聘德臣報館，任《德臣西報》副主筆，並負責《德臣西報》周六中文附刊《中外新聞七日報》。 陳言於主理《中外新聞七日報》時，已與王韜有所交往，並商請酌斟文字。如陳言於 6 月 10 日、17 日、24 日及 31 日連續四期《中外新聞七日報》選錄《倫敦及中國快訊》所載勘採報告內容。10 日的〈開煤礦論〉後收錄於王韜所撰《甕牖餘談》，改名〈煤礦論〉。此文當先由陳言翻譯，或曾經王韜修訂文字，致王韜徑視如己作。 6 月 3 日，在《中外新聞七日報》發表〈保民説〉，促請清廷實行領事保護制度，令海外華民得到保障。及後，陳言持續在其主編的報紙呼籲廢止苦力貿易，避免更多華人受害。 7 月 8 日，在《中外新聞七日報》發表〈創設《香港華字日報》説略〉，講述他創設中文報紙的計劃，並強調該報由華人主持，不受西人干預，以華人利益為先。
同治十一年	1872	27	4 月 17 日，《華字日報》創刊，由陳言向德臣報館承租經營。陳言除主理《華字日報》，亦任《德臣西報》主筆，身兼兩職。 5 月 4 日，堅尼地上任後首度與華人代表會面，陳言亦廁身其中。日後他經常參與堅尼地與華人領袖的會議，協助翻譯及通宣事務。 9 月間，開始在《華字日報》譯錄美國人麥吉雅各撰寫的《普法戰紀》，王韜協助刪訂文字。《申報》於 1872 年 10 月 2 日開始轉錄。該批文章極受內地讀者歡迎，令王韜於 1873 年出版的同名書籍得益不少。
同治十二年	1873	28	1 月，代表中華印務總局與英華書院洽購印刷設備，雙方於 2 月 1 日簽訂買賣合同。同日，中華印務總局宣佈成立，梁鶴巢、陳瑞南、馮明珊任值理，陳言出任總司理，王韜任正主筆。該局同時宣佈計劃出版一份每日刊行的報紙。 2 月中，英華書院的印刷設備搬至荷李活道正式運作，並開始排印王韜的《普法戰紀》。9 月間，《普法戰紀》完成印刷，準備付運。 5 月 24 日，堅尼地為慶祝英國女皇維多利亞壽辰，在香港舉辦慶祝會。預先邀請八位知名華人紳商參與，包括梁鶴巢、陳瑞南、李陞、何錫、韋光、莫仕揚、郭甘章和陳言。陳言以報人身份獲邀出席，反映其特殊地位。

同治十三年	1874	29	2月4日，《循環日報》出版。 2月10日，堅尼地率同一眾政府高官前往訪問中央書院，為校內學生頒發年終考核獎項。陳言隨同赴會，並為港督充作傳譯。 2月23日起，《華字日報》由每周三期改為除星期日外，每天出版。 3月13日，陳言中華印務總局總司理之職由黃勝代替。 4月27日，日本派兵赴台灣攻擊牡丹社番民，陳言自3月伊始已留意事件動向，並緊貼追蹤及報導日軍攻台的最新情況。 6月25日，《華字日報》刊載5月14日清廷給沈葆楨的上諭及6月3日沈葆楨〈閩省擬購鐵甲輪船等事〉奏片。有關官員以事涉洩露朝廷機密，呈報朝廷。清廷派員到香港德臣報館查辦。 7月底，隨黎兆棠先赴廈門再到台灣，為其處理翻譯事宜。陳言把在廈門及台灣的訪聞報告寄回香港，讓《德臣西報》及《華字日報》刊載。 9月，離開台灣，赴上海為黎氏另辦事務。
光緒元年	1875	30	1月12日，清廷以《華字日報》洩漏機密，下令緝捕陳言，從嚴懲辦。 8月，東華醫院成立婦女移民美國委員會，協助美國領事館審核申請移居美國的婦女，由梁鶴巢、陳瑞南、馮明珊等20人出任委員，陳言亦在其中。 12月，清廷簡派陳蘭彬為「出使美國、日國（即西班牙）、秘國欽差大臣」，容閎為副使。 是年，王韜在給丁日昌的信中，向他推薦陳言、張宗良及伍庭芳三人，極口稱譽，而惜其為西人所用。
光緒二年	1876	31	5月，堅尼地下令成立中央書院選址委員會，檢視中央書院擴建事宜，陳言獲邀為委員會提供意見。 12月，有關注香港社會福利問題的西人為勞工發起儲蓄互助社計劃，經威爾遜主持籌備會議，決定公舉威爾遜、陳言及另外幾位西人成立委員會，研究如何開展項目。

光緒三年	1877	32	2 月，香港華人領袖為即將卸任的港督堅尼地舉辦盛大歡送儀式，陳言在會上致歡送詞，並代表香港市民向堅尼地贈送萬民傘。 8 月 14 日，陳蘭彬向清廷奏請調派出使隨員，陳言及黃勝以候選同知身份獲委為出使隨員。 12 月，軒尼斯宣佈成立傳染病調查委員會，由立法局議員其士域、法官夏拉以及歐德理等出任委員，陳言擔任該委員會秘書。委員會翌年發表報告，對陳言的工作高度讚揚，認為他致力聯絡香港娼妓業界，令委員會獲得重要資料。 是年港督軒尼斯上任後，就政府正在草擬的《華人墳墓條例》，令輔政司邀請華人代表磋商，會議中陳言代表華人向軒尼斯陳述關注。約四年後，堅尼斯於 1881 年 6 月 3 日的立法會上，再次提及陳言在是次會議的説話，可見對其印象深刻。
光緒四年	1878	33	2 月，港督軒尼詩出席東華醫院慶典，華人代表列隊歡迎，其中十多名華人身穿清廷官服，頂戴花翎迎接軒尼詩，陳言、伍廷芳及黃勝廁身其中。 4 月，離開香港到上海，準備隨陳蘭彬出使美國。 6 月，陳蘭彬率領的中國使領團抵達日本橫濱，陳言陪同陳蘭彬拜會西班牙駐日公使及美國駐橫濱總領事。 7 月，中國使領團抵達美國三藩市。 8 月 8 日，陳蘭彬接受《紐約時報》訪問，該報報導陳言將出任夏灣拿領事。 同日，中國使領團抵達芝加哥，在當地接受多間報館訪問。記者提出關於華人的尖鋭問題，陳言借機為華人發聲，傳媒對其識見及辯才感訝異。 9 月 28 日，陳蘭彬拜會美國總統，陳言陪同翻譯。 是年在中國公使館任職翻譯，等待前赴古巴。
光緒五年	1879	34	2 月，陳蘭彬奏請清廷委劉亮沅為古巴總領事，8 月再奏委陳言為古巴領事。 10 月 16 日，劉亮沅、陳言率隨行人員離開美國，前赴古巴夏灣拿。翌日的《紐約先驅報》稱陳言為馬丹薩領事。 10 月 22 日，中國領事團抵達夏灣拿，受到華人團體的熱烈歡迎。

光緒六年	1880	35	2月，清廷設於夏灣拿聖拉斐爾街的古巴總領事署開幕；同時於馬丹薩市開設副領事署。 8月，經陳言、劉亮沅的努力爭取下，古巴政府推出《優待華人章程》五款。所有當地華工皆獲發行街紙，可以在古巴自由工作，收入得以大幅增加。駐古巴領事署於是年一共簽發43,000張行街紙。 10月初，有古巴警員為追蹤疑犯，闖入中國領事署，並以鎗指嚇及拘捕領事署職員。陳言向古巴政府投訴，古巴政府致函道歉，並飭責涉事警察。 是年，據陳蘭彬呈交清廷的外交報告，陳言和劉亮沅等已完成巡查東部省份的各處莊寮，並將繼續前往西部省份巡察。陳蘭彬稱陳言「衝冒炎瘴，周巡各埠，隨地興除」，竭力解救受拘華工。
光緒七年	1881	36	中國領事署協助當地華人與家鄉親人聯絡，提供書信轉達服務，令無數家庭得知離散親屬近況，慰解掛念之苦。 在中國領事的支援下，古巴華人生活大有改善，多項歧視華人措施得以廢除，例如禁止華人乘坐馬車、在旅館居住、留髮辮、穿着中國服飾，以及規定華人子女必須入黑奴籍等。華人社團開始籌建會館設施，讓華人享有聯誼和社交的場地。是年秋天，古巴已有十多間華人會館落成。 9月，陳蘭彬任命期滿，準備回國，向清廷推薦陳言「府經歷，分發省份盡先補用」，表揚其優秀表現。 12月24日，第二任美國、西班牙、秘魯三國公臣鄭藻如抵達華盛頓履新。陳言、劉亮沅繼續留任。
光緒八至十年	1882-1884	37-39	仍任駐馬丹薩領事。
光緒十一年	1885	40	10月，鄭藻如出使期滿回國，陳言、劉亮沅曾經辭任，後為張蔭桓所挽留。
光緒十二年	1886	41	張蔭桓獲任命為出使美國、西班牙、秘魯三國公使，4月抵達美國履新。陳言於5月獲升為古巴總領事。 張蔭桓要求轄下領事籌劃開辦中西學堂，10月，陳言稟呈《創設中西學堂章程》，獲准「擇日開館」。 12月10日，古巴中西學堂正式開館。22日，陳言向張蔭桓稟呈學堂童籍名冊。

光緒十三年	1887	42	12 月，古巴總督推出新措施，要求中國領事署補貼華人的醫藥費，每年約需 6,000-8,000 元。陳言援引《優待華人章程》，堅拒不付。翌年初，古巴議會檢視相關徵費措施，亦認為政府有責任遵守約章，總督只得撤除要求。
光緒十四年	1888	43	10 月，古巴領事署隨員張泰病逝，陳言經辦運送其棺柩回上海，並告假半年，順道回國省親。
光緒十五年	1889	44	8 月，銷假回古巴，隨向張蔭桓表明擬回國經營輪船業務，請辭古巴總領事之職。
光緒十六年	1890	45	陳言辭任後攜同家人返回香港，四妾伊麗沙於是年誕下陳英梅及陳煥鏞。同年，長子陳煥文入職德臣報館出任簿記。其時《華字日報》承辦人（lessee）為何啟。1892 年，何啟放棄《華字日報》承辦權（或是承辦協議期滿），改由陳煥文承辦。
光緒十七年	1891	46	是年初加入招商局工作。 4 月間，獲會辦馬建忠委派，為新成立的粵港渡輪公司進行招股。後因省港粵公司及太古洋行激烈反對，盛宣懷下令停止相關工作。
光緒十八年	1892	47	2 月，招商局商董向盛宣懷建議，調派陳言往招商局煙台分行，頂替其兄陳棟燦會辦之職，陳棟燦則調往漢口分局。 5 月，獲盛宣懷指派到香港與太古洋行交涉。雙方因租用廣東官用碼頭一事發生爭端。太古洋行威脅廢除剛簽訂的「齊價合同」。盛宣懷計劃成立省港澳輪船招商局，與太古洋行爭奪粵港航線，因而急須在香港設置碼頭。 6-9 月間，在香港辦理覓地興建碼頭及棧房事，幾經波折後，終於在西營盤租得官地，並在附近投得棧房地皮。 10 月，陳言準備前往唐山就任開平礦務局會辦。盛宙懷致函盛宣懷，極口讚揚陳言一心作事，在租得西營盤碼頭用地上居功至偉，並希望盛宣懷挽留陳言在局中辦事。
光緒十九年	1893	48	清廷新命駐美公使楊儒（1840-1902）擬請陳言出任駐美使館第一秘書。張翼及李鴻章以礦局亟需陳言而堅拒。

光緒二十年	1894	49	中日爆發軍事衝突，北洋艦隊出師不利。盛宣懷擔憂戰事波及招商局輪船海上航行安全，擬將輪船招商局於香港合股註冊，並委託陳言協助辦理。陳言為其草擬《輪船招商局合股章程》，設法防範股權為外商僭奪。盛宣懷最後放棄方案，另外採取密約方式將招商局輪船分售多間外國洋行，待戰事平息後收回。
光緒二十一年	1895	50	自 1892 年陳言就任開平礦務局會辦後，礦務局業務蒸蒸日上，雄據本土市場。是年 7 月公佈業績，進銀較前年多 260,000 兩，並宣佈派發第七次股息共 150,000 兩，並為慈禧六十大壽報效 30,000 兩。
光緒二十二年	1896	51	5 月，盛宣懷接辦湖北漢陽鐵廠，以煉鋼亟需大量優質煤炭，與開平礦務局頻繁交涉，諸事多委諸陳言。陳言亦盡力襄助，一方面提高開平焦炭產量，滿足鐵廠每日 40 噸焦炭的要求；同時與招商局黃花農緊密聯絡，確保運輸安排妥當；並且嚴管煤炭品質，減少鐵廠生鐵冶煉問題。經陳言努力支援後，鐵廠生產漸趨穩定。
光緒二十三年	1897	52	3 月，陳言以參贊身份隨張蔭桓赴英，參加維多利亞女皇加冕慶典。盛宣懷屢次於函、電提到，擔憂陳言出行，開平礦務局事務廢弛，如 3 月 5 日致鄭觀應函言：「開平陳藹亭隨樵翁出洋，唐山無人管事，焦炭更不可問」；3 月 27 日發電漢廠：「……否則藹庭出洋，更不可問」，益見盛氏對陳言的倚重。 7 月間，陳言自英國返，途經上海會晤盛宣懷，向他表示不滿張翼大舉向外商借貸的計劃，恐礦務局淪入外國之手，決定請辭。是年曾協助盛氏處理正在修建中的淞滬鐵路收地事宜。
光緒二十四年	1898	53	9 月，陳言獲北洋大臣王文韶召見，諮詢鐵路、礦務諸事。 12 月，張蔭桓遭革職，流放新疆。陳言在其流放途中前往探望。
光緒二十五年	1899	54	正式加入中國鐵路總公司，任英文參贊。 3 月，合興律師坎理到達上海，與鐵路總公司商討粵漢鐵路借款續約。陳言開始參與討論。坎理在本身已是「權利頗多」的《粵漢鐵路借款合同》上，再另提 17 款要求，表現強硬。陳言與盛宣懷竭力與其周旋。 4 月 16 日，獲盛宣懷札委辦理滬寧鐵路事務。

光緒二十六年	1900	55	續與坎理商議《粵漢鐵路借款續約》，陳言在審閱坎理提出的條文中發現多項問題，逐一提出修訂，盡力維護國家鐵路利權。 6月27日，代替潘學祖出任淞滬鐵路分局總辦，領銜鐵路總公司參贊二品候選道。 7月13日，鐵路總公司與合興簽訂《粵漢鐵路借款續約》，結束長達一年多的漫長談判。 是年因義和團事，八國聯軍於8月攻入北京，局勢動盪。盛宣懷、余聯沅等上海官員，每借助陳言的英語和外交能力，與外國領事交涉及打探消息。
光緒二十七年	1901	56	大力整頓淞滬鐵路業務，包括糾正鐵路人員糜費歪風、減省成本及提高列車服務質素，成功將該鐵路轉虧為盈。從1901年4月至翌年3月間，一共轉撥20,000兩銀回鐵路總公司。 庚子事變後，光緒皇帝降諭求言，陳言向盛宣懷呈上〈時務芻議〉，講述他對改革的意見。 10月，以宣城煤礦公司總辦身份，與日商簽訂《安徽宣城煤礦公司合同》。 按《辛丑各國和約》，清廷須與各國重啟通商行船條約談判。英國代表馬凱於是年12月來華談判。12月4日，陳言代患病的盛宣懷與馬凱初次見面，討論裁釐等問題。
光緒二十八年	1902	57	1月，獲委為中國通商銀行總董。 1月10日，《中英商約》談判正式開議。陳言在談判中除擔任翻譯外，還負責安排會議、推進議程及為談判出謀獻策，角色重要。呂海寰、盛宣懷等主事官員皆倚賴陳言與馬凱周旋。 9月5日，中、英政府簽訂《中英商約》16款。談判結果令清廷官員喜出望外。 是年獲委為粵漢鐵路總辦，並出任總辦管理處中方總理。9月，啟程前赴廣州，在半塘彭園設立粵漢鐵路總局，準備展開修路工程。 10月，盛宣懷父親患病去世，他急於回鄉守制，將滬寧鐵路借款的談判工作交由陳言和朱寶奎負責。英方談判代表壁利南「所遞條款多所要挾」，英國大使亦介入談判，對中方再三施壓。陳言等負隅頑抗，不肯多作退讓。後經張之洞從中斡旋，達成借款協議。

光緒二十九年	1903	58	4 月 30 日，陳言主持淞滬鐵路新支線的開通儀式，伍廷芳在慶祝會上發言。 7 月，鐵路總公司與英國中英銀公司簽訂滬寧鐵路貸款合約。中方以 1,000,000 兩銀的代價，將淞滬鐵路轉售給滬寧鐵路公司，成為其支線，為中國投資鐵路獲利的先河。 是年出任萍鄉礦務公司總董，辦事總董為張贊宸（1863-1907）。
光緒三十年	1904	59	3 月，陳言與李提摩太、卜舫濟（Rev. Dr. Francis L. H. Pott, 1864-1947）、朱寶奎、E.S. Little 同被任命為上海租界內華童公學委員會委員。 6 月，以鐵路總公司參贊身份，與美國留學生監督傅蘭雅商訂自費留學生獎勵章程。 9 月，粵漢鐵路停工，陳言赴廣東處理鐵路停工安排，負責遣散鐵路員工、收集剩餘物料、清算欠結，以及協同鄭觀應處理廣東購地局撤裁等善後工作。 10 月，將淞滬鐵路正式移交滬寧鐵路總辦管理處。
光緒三十一年	1905	60	是年，陳言與李經方（1855-1834）奉命跟葡國公使白朗穀（José de A. C. Branco）談判，商訂廣澳鐵路合同，歷經「數月磋磨」，過程艱鉅。 3 月，華興水火保險有限公司在《申報》宣佈招股，由陳言出任領袖總理，常駐公司辦事。嚴信厚（1838-1907）、朱佩珍（1848-1926）、曾少卿為辦事總董。嚴、朱二人為清末寧波商幫中堅人物，亦借重陳言開拓保險業務，可見其在當時的社會聲望。 8 月 6 日，陳言於上海靶子路寓中逝世，去世前數天仍在辦理公務。 8 月 14 日，伍廷芳特函《字林西報》追悼陳言，高度讚揚他生平功業及處世為人，認為他的離世是國家的重大損失。

附錄三 陳言後人概況

關係	姓名	經歷
		陳言有一妻四妾，子女十七人。
長子	陳煥文	1901 年末起重續父親報業，主理《華字日報》。1902 年 1 月，獲盛宣懷委入粵漢鐵路廣東購地局處理銀錢賬目事宜。
五子	陳倚恒（?-1923）	曾任招商局煙台分公司經理
九子	陳煥昆	留學英國，習鐵路工程，回國後任工程師，參與詹天佑領導設計的京張鐵路建設。後在湖北工作途中染瘧疾逝世。
十子	陳煥來	留學美國，於私立那威治軍事學院（Norwich Military College）習騎兵科。回國後任光緒御林軍上尉。辛亥革命後不久在煙台病故。
十二女	陳英梅	初學於上海中西女中（McTyiere School）及香港庇尼羅士女子中學（Belilios's Public School）。後赴美國，1913 年獲體育學士學位。回國後任上海中華基督教女青年會幹事。1915 年，上海基督教女青年會體育師範學校（YWCA Normal School of Hygiene and Physical Education）創立，出任副校長。陳英梅夫婿凌道揚（1888-1993）為國際著名林學家，曾任香港基崇學院及聯合書院校長。
十三子	陳煥鏞	中國現代植物研究的開山鼻祖。幼隨父母在唐山、上海生活。1905 年陳言逝世後，由陳言友人、美籍荷蘭人巴斯（Bascl）帶到美國西岸華盛頓州西雅圖市一所中學就讀。1909 年入麻薩諸塞州立農學院（Massachusetts Agricultural College）。1913 年入哈佛大學攻讀碩士學位。回國後長期從事植物研究工作，創辦華南植物研究所，並任所長。與植物學家胡先驌（1894-1968）並稱「南陳北胡」。
十四子	陳煥祺	留學美國，習經濟。回國後，曾任職煙台招商局輪船公司、上海商標局及廣州農林局。抗戰前繼陳止瀾出任《華字日報》經理。